道在途中

中国生态批评的理论生成

马治军 著

学林出版社

图书在版编目(CIP)数据

道在途中：中国生态批评的理论生成/马治军著.
—上海：学林出版社,2013.8
ISBN 978-7-5486-0549-2

Ⅰ.①道… Ⅱ.①马… Ⅲ.①文艺评论—研究—中国
Ⅳ.①I206

中国版本图书馆 CIP 数据核字(2013)第 176493 号

道在途中
——中国生态批评的理论生成

作　　者——	马治军
责任编辑——	李西曦
封面设计——	鲁继德

出　　版——	上海世纪出版股份有限公司　学林出版社	
	地址：上海钦州南路81号	电话/传真:64515005
发　　行——	中国图书进出口上海公司	
	地址：上海市广中路88号	电话:36357888
字　　数——	23万	
书　　号——	ISBN 978-7-5486-0549-2/I·84	

（如发生印刷、装订质量问题,读者可向工厂调换）

目 录

绪 论 ……………………………………………………………… 1

第一章 西方生态批评的中国之路 ……………………………… 15
- 第一节 西方生态批评资源的译介与研究 ……………………… 16
- 第二节 西方生态批评的理论价值 ……………………………… 25
- 第三节 西方文论东方化历史与生态批评的中国之路 ………… 38

第二章 中国古典生态理论资源的现代转换 …………………… 48
- 第一节 中国古典生态理论资源的挖掘与阐释 ………………… 50
- 第二节 中国古典生态理论资源的核心意义与后现代价值 …… 68
- 第三节 中国古典生态理论资源现代转换的问题与策略 ……… 84

第三章 生态学视野下的文学批评实践 ………………………… 98
- 第一节 中国生态文学批评溯源 ………………………………… 98
- 第二节 中国生态文学批评的本源性文献评估 ………………… 107
- 第三节 中国生态文学批评的偏误与修正 ……………………… 119

第四章 中国生态批评理论形态的建构 ………………………… 132
- 第一节 中国生态批评理论形态的建构进程 …………………… 132
- 第二节 中国生态批评理论形态的潜源剖析 …………………… 151
- 第三节 中国生态批评理论形态的发展空间 …………………… 167

结语 中国生态批评的理论路向 ………………………………… 183

参考文献 ………………………………………………………… 187
后记 ……………………………………………………………… 199

绪　　论

20世纪90年代以来，中国社会领域、道德层面、精神世界的生态问题日益成为学者关注的热点问题。诞生于1866年本属于自然科学的生态学及其理念与研究范式被越来越多地应用到人文研究领域，国内关于生态哲学、生态美学、生态伦理学、生态人类学的研究逐渐增多，学界出现了"生态学的人文转向"。作为表现和展示社会生活、道德情趣、精神心理的文学及其理论，面对自然、社会和精神领域中日益凸显的生态危机，当然不会无视或失语，生态文学创作的逐渐活跃和生态批评研究的日益深入便是这一态势的积极反应。

中国当代文艺理论界对于生态文学和生态批评的关注萌芽于20世纪80年代后期，20世纪90年代逐步形成了明晰的生态批评学科意识并取得了一定的成绩。从90年代算起，中国生态批评已经走过了20余个年头，对于自然生态、社会生态、精神生态快速恶化的现实状况而言，20余年已经不是个太短的时间。总结20余年来中国生态批评研究的成效和不足，评析中国生态批评发展进程中的疑惑和争议，完善中国生态批评的概念和范畴，剖析中国生态批评理论的生成逻辑，以期为构建更为完善的中国本土生态批评理论形态做出学术努力，已经成为一个富有价值和意义的研究课题。

一、研究范畴辨析

生态批评是一个进行中的暂时取得共识的广谱概念，在其萌生和构建过程中，不同学术背景、不同理论特长的论者，曾经操持形态各异但又意旨相近的话语，诸如生态文艺学、文艺生态学、生态美学、生态诗学等。这些在一定论域中与生态批评有交叉重合又时常产生歧义的概念，是生态批评研究过程中不同资源的当代显现，也是一个理论派别成长性、开放性、包容性的理论表现。随着研究的深入，随着同一主旨下不同理论侧重点的交流融合，生态批评的内涵外延会逐步清晰，但内涵外延的清晰可能意味着理论成长性的减缓。鉴于本书研究对象的成长性和过程性，为了研究的方便，有必要首先简要说明一下本书研究的范畴。

（一）生态文学内涵辨析

全球性生态危机是生态运动的直接诱因，也是生态文学萌生和发展的直接动因。生态文学的产生与发展，又构成了生态文学研究的主要对象和阐释文本。但是，自生态批评作为一个概念被应用以来，其研究对象及其对象的概念、内涵、特征等一直处于变化、游移、丰富之中。作为在全球化生态危机中催生的一个文学批评派别，生态批评最初的也是主要的研究对象是生态文学。迄今为止，生态文学尽管已经是一个具有普适意义的概念，但在不同的时空中仍然存在内涵指称上的差异。对此，许多生态批评研究者都做过有意义的辨析。

童庆炳是较早解析生态文学概念的学者。当时生态文学的名称还不统一，童庆炳称之为"绿色文学"。童庆炳指出："绿色文学不仅仅是以自然界的动物与植物为题材，更重要的是要灌注生命意识。""绿色文学就是一种崇尚生命意识的文学，崇尚人与自然生命力活跃的文学，崇尚人与自然和解与和谐的文学。"①

生态文学诞生初期，很多学者描述为环境文学。张韧是较早关注环境文学并迄今仍坚持使用环境文学概念的评论家，但是，对于其所谓环境文学与生态文学的不同特征，张韧并没有进行深入的探究。对于环境文学和生态文学，学界更多地视其为统一内涵的不同表述，例如，向玉乔认为："环境文学（或称生态文学）是20世纪中期兴起的一种文艺思潮。它主张通过传统文学形式对人与自然的关系进行生态伦理意义上的审视和探讨，提倡环境保护既是环境文学的明确主题，也是环境文学的最主要特点。环境文学对目前困扰人类的生态危机表现出沉重的忧患意识，并呼吁人类增强生态环境保护意识，走可持续发展道路，从而推动人类生态文明进程。"②

对环境文学的提法也有不同的意见。王克俭指出："在生态文学的研究方面，我们当前的眼界似乎也狭窄了些，尤其是我们在很多地方已把生态文学命名为环境文学，这就把这种文学的题材局限于人与自然的关系。实际上，表现人与自然的关系如果不深入到人的精神之中，这样的关系还是比较肤浅的。而当我们把这种文学由环境文学命名为生态文学的时候，我们的视野就可以提升到自然生态与精神生态的高度，注视一切生命的自然状态与精神状态，在

---

① 童庆炳：《漫议绿色文学》，《森林与人类》1999年第3期。
② 向玉乔：《论生态文学中的生态伦理思想》，《湖南师范大学学报》2000年第5期。

拯救地球与拯救人类灵魂的高度与深度作出审美观照。"①

王克俭的观点实际上涉及到了生态文学的狭义和广义之别,对此,方军和陈昕作出了进一步的阐述。他们认为,狭义的生态文学主要是阐述人与自然和谐或不和谐关系的文学作品,主要反映环境生态,而广义生态文学则包括有关所有"生态圈"的文学作品。广义的生态文学是在狭义生态文学的基础上"进一步发展为对人类的灵魂的关注,对人类纯真的天性与诗心的关注,对真、善、美的关注,其视野也由环境生态提升到自然生态与精神生态的高度,注视一切生命的自然状态与精神状态,在拯救地球与拯救人类灵魂的高度与深度作出审美观照。"②

王诺是中国较早关注生态文学的著名学者,他在出版于2003年的《欧美生态文学》中较为详尽地阐述了生态文学的概念。他认为:"生态文学是以生态整体主义为思想基础,以生态系统整体利益为最高价值的考察和表现自然与人之关系和探寻生态危机之社会根源的文学。生态责任、文明批判、生态理想和生态预警是其突出特点。"③

王诺之后,张丽军、张晓琴、张艳梅和吴景明等对生态文学作出了大致相近的界定。

张丽军指出:"生态文学是特指诞生于工业化进程造成的现代自然生态危机和精神生态危机的背景下,通过对人与自然关系的描写来映现人与社会、人与人、人与自我等关系,表现人类所面临的自然生态危机及其背后所蕴涵的深层的精神生态危机,对自然、人、宇宙的整个生命系统中处于存在困境的生命(这里的生命,不仅指人、动物和植物,还包括生机勃勃的大地、天空、河流等)进行审美观照和道德关怀,呼唤人与自然、他人、宇宙相互融洽和谐,从而达到自由与美的诗意存在的文学。"④

张晓琴认为:"生态文学"应该是以生态整体主义为思想基础,以生态系统整体利益为最高价值,并以此审视和表现人与自然关系的文学。揭示生态危机及其社会根源,呼唤保护意识,弘扬生态责任,推崇生态整体观,倡导人与自然和谐共生是其突出特点。⑤

张艳梅和吴景明认为:"生态文学是以生命伦理、大地伦理为精神内核,在认识和关注生态环境的基础上创作出来的关于自然生态和环境保护的文学

---

① 王克俭:《生态文艺学:为了人类"诗意地栖居"》,《浙江师大学报》2001年第1期。
② 方军、陈昕:《论生态文学》,《中南民族大学学报》2003年第2期。
③ 王诺:《欧美生态文学》,北京大学出版社2003年版,第11页。
④ 张丽军、乔焕江:《生态文学诞生根源探析》,《长春大学学报》2004年第5期。
⑤ 张晓琴:《论生态文学的内涵和特征》,《徐州师范大学学报》2006年第6期。

作品,是人与自然和谐相处而共同谱写的生命之歌。生态文学与生态问题和环境保护密切相关,通常是对破坏生态平衡的谴责和批判,对环境保护的维护与弘扬。生态文学作者一般视野比较开阔,热爱自然,尊重生命,站在地球和人类的立场思考和书写,具有一种全球性、文化性的话语姿态;表现出超越人道主义的博爱情怀等特征。"①

综上所引,王诺的界定承前启后,范畴清晰,最有代表性。他在《欧美生态文学》一书中也对为什么要用生态文学的概念而不用环境文学等的提法作出了解释和辨析。同时,他还分析了生态文学的四大特征,以此来佐证其生态文学概念的合理性。但是,稍有缺憾的是,王诺的生态文学概念严格地说属于狭义上的界定,而在同一部著作中,他描述欧美生态文学的发展进程时则认为:"生态文学自古有之。它的历史与文学的历史一样久远。"②这显然又是广义的生态文学言说。不过,王诺及时修正了这一缺憾,他说:"严格意义上的、符合以上所有特征和上述定义的生态文学作品也是有限的。因此,具体到某一个作家或某一部作品,只要符合生态文学的第一个特征,即真正是'生态的'而非'环境的'更非'人类中心主义的',只要是将生态整体价值作为其终极价值,我们基本上可以视之为生态作家或生态作品。有的作品,特别是在生态思潮兴起之前的作品以及许多环境文学作品,虽然从总体上看还算不上生态作品,但却包含了闪烁着生态思想或生态审美光彩的部分,也属于生态文学考察的范围。这一考察范围可以一直延伸至原始时代的文学。"③

鉴于对生态文学内涵的不同理解,首先需要说明的是,本书所论及的作为生态批评研究对象的"生态文学",指的是广义的生态文学。

（二）生态批评内涵界定

按照惯常的学科形态和一般结论,文艺学包含了文学理论、文学批评、文学史。那么,生态文艺学也应包含生态文学理论、生态文学史和生态文学批评。但是,这种自然延伸的学科划分显然不切合中国目前的研究现状。目前,作为一种世界性的生态潮流,生态批评的内涵和外延已经远远超出了传统文艺学的范畴。

何为生态批评？美英批评界已有很多界定,中国学界也有一些相近的表述。韦清琦认为:"世界应该是包括了自然的世界,而艺术本该是和自然、生命亲善的。生态批评正是以对人与自然的联系的关注使批评家进一步突破文

---

① 张艳梅、吴景明:《近二十年中国生态文学发展概观》,《山东理工大学学报》(社会科学版) 2007年第2期。
② 王诺:《欧美生态文学》,北京大学出版社2003年版,第80页。
③ 王诺:《欧美生态文学》,北京大学出版社2011年修订版,第28页。

本的社会历史语境,站在地球生物圈的高度上考察传统文学经典的构成、现存文学理论的得失,从而能够再现缺席已久的自然在文本乃至文化中的地位。"① 胡志红在引述了劳伦斯·布依尔和彻丽尔·格罗特菲尔蒂关于生态批评的定义后认为:"生态批评是一种文化批评,但与其他文化批评类型相比,又超越了性别、种族、阶级、大地等单一的视角局限。""目前的生态批评还不能由单一的方法论和理论维系,而是由'环境问题'这个共同的'焦点'所联结。"② 刘文良的看法更为概括,他认为:"生态批评,是借用现代生态学的观点,从生态视野观察文化和文学艺术的一种批评,是探讨文学艺术乃至整个文化与自然、社会及人的精神状态的关系的批评。"③

相对而言,王诺关于生态批评的界定更为全面。王诺在详尽分析了詹姆斯·汉斯、斯洛维克、彻丽尔·格罗特菲尔蒂、威廉·豪沃斯和劳伦斯·布依尔等世界著名生态文学理论家关于生态批评的论述后认为:"生态批评是在生态主义、特别是生态整体主义思想指导下探讨文学与自然之关系的文学批评。它要揭示文学作品所蕴涵的生态思想,揭示文学作品所反映出来的生态危机之思想文化根源,同时也要探索文学的生态审美及其艺术表现。"④ 同时,王诺特别指出:"生态批评研究和评论的对象是整个文学,绝不仅仅是生态文学,绝不仅仅是直接描写自然景观的作品,更不仅仅是'自然书写'。是否描写了自然,不是生态批评能否展开的必要条件。"从时空上看,"生态批评对文本的解读和评论不能仅仅局限于当代文学;传统文学,特别是对人类文明和社会变迁产生了重大影响的经典作品,也是生态批评的重要对象。""没有一个事物不能以这种方式(指生态批评的方式)惊人地和创造性地再想象"(布依尔),"没有任何一部文学作品,不管它产生于何处,完全不能被生态地解读"(斯洛维克)。⑤ 由此可见,王诺所谓的生态批评,包含着三个层次的文学评论实践:其一,关于生态文学的批评,其二,关于具有生态意识的文学作品的批评,其三,从生态的视角对于所有文学作品的批评。

对此,我要进一步延伸的是,王诺等所谓的生态批评,从对象上看,实际上也可表述为对于生态文学的研究和生态视角下的文学研究或曰对于文学的生态研究。据此,生态批评亦即生态文学研究就是用生态的理念、视角和方法来研究文学作品和文学现象,它不仅应当包括针对具体文本的具体的生态批评

---

① 韦清琦:《打开中美生态批评的对话窗口》,《文艺研究》2004年第1期。
② 胡志红:《西方生态批评研究》,中国社会科学出版社2006年版,第18页。
③ 刘文良:《范畴与方法:生态批评论》,人民出版社2009年版,第3页。
④ 王诺:《欧美生态批评》、学林出版社2008年版,第67页。
⑤ 王诺:《欧美生态批评》、学林出版社2008年版,第68—69页。

实践,也应当包括批评实践藉以开展的理论基础和体系,应当包括用生态的理念、视角和方法对所有文学问题的探究,比如生态文艺学研究、生态美学研究等等。

关于生态批评内涵的上述延展,并不是仅仅出于论述的需要,将"批评"的概念既看成一种评论实践又看成一种理论建构,也是许多学者业已主张和运用的观点。美国学者克里格曾讲:"批评这一概念,一般来说,具有了两种含义:其一指对诗或文学文本的直接审美反应,或者对其所作的陈述即话语;其二指对这种反应、陈述或话语在理论上所作的阐述。前者是对诗或文本的赏析,是心灵深处各种情绪的投射,也是一种应用或时间批评;后者则是基于哲学、美学、心理学、社会学等学科之上,所进行的一种理智的或理性的审视,是对批评陈述的理论陈述话语,即批评之批评。"① 享有世界声誉的韦勒克也认为,"'文学理论'是对文学原理、文学范畴、文学标准的研究,而对具体的文学作品的研究,则要么是'文学批评',要么是'文学史'。当然,'文学批评'这个术语在应用的时候,经常是将文学理论包括在内的。"② 17 世纪以来的现代批评概念"既包括整个文学理论体系,也包括了今天称之为实践批评的活动和每日评论"。③ 在《近代文学批评史》中,韦勒克则更直接地讲:"'批评'这一术语我将广泛地用来解释以下几个方面:它指的不仅是对个别作品和作者的评价,'明断的'批评,实用批评,文学趣味的象征,而且主要是指迄今为止有关文学的原理和理论,文学的本质、创作、功能、影响,文学与人类其他活动的关系,文学的种类、手段、技巧,文学的起源和历史这些方面的思想。"④

鉴于上述生态批评内涵的包容性,所以,本书所谓中国生态批评的论域,是一个涵盖生态文学研究、生态文艺学、生态美学的大范畴,特指中国大陆 20 余年来关注人与自然的关系,揭示生态危机的人文根源,表现生态理想的一种文艺研究思潮,其中既包括追踪式的关于狭义的生态文学的评论,也包括在生态的视野下对广义的生态文学乃至所有文学作品的挖掘、阐释和批判;既包括关于西方生态批评的译介和应用,也包括关于生态文学研究的思想原则和方法探讨的生态文艺学和生态美学建构。同时,本书所指的中国生态批评,按照学界叙述成规和论域所限,特指中国大陆的生态文学研究和生态文艺学、生态美学研究,未能涵盖港澳台地区和海外华人的研究成果。

---

① 莫瑞·克里格:《批评旅途:六十年代后》,中国社会科学出版社 1998 年版,第 8 页。
② 勒内·韦勒克:《批评的诸种概念》,四川文艺出版社 1988 年版,第 8 页。
③ 勒内·韦勒克:《批评的诸种概念》,四川文艺出版社 1988 年版,第 25 页。
④ 勒内·韦勒克:《近代文学批评史》第一卷,上海译文出版社 1987 年版,第 1 页。

二、研究空间概述

本书所欲论及的是20余年来中国生态批评的发生和发展,套用一句文艺批评界曾用的句式,也可以叫做关于"中国生态批评的批评"。

基于对20余年来相关文献的整理,本书具有相当大的论述空间。关于西方生态批评理论的介绍与评述、关于中国古代生态思想资源的挖掘与阐释、关于生态文学创作的评论和研究、关于生态批评本土话语系统的建构努力等,期间的成果都是本书论述的对象。当然,本书期望的成果不是论著清单的开列,也不是常规的研究综述,而要在对20余年来相关文献的梳理、分析过程中,描述中国生态批评的演进维度,分析不同理论演进维度的潜在关系,展示中国本土生态理论形态的生成进程,凸显生态批评20余年发展的成就,同时指陈发生发展过程中的不足和缺陷,并期望为中国生态批评话语的系统建构探究实践原则和路径。

文艺学是一个包涵了文学理论、文学批评和文学史的学科范畴,生态文艺学也应当是一个包涵生态文学理论、生态文学批评和生态文学史的宏观概念。但是,关于生态文艺学的提法还存在不同意见,很多时候,生态文艺学、生态美学、生态批评等概念存在交叉混用的现象。基于上述关于中国生态批评的内涵界定,本书把生态批评看成是一个涵盖生态文学研究、生态文艺学、生态美学的大范畴,即生态批评是一个关注人与自然的关系,揭示生态危机的人文根源,表现生态情怀和生态理想的一种文艺研究思潮,其研究范围包含了中国当代文艺理论和批评界对于西方生态批评的译介和研究、对于中国古典生态资源的挖掘与阐释、对于中外生态文学作品的追踪与评论、对于生态批评理论形态的探究和建构等领域。在这样的论域内,20余年来,中国生态批评的理论演进与生成主要表现为四个维度,本书的研究空间也相应地在以下四个方面展开。

(一)关于西方生态批评理论译介与研究的评述

客观地讲,尽管中国生态批评的开展几乎与西方同时开始,中国文艺理论界也由此获得了某种自信,但是,总体上看,中国生态批评比起西方来,仍然存在一定的差距。与之相对应,在中国生态批评的话语建构过程中,关于西方生态批评理论的介绍、评述和借鉴是其重要的研究维度和分量较重的一个组成部分。值得欣慰的是,中国生态批评的话语建构过程中对欧美生态批评的借鉴已经不是理论殖民,而是更多地表现为交流和对话。

当前中国文艺理论界,一批青年研究新锐在关注、译介、研究西方生态批评理论,推出了许多富有建设意义的成果。其中,王诺的《欧美生态批评》、胡志红的《西方生态批评研究》、刘蓓的《生态批评的话语建构》、李晓明的《美国生态批评研究》、王耘的《复杂性生态哲学》、程相占关于西方生态美学研究的系列文章都不乏创新之处；韦清琦翻译的《走出去思考：入世、出世及生态批评的职责》（斯科特·斯洛维克著，北京大学出版社2010年版）是国内翻译出版的第一部美国生态批评专著，刘蓓翻译的《环境批评的未来——环境危机与文学想象》（劳伦斯·布依尔著，北京大学出版社2010年版）是美国生态批评领域的领军人物布依尔"生态批评三部曲"的最新一部，胡志红等翻译的《实用生态批评——文学、生物学及环境》（格伦·A.洛夫著，北京大学出版社2010年版）是西方生态批评进入第二阶段，即环境公正批评阶段的代表作之一，这些成果进一步拓展了中国生态批评研究的视野。无论关于西方生态批评的译介，还是对其进行的进一步研究，其间的成效和不足构成了本书研究空间的重要部分。

（二）关于中国古代生态思想资源现代转换的评判

中西学者普遍认为，中国古代文化是一种强调天人合一、顺应自然的生态型文化。正由于此，当面对现实的生态危机时，中国学者的一个明晰的思维指向是在中国古代文化中寻找资源，反思西方现代性。关于中国古代生态资源的挖掘和阐释，也成为中国生态批评话语建构的重要维度。

在这方面，蒙培元、余谋昌的研究开启了中国生态文化的哲学阐释，为中国生态批评的话语建构预设了思想基石；王先霈、张皓、鲁枢元等的研究接续了中国古代文论的精神因子，丰富了生态批评的话语模式。上述诸位先生的相关成果，如蒙培元《人与自然——中国哲学生态观》、余谋昌《生态哲学》、张皓《中国文艺生态思想研究》、王先霈《中国古代文学中的"绿色"观念》、《陶渊明的人文生态观》、鲁枢元《汉字"风"的语义场与中国古代生态文化精神》等，迄今仍是中国生态批评话语建构的基石与路标。同样，对于这些基石和路标的辨析，期望成为建构中国生态批评特色话语的元素。

（三）关于当代生态文学批评实践的评析

作家是最敏锐、最直接关注生态问题尤其是精神生态问题的一个群体，生态文学创作的逐渐活跃便是其具体体现。就中国生态批评的发生发展进程来看，对于生态文学作品的推介、评论与研究，构成了生态批评的重要组成部分，展示了生态批评的实践维度。

在中国关于生态文学的评论初见于20世纪80年代的一些报刊，如李庆西《大自然的人格主题：关于近年小说创作中的人类生态学意识与一种美学情致》（《上海文学》1985年第10期）。但当时的评论更多的是一些感悟，没有完整的理论支撑，没有关于生态问题的介入意识和批判精神。1990年代以后,生态文学逐渐活跃,一批作家如沙青、徐刚、张承志、韩少功、张炜、贾平凹、阿来、迟子建、叶广芩、于坚、海子、姜戎、苇岸、郭雪波、陈应松、麦天枢、刘贵贤、李青松、何建明、哲夫、杜光辉、温亚军、王治安等先后推出了有影响的生态文学作品或具生态意识的作品。与之相随,生态文学评论也逐渐形成声势,出现了一批关于生态文学的研究成果,这类成果不仅包括一些具体作家作品的评论,而且包括完整系统的论著和博士论文,如皇甫积庆的《20世纪中国文学生态意识透视》、韦清琦的《走向一种绿色经典:新时期文学的生态学研究》、王静的《人与自然:中国当代少数民族作家生态文学创作研究》、王军宁的《生态视野中的新时期文学研究》、吴景明的《走向和谐:人与自然的双重变奏——中国生态文学发展论纲》、张晓琴的《中国当代生态文学研究》、雷鸣的《危机寻根:现代性反思的潜性主调——中国当代生态小说研究》、汪树东的《中国现代文学中的自然精神研究》和《生态意识与中国当代文学》等。同时,随着西方生态批评理论的引入,一些关于西方生态文学的评论性成果也相继出现,如王诺关于欧美生态文学研究的系列成果,程虹关于英美经典作品的生态解读,朱新福的美国生态文学研究,苗福光的生态批评视角下的劳伦斯研究等。

中国台湾地区生态文学批评的开展,要略早于大陆。20世纪70年代起,台湾地区已经涌现出了刘克襄、马以工、韩韩、心岱、洪素丽等一批"自然书写"者,随之,陈映真、罗门、蒋勋等著名作家、学者开始撰写生态文学批评文章,在社会上产生了显著的影响。关于台湾地区生态文学的研究,林耀福、吴明益等曾有涉及,孙燕华的《当代生态问题的文学思考——台湾自然写作研究》则系统完整且有开创之功。

20世纪90年代以来的生态文学评论,为中国生态批评的话语建构提供了较为丰富的批评实践成果,为生态批评发挥介入意识和批判精神创造和实践了具体的途径。但是,这类评论的不足在于理论仍显苍白,视野仍显狭窄。已有的评论大多是对于生态预警小说或者有明显生态意识的作品的推介和评述,还没有将视野拓展到整个文学,尤其是对反生态作品的批判文章较少出现,一些被认为是中国一流的批评家,操持的仍然是高扬现代性的话语;同时,从理论上说,从深层次探讨社会和精神生态问题的理论支撑尚显薄弱。而所有这些,则为生态批评留下了进一步完善的研究空间。

(四)关于中国生态批评理论形态建构的评估

生态批评的理论基点是生态学、生态哲学、生态美学和文艺理论,作为一个新的交叉理论,目前尚不具备完整的学科形态。生态文学理论是对生态文学创作和批评的实践总结,生态文学批评是生态文学理论的具体应用,二者的互相促进,不断丰富着文艺领域的生态批评。在这个发展过程中,一些学者致力于生态批评的学科建构并取得了显著的成绩,这些努力和成绩也构成了中国生态批评话语建构进程中最为重要的理论维度。其中,具有开拓意义的成果有鲁枢元的《生态文艺学》(陕西人民教育出版社2000年版)、徐恒醇的《生态美学》(陕西人民教育出版社2000年版)、曾永成的《文艺的绿色之思》(人民文学出版社2000年版)、曾繁仁的《生态存在论美学论稿》(吉林人民出版社2003年版)等。近年来,余晓明的《文学生态学研究》、宋丽丽的《文学生态学建构——生态批评的思考》、刘文良的《生态批评的范畴与方法研究》、张华的《生态美学及其在当代中国的建构》、王茜的《生态文化的审美之维》等博士论文在不同的角度推进了生态批评的学科建构。理论建构关涉生态批评的哲学基础、基本范畴、实践原则和批评方法,对于其中的概念辨析、焦点关照和价值评估将成为中国生态批评理论演进研究的核心内容。

纵观中国生态批评的20余年发展历程,应当说,中国生态批评研究已经"走过了萌发、草创与学理探索的阶段,正在深化、丰富,走向成熟"。"边缘性的努力"正在"取得思潮式的成果"。但是,中国生态批评还存在着一些前进中的问题。首先,在哲学基础上,中国生态批评还显得薄弱、游移和矛盾。尽管中国生态批评的发生与发展几乎与西方同步,这也是我国文艺学自"五四"以来第一次引以自豪的地方,但不容回避的是,中国生态批评和传统学科形态类似,在范畴、概念等方面仍显得模糊,在哲学基础上仍然多移植于西方。其次,对中国古代生态批评资源的挖掘上,目前的研究显得不够全面和系统。中国古代蕴含着相当丰富的生态批评资源,许多学者做出了富有成效的整理、挖掘和阐释工作,但目前的状态显得零乱,难以形成学科形态。第三,相对于西方,中国生态批评的实践维度尤其需要加强。中国是一个发展中国家,生态批评面临的问题较之西方更为复杂,生态批评的大众思想基础并不坚固,尤其是在发展与生态出现矛盾的时候。第四,生态批评的理论构成有赖于生态文学的繁荣,中国的生态文学创作缺乏全新的生态理念,大多仍然停留在呼吁环境保护的层面,缺乏形而上的终极追问。

基于上述判断,对20余年来中国生态批评做一系统梳理,并从中辨析目前中国生态批评亟待进一步研讨的问题,对于生态批评的学科建设应当说具有重要的现实意义。

目前,我国生态批评界对于上述问题已有一些学者从不同的角度作出研究,如鲁枢元的《20世纪中国生态文艺学研究概况》(《文艺理论研究》2008年第6期)、刘锋杰的《"生态文艺学"的理论之路》(《安徽师范大学学报》2003年第6期)、王诺的《生态批评在中国》(《欧美生态批评·附录》)、胡志红的

《中国生态批评十五年:危机与转机》(《当代文坛》2009年第4期)、李晓明的《当前国内文艺与文学的生态批评述评》(《河南社会科学》2006年第4期)、刘文良的《当前生态批评理论研究的缺失》(《云南社会科学》2007年第5期)、纪秀明的《近三十年中国生态文学研究综述(1979-2008)》(《辽宁大学学报》2009年第1期)等都从一定角度对中国生态批评发展进程中的成就和缺憾进行了局部梳理和反思。但是,以20余年来中国本土生态批评的建构进程为对象,对中国生态批评的发展成效和问题作出系统梳理和辨析的成果尚为鲜见,所以,本书期望的创新点在于:第一,通过对中国近三十年来生态批评演进维度和理论生成过程的宏观分析,试图烛照以往研究局限于某一局部或某一论题而存在的研究盲点;第二,在梳理过程中,比较分析中西方生态批评、生态批评与传统文论之间的借鉴承继关系,进一步廓清不同生态批评观念的内涵和理论渊源;第三,在系统梳理的基础上,辨析评估中国生态批评发展进程中存在的问题和不足,期望为进一步完善中国生态批评的理论形态提供建设性元素。当然,中国可能是创新口号喊得最响的国度,但这正反证了中国创新的不足。创新不易,在目前的体制下,以自身的识见,创新更属艰难。所以,这里只能说是期望。

三、题旨阐释、研究思路和意义

在学界越来越强调学术的规范、逻辑、学理的当下,用"道在途中"这一带有文学喻意的题目是要冒一定风险的。所以,为避免不必要的歧义产生,有必要简要说明一下本书的题旨和思路。

(一)"道"的解析

在中国哲学史上,"道"是一个重要的范畴。儒道释皆有大量论述"道"的言论,但相对而言,道家哲学之"道"更为本源。道家哲学之"道",主要含义有二:其一,"道"为自然界万物的本体或本源,所谓"道,可道也,非恒道也","道生一,一生二,二生三,三生万物"。老子在《道德经》中也讲可道之道,如天之道、人之道,但这不属于恒常之道,因为恒常之道,在天地之先,"独立不改,周行而不殆,可以为天下母。吾未知其名,字之曰道"。其二,"道"为有形的道路和无形的规律、原则、方法。《说文》所谓"道,所行道也"。即是其本义,引申为人类所必须遵循的规律。《韩非·解老》中"道者,万物之所然也,万理之所稽也"便是其引申之义。[①] 老庄之后,两汉儒学、魏晋玄学、宋明理学、明清心学都对"道"有各自的演绎和阐释,但都没有颠覆老庄关于"道"的上述两个

[①] 参见张立文:《中国哲学范畴发展史》,中国人民大学出版社1988年版,第38-39页。

方面的基本含义。

道家哲学是中国古代最富生态意识的精神资源,老庄之"道",既是万物的本源,也是遵循自然的法则。在老子的学说中,道是最根本的范畴,但是,道的存在状态是什么? 老子又有一个著名的命题,所谓"人法地,地法天,天法道,道法自然"(《老子》二十五章)。由此可见,在老子看来,"独立不改,周行而不殆"的道,所遵循的法则和存在的状态是自然。在这里,老子的道和柏拉图的理念有着不同的含义,柏拉图的理念是哲学意义上的最高实体,而老子的"道"之上,还有自然。自然是什么? 既是包含着人类的自然界,也是混沌的自然而然的最本源的万物的存在法则。理解老庄的"自然",离不开关于"天"的概念,在中国先秦哲学中,"天"不仅是大地之上的天空,而且指生生不息的万物之源、至大无边的万物主宰,是一个拥有自己意志的至高无上的绝对存在;"天"即"道",又曰"天道",天道自行,无假于物,故称"自然"。由"天"与"自然"的关联来看,老庄所谓的"自然"还有"自其然也"、"自然而然"的意思。在这种理念支配下,庄子关于"道"的理解就与"自然而然"的"自然"密切相关,庄子在《大宗师》中有一段关于道的描述:"夫道,有情、有信,无为、无形,可传而不可受,可得而不可见;自本、自根,未有天地,自古以固存;神鬼、神帝,生天、生地;在太极之先而不为高,在六极之下而不为深,先天地生而不为久,长于上古而不为老。"①这可以看作是关于"道"的混沌的自然而然的状态的文学描述。

从上述道家哲学关于"道"的释义的追溯可以看出,正因为"道"须"法自然",而"自然"又是生生不息、化生万物、自然而然、自本自根的绝对存在,人类尽管是天地万物之灵,也必须敬畏自然、顺应自然。所以,道家哲学之"道",既是语义学本义上的规律、方法、途径,也是效法自然、遵循自然的具有生态意义的玄思。正是在这个意义上,本书所言"在途中"之"道",是想借用这一具有生态意义的概念喻指方兴未艾的中国生态批评20多年的探索道路与成果。在这里,"道"既是指生态批评探究的原则和方法,也是指生态批评探究的路途和过程。从原则和方法上看,生态批评之"道"包含了生态批评的根本理念、哲学基础、基本范畴、主要概念、实践原则、话语方式、批评方法等。从路途和过程上看,生态批评之"道"包括理论的谱系、承续的渊源、驿站上的收获、中途上的缺憾、正途与歧路、旨归与终点。

(二)"在途中"的喻意

相对于"道"的哲学蕴涵,"在途中"也是一个富有哲学意义的范畴。但

---

① 王夫子:《庄子解》,中华书局1964年10月版,第62页。

是,限于学力、篇幅和论述目标所限,这里无意追溯其哲学意义的渊源和流变。本书的论述目标是通过中国生态批评在四个维度上发展演进轨迹的描述和梳理,探究讨论中国生态批评的思想渊源和各个理论群体间的借鉴承继关系;通过总结、反思中国生态批评的成效与不足,期望完善、彰显中国生态批评的实践原则与途径。这是一个正在进行、且不会一蹴而就的学术过程,所以,"在途中"只是关于生态批评这个发展中的批评流派20余年存在状态和发展态势的描述。

具体地说,"在途中"的喻意有三:其一,这是关于生态批评过去20余年研究成果的判断。"在途中"意味着生态批评虽然成就斐然,但尚存在诸多盲点,需要继续探究。其二,这是关于生态批评当下状态的描述。"在途中"意味着生态批评虽然步履维艰,但方兴未艾,势在燎原。其三,这是关于生态批评未来态势的预示。"在途中"意味着生态批评的探索将长期处于进行之中,因为人类发展与自然资源的有限将会是一个长期的矛盾,生态问题与生态批评将会伴随着这一矛盾而长期处于进行之中。

从以上说明可知,所谓"道在途中",指的是中国生态批评的研究和探索虽然有了20余年的历程,也取得了令人瞩目的成就,但仍然处在未见终点的跋涉之途。当然,这个文学性描述可能会引起学理的质疑,但是,可以引为反证的是,正如精确的数理逻辑有时不得不借助于模糊数学一样,灵动的文学语言有时也可以有比哲学辨析更准确的价值判断。同时,从话语方式上看,学究式的追溯并非论文的唯一言说方式。所以,在我看来,"道在途中"不仅准确地描述了中国生态批评的态势,而且传达了一种言说者的精神判断,它体现的是攀爬者的悲怆,跋涉者的自励。追求生态和谐是人类的一个难题,探讨生态和谐之道也将是思考者永恒的课题。

(三)研究思路及其意义

如前所述,20余年来,中国生态批评基本在四个理论维度展开。其一是关于西方生态批评思想的译介和评述,其中既有西方生态批评理论的系统介绍,也有西方生态批评实践的部分借鉴;其二是关于中国古代生态资源的挖掘和阐释,其中既有古代道家哲学中的生态资源现代性转换,也有儒家哲学中生态意识的阐释;其三是生态文学评论,其中既有狭义的生态文学作品的推介评述,也有广义的文学作品中生态意识的分析和彰显;其四是关于生态批评的理论构建,其中既有生态文艺学的学科构建努力,也有生态美学对实践美学的超越期望。

基于中国生态批评20余年发展的广阔空间,本书的研究思路是:通过对上述四个维度上生态批评成果的梳理,描述中国生态批评的发展轨迹,探究中国生态批评的思想渊源,总结已有理论成果的绩效,反思发展进程中的疑点和不足,建构中国生态批评的本土话语,进而促进中国生态批评理论形态的生成与完善。

中国生态批评在上述理论演进维度上的理论成果,既相对独立,又相互交叉,其间存在着复杂的借鉴、互证、重合、矛盾等等关系。从时间上看,西方生态批评的译介和研究、古代生态资源的挖掘与阐释、生态文学的评论实践以及生态批评理论形态的构建之间,并不明显存在线性继承关系,而是呈现着同步进行的态势;但是,在"生态"这一关键词统摄下的不同的理论演进维度之间,又必然存在着潜在的关联,所以,20余年不同的理论演进维度,实质上又共同构成了中国生态批评的理论生成进程。对于中国生态批评不同理论维度上的发生发展过程,已有一些研究成果,但是,把中国20余年来生态批评的理论生成进程作为一个整体对象进行宏观研究的,目前尚较少有人涉及。同时,生态批评是在全球生态环境日益恶化的现实境遇逼迫下产生的一股文学批评浪潮,随着生态批评的发展与深化,其批评对象、批评内涵和批评方法已经超出了文学的疆域,呈现出文化批评的趋势。在中国,由于现代化进程的滞后,前现代、现代、后现代的并存,以及生态危机的日趋严重,中国的生态批评的发生与发展呈现出了更为复杂、游移,也更为迫切、坚定的姿态。所以,梳理中国生态批评的谱系,是研究其发生发展进程的基础和前提。

检视逝去的路途,是为了修正将要迈出的脚步。伊格尔顿曾说:"我们永远不能在'理论之后',也就是说没有理论,就没有反省的人生。"[1]对于方兴未艾的中国生态批评,进程之中的梳理和反省,不仅是对于已有理论的检视,而且期望是完善理论的合理举动。事实上,任何理论的产生和发展,都是一个不断梳理、检视、完善的理论过程,可以说,理论永远存在于"理"的释义和"论"的争鸣之中。正是在这一角度上,我们认为任何理论和学科的进程研究,都具有不容忽视的建设性意义。而本书的最终目的,也是期望在梳理生态批评发展轨迹的基础上试图回应尚存的争议,进而促进本土生态批评理论的完善。

---

[1] 伊格尔顿:《理论之后》,商正译,商务印书馆2009年版,第213页。

第一章　西方生态批评的中国之路

近代以来,伴随着西方列强对于中国经济、军事、政治等的侵入,"西学东渐"成为中西方文化碰撞后的一个渐次加强的发展态势。尽管一代代东方文化的捍卫者不时发出呼救或振兴的声音,但"中体西用"的最低愿望最终仍然成为一抹虽然绚丽但即将隐没的夕阳。作为文化的重要元素之一,近代尤其是"五四"以来的中国文艺理论,其发展轨迹也基本没有溢出对于西方文艺理论亦步亦趋的发展轨道。从20世纪20年代对于浪漫主义、现实主义的滞后移植,到20世纪30年代对于西方现代派的微弱呼应;从对于"十月革命"的炮声送来的马克思列宁主义的一元独尊,到建国后对于苏联理论模式的机械模仿;从新时期对于西方现代主义之路的全面跟进,到90年代后对于西方后现代理论的趋步借鉴;100年来的中国文艺理论始终处于追赶、模仿西方理论的疲惫之途。令人欣喜的是,生态批评的出现,让中国文艺理论界看到了一丝可以和西方理论同步发展、平等交流的曙光。

的确,由于面对同样严峻的生态危机,中国与西方几乎同步出现了旨在回应这一现实问题的生态批评。并且,因为中国文化传统中独有的具有生态意识的精神资源,中国的生态批评甚至显示了更具底蕴的发展活力;就生态批评理论领域而言,中西方已经形成了对话交流的可能和良好的发展前景。在全球化的语境下,面对全球性的生态危机,中西方的有识知识分子,不可能同时沉默,也不可能彼此屏蔽,西方学者从中国古代生态智慧中看到了救世之方,中国学者则从西方的生态伦理中看到了终极之问,这可能是中西方生态批评同步发展的合理基础。但是,这里想展示的一个事实是,尽管中西方生态批评交流对话的态势已经形成,从批评实践中操持的话语和方法模式看,西方生态批评仍然处于交往"顺差"的地位;对于西方生态批评的译介与研究构成了中国生态批评理论演进的重要维度,这一维度的重要性不在于论著数量的多少,而在于它影响甚至左右了中国生态批评实践的基本话语模式。所以,梳理、评估中国学者对于西方生态批评的译介研究,是研究中国生态批评理论生成的重要组成部分。

第一节　西方生态批评资源的译介与研究

相对于中国生态批评的发展状况，西方生态批评较早进入自觉时代。尽管中国传统"天人合一"的基本理念造就了国人不自觉的生态基因，中国文化史上也积淀了丰富的生态资源，但是，现代意义上自觉的生态观念和理论则产生于西方。从梭罗的《瓦尔登湖》到卡逊的《寂静的春天》，从史怀泽的"敬畏生命"到利奥波德的"大地伦理"，从罗尔斯顿的"荒野哲学"到奈斯的"深层生态学"，西方的生态文学、生态批评、生态哲学等都呈现出系统化的发展态势。20世纪80年代之后，伴随着生态危机的全球化，中国也开始了自觉的生态理论研究。在中国生态批评的发展进程中，西方生态思想和生态批评的译介与研究对中国生态批评的发展、丰富起到了重要的作用。

一、西方生态思想的译介与研究

生态批评是在生态哲学思想指导下对于文学尤其是生态文学的研究实践。在西方，生态批评作为一个潮流出现之前，已有大量的生态哲学、生态伦理学、生态文学作品等为其奠定了理论基础，开启了研究视野，铸就了思想工具，唤醒了生态意识，提供了研究对象。在中国，生态批评也是在生态文学和生态哲学等的感召下逐步走向自觉的。其中，学界对于西方生态思想的译介和研究构成了中国生态批评兴起的前奏。

我国学界对于西方生态思想的介绍开始于20世纪70年代末。1979年，美国生态文学史上里程碑式的作品——蕾切尔·卡逊的《寂静的春天》——在中国出版（英文版，吴国盛评点，科学出版社），这是一个富有启示意义的事件，它标志着正处于高奏现代化赞歌的时代已经有了尽管微弱但已经奏响的生态的声音。客观地讲，《寂静的春天》在西方现代派走红中国文学界的时代氛围中，并没有引起很大的反响，由科学出版社出版本身也说明，当时的译介并非关注其文学价值。但是，对于《寂静的春天》用文学的笔法所揭示的生态意识和思想的介绍，表明了中国学界对于现代化进程中生态问题关注的开始。1983年，罗马俱乐部于1972年发布的第一个研究报告《增长的极限——罗马俱乐部关于人类困境的研究报告》在中国出版（丹尼斯·米都斯等著，李宝恒译，四川人民出版社），其所预测的由于工业化的快速发展、人口的急速膨胀而带来的对于粮食的需求、资源的消耗和环境的污染，必然导致人类的发展会在21世纪达到地球承载的极限的观点，在全球引起了极大的反响，其所展示的生态理念也为处于现代化建设热望中的国人注入了一丝冷静的生态镇静剂。

其后,对于西方生态哲学、生态伦理学、生态社会学、生态政治学等生态思想著作的译介逐渐增多。其中,较有影响的生态哲学译著有理查德·罗蒂的《哲学与自然之镜》(李幼蒸译,三联书店,1987年),马丁·海德格尔的《诗·语言·思》(张月译,黄河文艺出版社,1989年),汉斯·萨克赛的《生态哲学》(文韬、佩云译,东方出版社,1991年),霍尔姆斯·罗尔斯顿的《哲学走向荒野》(刘耳、叶平译,吉林人民出版社,2000年),阿尔弗雷德·怀特海的《自然的概念》(张桂权译,中国城市出版社,2002年),大卫·格里芬的《后现代精神》(王成兵译,中央编译出版社,2005年)等;较有影响的环境伦理学和生态思想史译著有威廉·莱斯的《自然的控制》(岳长龄、李建华译,重庆出版社,1993年),阿尔贝特·史怀泽的《敬畏生命》(陈泽环译,上海社会科学院出版社,1995年),阿尔·戈尔的《濒临失衡的地球》(陈嘉映等译,中央编译出版社,1997年),欧文·佩基的《进步的演化》(蔡昌雄译,内蒙古人民出版社,1998年),唐纳德·沃斯特的《自然的经济体系——生态思想史》(侯文蕙译,商务印书馆,1999年),霍尔姆斯·罗尔斯顿的《环境伦理学》(杨通进译,中国社会科学出版社,2000年),戴斯·贾丁斯的《环境伦理学——环境哲学导论》(林官明等译,北京大学出版社,2002年),纳什的《大自然的权利》(杨通进译,青岛出版社,1999年),比尔·麦克吉本的《自然的终结》(孙晓春等译,吉林人民出版社,2000年),科林伍德的《自然的观念》(吴国盛译,北京大学出版社,2006年)等;较有影响的生态政治学和生态社会学译著有安东尼·吉登斯的《现代性的后果》(田禾译,译林出版社,2000年),弗里德里希·哈耶克的《科学的反革命——理性滥用之研究》(冯克利译,译林出版社,2003年),欧文·拉兹洛的《人类的内在限度——对当今价值、文化和政治的异端的反思》(黄觉等译,社会科学文献出版社,2004年),赛尔日·莫斯科维奇的《还自然之魅——对生态运动的思考》(庄晨燕等译,三联书店,2005年),多布森的《绿色政治思想》(郇庆治译,山东大学出版社,2005年),佩珀的《生态社会主义:从深生态学到社会正义》(刘颖译,山东大学出版社,2005年),布莱恩·巴克斯特的《生态主义导论》(曾建平译,重庆出版社,2007年),乔纳森·休斯的《生态与历史唯物主义》(张晓琼等译,江苏人民出版社,2011年)等。其间,吴国盛主编的"绿色经典文库"对中国生态批评的发展产生了重要影响,这部丛书包括亨利·梭罗的《瓦尔登湖》(徐迟译,吉林人民出版社,1997年),奥尔多·利奥波德的《沙乡年鉴》(侯文蕙译,吉林人民出版社,1997年),巴里·康芒纳的《封闭的循环——自然、人和技术》(侯文蕙译,吉林人民出版社,1997年),芭芭拉·沃德、勒内·杜博斯的《只有一个地球——

对一个小小行星的关怀和维护》(《国外公害丛书》编委会译校,吉林人民出版社,1997 年)、艾伦·杜宁的《多少算够——消费社会和地球的未来》(毕聿译,吉林人民出版社,1997 年)、卡洛琳·麦茜特的《自然之死——妇女、生态和科学革命》(吴国盛等译,吉林人民出版社,1999 年)等十部译著,其中的多数著作成为影响中国生态批评发展的经典资源。

西方生态思想论著的大量译介为中国生态批评提供了丰富的思想资源,同时,中国学者在译介基础上也推出了一系列生态思想著作,其对中国生态批评的深化起到了更为直接的推动作用。余谋昌先生是中国学界较早涉足生态思想研究并且成就较大的一位。早在 20 世纪 80 年代初期,余谋昌先生就开始关注生态危机,介绍西方生态思想,探讨生态哲学问题,20 多年来,先后发表了一系列富有创新意义的论文,出版了《生态学的信息》(辽宁科学技术出版社 1982 年)、《当代社会与环境科学》(辽宁人民出版社 1986 年)、《生态学哲学》(云南人民出版社 1991 年)、《惩罚中的醒悟:走向生态伦理学》(广东教育出版社 1995 年)、《文化新世纪:生态文化的理论阐释》(东北林业大学出版社 1996 年)、《生态伦理学:从理论走向实践》(首都师范大学出版社 1999 年)、《生态哲学》(陕西人民教育出版社 2000 年)、《生态文化论》(河北教育出版社 2001 年)等一系列生态哲学论著。这些著作基于西方生态思想基础,参照中国古代生态智慧,针对日益严峻的生态危机,阐发了中国现代化进程中如何解决生态问题的基本思想。

另外,刘湘溶的《生态伦理学》(湖南大学出版社 1992 年)、李春秋等的《生态伦理学》(科学出版社 1993 年)、叶平的《生态伦理学》(东北林业大学出版社 1994 年)、郇庆治的《绿色乌托邦》(泰山出版社 1998 年)、杨通进的《走向深层的环境保护》(四川人民出版社 2000 年)、雷毅的《深层生态学思想研究》(清华大学出版社 2001 年)、何怀宏的《生态伦理——精神资源与哲学基础》(河北大学出版社 2002 年)、曾建平的《自然之思》(中国社会科学出版社 2004 年)等著作,对于介绍、传播、研究西方生态思想起到了极大的促进作用,为中国生态批评的开展引入并创生了具有本土问题意识的精神资源和哲学基础。

二、西方生态批评的译介与研究

西方生态思想的译介与研究为中国生态批评的兴起引进了精神资源、奠定了哲学基础,西方生态批评的译介与研究则为中国生态批评的开展与繁荣提供了话语构建和实践的参照模式。

据王诺的研究,"中国的生态批评以引进欧美'生态批评'这个术语为开端。"司空草的《文学的生态学批评》(《外国文学评论》1999年第4期)是较早引进和介绍西方生态批评的文章。司空草的文章"介绍了格罗特菲尔蒂和弗洛姆主编的《生态批评读本》、《新文学史》1999年生态批评专号、贝特的《浪漫主义的生态学:华兹华斯与环境传统》和当时尚未发表的《大地之歌》等主要成果"。① 应当说,尽管王诺所谓"中国的生态批评以引进欧美'生态批评'这个术语为开端"的结论过于拘泥于概念指称的明晰,忽视了此前业已存在的中国学者关于生态文学的研究尝试,但是,司空草的文章对于《生态批评读本》这样的本源性文献、对于《新文学史》1999年生态批评专号这样的生态批评新成果和《浪漫主义的生态学:华兹华斯与环境传统》这样的被誉为英国生态批评的奠基性文本的介绍,的确为尚处于缺乏生态批评话语范畴的中国生态文学研究实践开启了借鉴的窗口和言说的依据。

中国学界对于西方生态批评完整的译介开始于2001年,其标志是清华大学王宁教授主编并由清华大学出版社出版的《新文学史》一书开辟了"生态批评"专栏,翻译介绍了美国《新文学史》1999年夏季生态批评专号的几篇文章。其中,贝特的《生态批评》等为中国生态文学研究实践提供了最初的研究示范。同年,北京大学赵白生副教授在中美比较文学双边讨论会"全球化与生态批评专题研究会"上做了《关于生态批评》的专题发言,重点介绍了美国生态批评的动态和相关研究资料,这标志着中国学界对于欧美生态批评开始了同步关注和交流。

其后,对于西方生态批评著作的翻译,主要散见于《世界文学》、《国外文学》、《外国文学评论》、《外国文学研究》、《读书》等杂志的一些专栏和一些生态批评资料汇编中,经典原著的翻译并不很多。其中,李庆本主编的《国外生态美学读本》(长春出版社2009年版)具有一定的影响。

值得指出的是,西方生态批评是一个多元的理论体系,其中既体现出不同的生态哲学基础,也展示出不同的实践路径,作为一个"由'环境问题'这个共同的'焦点'所联结"的理论集合,西方当代美学研究重要形态之一的环境美学也可以说体现了广义的西方生态批评的一个维度。对于西方的环境美学,中国研究者对其与生态美学的关联持有不同看法,曾繁仁先生曾对二者的关系做过详细的论述,但是它和生态美学存在生态意识支配下的交集应当是一个难以否定的事实。正是在这个意义上,关于西方环境美学的译介和研究也构成了中国生态批评发展进程中的参照内容。其中,陈望衡主编、湖南科学技术出版社2006年出版的环境美学译丛,包括美国美学家阿诺德·柏林特的

---

① 王诺:《欧美生态批评》,学林出版社2008年版,第224页。

《环境美学》、《生活在景观中——走向一种环境美学》、芬兰美学家约瑟·帕玛的《环境之美》、加拿大美学家艾伦·卡尔松的《自然与景观》、法国美学家米歇尔·柯南的《穿越岩石景观——贝尔纳·拉絮斯的景观言说方式》等,开启了与生态美学密切相关的西方环境美学的研究窗口,其对于中国生态批评的建设和发展无疑具有重要的借鉴意义。

直到 2010 年,北京大学出版社出版"未名译库·生态批评名著译丛",推出了代表西方生态批评的最新成果,为中国生态批评提供了藉以参照的经典文本。其中,韦清琦翻译的《走出去思考:入世、出世及生态批评的职责》(斯科特·斯洛维克著,北京大学出版社 2010 年版)是国内翻译出版的第一部美国生态批评专著。该书著者斯洛维克是美国生态批评运动的主要倡导者之一,创立文学与环境研究会并长期担任会长,著作丰硕,影响广泛,《走出去思考》是其出版于 2008 年的新著。《走出去思考》体现了鲜明的跨学科研究特色,其研究内容和方式表现出的"走出文本——批评对象的跨越;走出文体——批评体裁的跨越;走出学科——批评理论的跨越"和"走出书房——批评家职责的跨越"[①]对于拓展生态批评的视野和实用性具有切实的示范意义,这也充分践行了斯洛维克一贯倡导的生态批评的实用价值和参与意识,因为在他看来,"在生态批评及其相关领域里,实用性是被奉为神明的——那是对意义的强化,是对激情的点燃"。"生态批评的职责既需要介入社会的参与,又需要淡出尘嚣的沉思。"[②]刘蓓翻译的《环境批评的未来——环境危机与文学想象》(劳伦斯·布依尔著,北京大学出版社 2010 年版)是美国生态批评领域的领军人物布依尔"生态批评三部曲"的最新一部,其中对于生态批评发展状况的分析,对于生态批评存在不足的判断,对于环境想象和再现问题的探索,对于全球化语境中"地方理论"的阐释,对于生态伦理和生态批评的政治维度的评析,对于提高生态批评学术化程度以期取得"合法性"公认的努力等,都显示了相当的学术高度。胡志红等翻译的《实用生态批评——文学、生物学及环境》(格伦·A. 洛夫著,北京大学出版社 2010 年版),是西方生态批评进入第二阶段即环境公正批评阶段的代表作之一,作者洛夫是美国生态批评的重要开拓者,其所倡导的突出生态批评的"跨学科"特性、恢复还原论科学方法的合法地位、反对前期生态批评的反科学倾向以及对于经典作家和经典作品的重审,显示了不为潮流所左右的独立学术品格。这些译著的出版,让中国学界看到了欧美生态批评的代表人物的最新研究成果,为中国生态批评的视域拓展、理论

---

① [美]斯科特·斯洛维克:《走出去思考》,韦清琦译,北京大学出版社 2010 年版,第 240 页。
② [美]斯科特·斯洛维克:《走出去思考》,韦清琦译,北京大学出版社 2010 年版,第 12 页。

建构、经典阐释和增强实践价值提供了参照、交流、互补的蓝本。

伴随着西方生态批评译介范围的拓展,从2002年开始,中国学界关于西方生态批评的研究也逐步展开。王诺、王晓华、胡志红、赵白生、刘蓓、韦清琦、程相占、宋丽丽、李晓明等一批中青年学者成为西方生态批评研究的主体。其中,王诺的研究具有开拓意义,其《生态批评:发展与渊源》(《文艺研究》2002年第3期)在大量占有第一手资料的基础上系统介绍了欧美生态批评的发展历程和主要成就,为后来者进入这一研究领域树立了一个参照路径和路标;其《我们究竟从哪里走错了路?——生态批评:一种值得高度重视的文学批评》(《文艺报》2003年7月8日)则在宏观介绍西方生态批评的同时,将对于生态危机思想根源的反思指向了启蒙以来的西方人类中心主义文化传统;其《生态整体主义辩》(《读书》2004年第2期)更明确提出了生态整体主义的范畴,认为生态批评的理论基点不是弱人类中心主义,也不应是生态中心主义,而应是生态整体主义,鲜明地表达了与西方生态哲学、生态伦理学许多学者的不同看法,表现出对于西方生态批评的反思勇气和超越意识;其《生态危机的思想文化根源》(《南京大学学报》2006年第4期)则将其在《我们究竟从哪里走错了路?》一文中提出的关于生态危机的文化反思进一步深入和系统化,阐述和论证了全球性生态危机的深层根源在于支配人类行为的价值体系,要解决生态问题,必须进行一次人类文明范式的革命。王诺的系列研究成果后来集中体现在其2007年通过答辩的博士学位论文《欧美生态批评研究》,并在此基础上出版了《欧美生态批评——生态文学研究概论》(学林出版社2008年出版)。《欧美生态批评》与2003年出版的《欧美生态文学》构成了王诺对于西方生态文学和生态批评研究的全景展示,如果说《欧美生态文学》作为王诺生态文学研究实践的结晶为中国生态文学评论提供了蓝本,《欧美生态批评》则在对于西方生态批评的理论阐发领域为中国生态批评的发展提供了借鉴。作为对于西方生态批评的阐释,《欧美生态批评》的开拓意义在于王诺没有停留在对于西方生态理论的简单介绍和移植上,而是在介绍发展过程、评析既有观点的基础上阐发了自己的理解,其对于生态批评的发展与渊源、界定与任务、精神资源与理论基点以及生态批评实践切入点的分析,不仅准确反映了中国学者对于西方生态理论的把握,而且为中国生态批评的理论建构呈现了基础元素。

胡志红的《西方生态批评研究》是较早出版的对于西方生态批评作出全面深入研究的专著。相对于王诺更多地偏重于西方生态批评的发展渊源梳理、基础概念辨析和实践基点界定,胡志红论著的意义在于其将西方生态批评的研究纳入了自己所更为熟悉的比较文学的视域,尝试了生态批评研究与比较文学研究方法的对接。在胡志红看来,生态批评的跨学科、跨文化特征,与比较文学的对比研究存在天然的契合基因,比较文学研究方法不仅可以成为不同民族之间、不同文化之间的和谐促进力量,而且可以成为人类与自然之间的紧张关系的文化弥合元素,从比较文学的跨文明视野来看,生态批评的发展更需要走向多元文化的交流与融合。胡志红认为,"生态批评是一种文化批评,但与其他文化批评类型相比,又超越了性别、种族、阶级、大地等单一的视角局限。""目前的生态批评还不能由单一的方法论或理论维系,而是由'环境问题'这个共同的'焦点'所联结。"① 基于此,胡志红关于生态批评对生态文化多元性的诉求、全球化的本质与生态公正、生态批评对于西方中心主义的超越以及生态批评跨文明研究等分析,对于中国生态批评的视野拓展和中西生态批评的对话交流具有一定的启示意义。

  西方生态批评发源于美国,可以说,美国生态批评的发展状况代表了西方生态批评的源流和最新进展,李晓明的《美国生态批评研究》(山东大学2006年博士论文)为中国生态批评的发展提供了典型个案的理论框架和资源。在李晓明看来,美国首开生态批评的先河,积累起了相对丰富的生态批评经验和理论成果,对其进行解剖式的梳理、甄别和研究,有助于中国生态批评的建设和完善。今天看来,李晓明的研究不同于大多数研究者立足于"西方"的宏观视角,尽管其更多的意义仍在于梳理和评析,但其专注于美国生态批评,避免了因西方生态批评中美国、英国及其之后的北欧、澳洲之间的差异而出现理论的无针对性。同时,李晓明关于美国生态批评发展的社会背景关照、文化土壤分析和思想渊源探究正因其明确的指向性因而更具备了拓展借鉴的有效性。并且,李晓明对于美国生态批评中理论研究的梳理,进一步廓清了诸如"文学视野中的生态整体观思想、新环境状况下的'意识转换'观念、融合生态意识的'新人文主义'自然观、'文学生态学'的构想、生态责任意识与'谨慎栖居'观念"等最能体现美国生态批评理论特征的生态伦理思想;其对于美国生态批评中的文学批评话语的梳理和研究,尤其是对于"文本的'对话体'研究方法"、"自然文学的环境心理学研究"、"后现代视角的生态批评思考"以及劳伦斯·布依尔的"环境的想象""环境的重新阐释"等的研究,对于生态批评的理论泛化现象客观上起到了回归文学的导引作用。值得赞赏的是,他在梳理分析美国生态批评之后,在全球的视野下考察了美国生态批评的影响和自身存在的问题,尽管今天看来其对于美国生态批评存在问题的剖析尚属浅显,但毕竟展示了理论的自信和努力。其后,李晓明延续了关于美国生态批评的研究,

---

① 胡志红:《西方生态批评研究》,中国社会科学出版社2006年版,第18页。

其《比较视野中的当代英美生态批评》(《北方论丛》2008年第2期)等已经关注到了同为西方生态批评范畴内美英生态批评的不同,这无疑进一步凸显了美国生态批评的特色。

在西方生态批评的中国研究者中,刘蓓在梳理西方生态批评的渊源、发展概况、理论依据、解读策略等的基础上,展示了更为自觉的建构意识。她的《生态批评的话语建构》(山东师范大学2005年博士论文)采用"语境化"研究方法,"将西方生态批评回置于它所生成的文学与文化语境,考察生态批评'从何而来'——如何产生、'向何处去'——有何根本的目的、'如何进行'——为此目的它制定什么样的批评策略、如何实施这种策略。"其论述的目的,不是停留在梳理、介绍和评价阶段,而是"为了有助于中国文学研究者对生态批评进行甄别、吸收和借鉴",进而发展"有中国特色的生态批评"。在刘蓓看来,国内以西方生态批评为研究对象的理论探讨,还存在着一些不足,"主要表现在研究者没有注意区分文学界的生态批评与整个学术界的生态研究之间的界限,而在非文学研究的内容上投入了较多的精力"。在这种定位基础上,刘蓓将国内对于西方生态批评研究的问题概括为六个方面,其一,"没有重点讨论'生态思想'为何在当代成为一种文学研究的思想基础";其二,"研究者都重点阐述当代西方的生态哲学理论内容,如环境伦理学、深层生态学的理论思路,而对生态理论与文学理论及创作的关系分析不够,没有说清生态批评的理论资源与其他学科绿色研究的理论资源有何区别";其三,"没有深入探究环境运动和生态学为什么会促成一种新的文学研究形式的产生";其四,"强调中西方生态思想和文学的共通性,但对其背景和内涵上的差别甄别不够";其五,"对于生态批评本身的文学研究特征挖掘也不够深入,著述中常把文学领域的生态批评和其他学术领域的绿色研究混同起来,有时把生态批评诠释为一种泛学科的'生态文化批判',或把它看成是'文化研究',弱化了其文学研究的本色";其六,"对于生态批评的具体实践方法语焉不详,没有明确生态批评的文本解读究竟与过去的自然文学研究有何区别"(刘蓓:《生态批评的话语建构》导论,山东师范大学2005年博士论文)。基于此,刘蓓运用丰富的第一手外文资料,对于西方生态批评的源流、发展过程、批评类型、理论依据、文本对象、解读策略等作出了详实充足的论证。尽管刘蓓指出的国内对于西方生态批评研究的问题今天看来一些已经有了较大的改观,如对于中西方生态批评的相异性分析已经较多开展,关于生态批评实践方法的研究也得以重视等,但她关于美国和英国"前生态批评"的发展脉络梳理,关于生态批评和后解构主义文论的关联性阐释,关于文本解读策略尤其是以"环境"为文本框架、以"场所"为解读范畴的总原则至今仍具新意。

近年来,关于西方生态批评的研究虽然缺少宏观全面的成果,但是研究的深度超越了译介层次而得到进一步深入。其中,对于西方生态批评持续关注的程相占、王晓华等,为中国学界带来了关于西方生态批评包括生态美学的最新走向和自己的把握。从学科范畴上讲,程相占主要致力于环境美学研究,其对于中国古代环境美学思想的挖掘和阐释具有相当的价值。同时,近年来他又致力于在环境美学的根基上梳理西方生态美学的工作,并得出了与之前很多研究者不尽相同的结论。通过对美国生态美学的思想基础和理论进展的梳理,程相占认为,西方不仅主要讲环境美学,也存在生态美学,西方生态美学比起中国来,有其独特的学理根据、学术背景和理论思路。在程相占看来,"利奥波德的大地伦理学和大地美学初步讨论了伦理学与生态审美、生态学知识与生态审美的关系,批判了西方传统'如画'美学,为美国生态美学奠定了思想基础和理论框架;科欧将生态思想引进到环境设计中,在与形式美学和现象学美学对比的框架中提出了生态美学的一系列特征,论证了'包括性统一'、'动态平衡'和'补足'三个环境设计原则是美学的生态范式;在综合前两者的基础上,为了理解并解决审美价值与生态价值之间的尖锐冲突,戈比斯特从景观感知过程的个体、景观、人——景观互动、成果等四个方面着眼,总结出一种森林景观管理的生态美学,从理论上分析了生态审美的基本要素。"[①]通过对利奥波德尤其是科欧、戈比斯特理论的分析,程相占得出了自己的结论,那就是美国(西方)生态美学是在环境美学的影响和促动下产生和发展的,正是因为这一学理基础,西方生态美学显示了极强的实践性,这正是中国生态美学需要借鉴和加强的维度。王晓华是较早关注生态批评的评论家,其《人文关怀和超越人类中心主义》(《文艺评论》1999 年第 1 期)、《后现代主义话语谱系中的生态批评》(《文艺理论研究》2007 年第 1 期)等显示了其将生态批评作为建设完善中国文学批评参照的独有研究视角,比起胡志红、刘蓓、李晓明等青年学者来,王晓华并没有努力去占有大量的文献资料,但其对于西方生态批评的把握阐释以及应用于中国文学批评的努力一定程度上显示了冯友兰先生所谓"接着讲"的价值。在王晓华那里,西方生态批评仅仅是其文学批评研究视域中的一部分甚至是一个参照,其关于生态批评的文章更多地被《当代中国文艺批评的三重欠缺》(《文艺理论研究》2001 年第 1 期)等激越文字淹没,但是,《西方生态批评的三个维度》(《鄱阳湖》2010 年第 4 期)等文章仍在显示着其对西方生态批评的持续关注和准确把握。在王晓华看来,30 多年来的西方生态批评,专注于人与自然关系的研究,着力于对人类中心论批判,将文

---

① 程相占:《美国生态美学的思想基础和理论进展》,《文学评论》2009 年第 1 期。

学研究落实到物种批判层面,其对于人本主义和现代性的颠覆也带来了诸多的质疑尤其是发展中国家的质疑,但在阐释物种批评过程中,生态批评已经看到了"人类中心论、男性中心论、白人中心论的内在关联,将物种批评、种族批评、性别批评整合为连贯的话语体系",①所以,当代西方生态批评至少应当包括物种批评、性别批评、种族批评等三个基本维度。王晓华的这一判断,建立在对于生态危机与男权主义、殖民主义的内在关联的分析基础上,在王晓华看来,"从根本上说,生态批评首先是超越人类中心论的文学实验",这已经为众多的生态理论所证明;但同时,生态批评者看到,"对女性的统治和对自然界的统治之间有历史的、体验的、象征性的、理性上的重要的联系","自然和女人都被迫服从父权制的统治体系",所以,"用'我们'这个名词代表导致生态危机的人类,实际上遮蔽了重大的差异。'我们'——男人,女人,不同文化,穷与富——对于生态灾难负责任的方式和程度是不一样的";进而言之,"随着以生态为关键词的文学研究渐趋深入,生态批评家发现与人类/非人类事物的二分法对应的不仅仅是男人/女人的二分法,还包括以种族为基本单位的等级制","现代生态危机产生于以西方为中心的殖民化运动,对自然的征服和对人的压迫是这个过程的两个方面",正由于殖民主义的存在,美国传统生态文学洋溢着的"田园主义精神"和"赞美郊外、自然、荒野而反对都市的精神气质",在黑人看来却正是要反对的文化传统,因为"田园主义内在地包含了对黑人的奴役和压迫",白人要回归的田园在黑人看来并不是诗意栖居之所;正是由于生态问题并非是简单的人与自然的关系,还涉及不同人类之间的关系、不同种族之间的关系,生态批评发展了性别和种族的维度。王晓华的这一阐释,昭示了女性主义批评和后殖民主义批评的生态内涵,极大地拓展了生态批评的疆域。在西方目前各种文学批评流派中,只有生态批评能够在生态的旗帜下将物种批评、性别批评、种族批评整合到统一的批评话语谱系之中,这也最大限度地延展了文学研究的主体间性原则。进一步看,西方生态批评对于后殖民主义批评等的延展和涵盖,透视出了其自身主动回应发达国家与发展中国家之间生态公正质疑的努力,在这意义上,生态批评的多维度拓展显示了其理论的生成性和包容性。

第二节 西方生态批评的理论价值

生态批评在西方是一个虽然尚没有成为文学批评主流但波及范围很广的

---

① 王晓华:《西方生态批评的三个维度》,《鄱阳湖》2010年第4期。

批评流派。作为一个宽泛的指称,西方生态批评不仅包括以美英生态批评为主体的理论和实践,而且涵盖芬兰、加拿大、法国、澳大利亚等许多国家和地区的生态批评。但是,尽管不同国家、不同阶段的生态批评之间可能存在着理论范畴、实践路径等些许不同,但基于共同的文化背景、共同的现实基础、共同的批判指向、共同的目标吁求,其理论核心存在着更多的共性品质。面对全球化的生态危机,其关于人类中心主义、工具理性、现代性与现代化等的反思,关于工业化和消费主义的批判,关于生态文明模式构建和人类精神超越的吁求等等,一定程度上显示出普适的意义和价值。

20世纪90年代以来,随着中国学界关于生态文艺学、生态美学概念的提出和讨论的逐步展开,一些学者认为在生态批评领域,中国本土理论已经形成了与西方生态批评平等对话的态势。但是,不可否认的是,在中国生态批评的发展进程中,西方理论仍然扮演着重要的角色,中国生态文艺学、生态美学的理论奠基者如鲁枢元、曾繁仁等先生,尽管相信中国传统文化将会在生态文明时代焕发出新的生机,但其对于怀特海、海德格尔等的推崇和借鉴,表明西方理论对其理论建构存在着影响和启迪。研究中国生态批评的发展进程,重要的不在于考证生态美学或者别的概念首先诞生于西方还是中国,而在于无论西方还是中国,哪些理论对于中国生态批评的发展具有可资借鉴的价值。

西方生态批评是一个指称宽泛的论域,中国学界关于西方生态批评的研究也处于散点透视的局面。但是,从20世纪90年代后期中国学者对于西方生态批评译介开始,西方生态批评研究已经成为中国生态批评理论建构的重要维度,其成果也成为中国生态批评理论体系的重要组成部分。纵观中国学界已有的研究成果,可以认为,西方生态批评在思想基础、理论形态、实践路径等方面已经成为筑修中国生态批评之路的重要资源。

一、坚实的思想基础为中国生态批评的建构提供了可资借鉴的精神资源

蒙培元先生曾讲:"中国哲学是深层次的生态哲学",[①]相对而言,西方哲学尤其是启蒙以来的西方哲学,由于其基本的人类中心主义立场,成为生态危机的思想根源。但是,近代以来,伴随着几代先贤的现代化努力,中国文化走过了一百多年的西方化历程,而西方则开始了对于启蒙文化的反思。历史经常就是这样吊诡,当中国渴求并追随西方先进的技术,努力发展现代化的科学、文化、经济时,西方则开始借鉴中国古代哲人的生存智慧,构建起以反思现代性为主要内涵的现代生态理论框架。当然,任何文化都不会只有主流没有

---

① 蒙培元:《人与自然——中国哲学生态观·绪言》,人民出版社2004年版,第1页。

小溪,西方传统文化中也有类同于中国古人的生态意识和思想,如王诺对于古希腊生态思想的挖掘;同时,西方当代文化中也不乏反生态的理论。但是,从整体上看,现代意义上的生态观念主要来源于西方,生态科学、生态伦理、生态哲学等共同构成了西方生态理论的思想体系,为生态批评提供了坚实的基础和资源。这些理论不仅促进了西方生态批评的萌生、发展和繁荣,而且也已经成为中国生态批评的精神资源。

关于西方生态批评的思想基础,侯文蕙、吴国盛等对科林伍德、唐纳德·沃斯特等英美生态思想家及其著作的译介和研究,为中国生态批评界提供了基础资源;王诺、胡志红、曾繁仁等也都做过较为系统的梳理。除却关于西方古代生态思想的挖掘,单就近代生态观念来说,西方生态批评的思想基础主要包括以卢梭为代表的浪漫主义生态意识,以吉尔伯特·怀特和梭罗为代表的阿卡狄亚式生态观念,以林奈、达尔文和海克尔为代表的近代生态科学,以海德格尔为代表的存在论生态哲学,以人类中心主义批判为核心的生态整体主义,以追求族际平等为目标的后现代主义生态正义观等。

根据王诺在《欧美生态批评》中的分析,卢梭的生态思想系统而全面,从某种程度上说,卢梭的生态思想是现代生态哲学的滥觞。对于卢梭的生态思想,王诺概括为六个方面,即征服、控制自然批判,欲望批判,工业文明和科技批判,生态正义观,简单生活观,回归自然观,①这几乎涵盖了现代生态观念的所有内容。当然,卢梭作为浪漫主义思想家,其生态思想并没有建立在现代生态科学的基础之上,也没有构成完整的生态理论体系,而是从教育、法律、社会制度等方面探讨人的自由问题,属于"人学"历史上的重要节点,但是,其理论中透射出的生态哲学思想"推动了欧美生态文学在19世纪上半叶的繁荣,激发了欧美思想家对自然以及人与自然关系的深入思考。"贝特称卢梭是"第一位绿色思想家"也许还有待商榷,但"卢梭在人类生态思想史上的确占有着承上启下的、里程碑一般的重要地位"②则是毋庸置疑。

在中国生态批评界,梭罗是一个几近通俗的人物,但从生态思想史的角度看,他的意义不仅在于写出了生态文学经典《瓦尔登湖》,而且在于他所倡导的田园主义生存态度和留下了建立在实证观察基础上的《森林树木的演替》等生态科学著作,从这个角度上看,我更愿意把他和吉尔伯特·怀特及其《塞尔波恩的自然史》放在一起讨论。作为一位浪漫派作家,梭罗的田园主义生存态度所要颠覆的是"由科学所形成的既定概念;不断膨胀的资本主义的价

---

① 王诺:《欧美生态批评》,学林出版社2008年版,第75-80页。
② 王诺:《欧美生态批评》,学林出版社2008年版,第80-81页。

值和结构;西方宗教反自然的传统偏见"①等。作为一位自然博物学者,梭罗的两年瓦尔登湖生活不应被看作逍遥的避世之旅,而应被看作、实际上也是基于科学态度的生态学实证考察,因为梭罗的目的不仅要观察林地的更替,而且希望探讨康科德小镇环境的变迁历史,进而企图"重建'我们居住的这个地方在 300 年前(曾经有过)'的那种真正面貌"。②梭罗的实践行为展示的是一种田园理想,这种理想实际上基于一种生态道德观念,而这种观念明显承续着吉尔伯特·怀特的生态愿望,正如唐纳德·沃斯特所言:"梭罗理应与那些追随怀特的田园派学者划在一个圈内,因为他与他们都只有一种信念:人类必须学会使自己去适应自然的秩序,而不是寻求推翻它或改变它。"③需要指出的是,比起吉尔伯特·怀特来,梭罗的批判对象——资本主义的价值和结构——更为强大,他所展示的田园理想也更为明确,他所进行的生态实践乃至维护环境的政治行为更为激烈,所以,唐纳德·沃斯特认为梭罗是"把田园道德论发展为近代生态哲学的最主要的人"④的判断可谓不虚。

在西方生态哲学和生态伦理学形成过程中,林奈关于"自然的经济体系"的研究、达尔文的进化论和恩斯特·海克尔的生态学起到了科学层面的奠基作用。林奈学派生态学告诉人们,自然界存在很多物种类别,但各种类别之间存在着相互联系并产生着相互作用,自然是一个服从"造物主在大自然中早就设计好了"的"有着内在联系规则"的"持久的和平共处的共同体"⑤;进化论使人们发现了"人与其他生物之亲密关系",认识到了"人类与其他生物有着生物学意义上的共同的根",这也使得人们"把人类的伦理扩大到所有的生物,把对人的关怀扩大到所有生命"⑥有了科学的印证;生态学论证了包括人与其它生物乃至整个自然界生态系统的整体关联,奠定了一切人文生态理论的科学前提。如果说进化论使人类看到了自身的生物历史并非上帝特别的恩赐,生态学则让人类意识到,由于生态系统的整体关联性,人类自身并不能肆意实施控制自然的行为。对于中国这个传统文化中科学意识淡漠的国度来说,西方生态批评的上述科学思想资源尤其应当予以重视。

在西方生态思想史上,海德格尔是一位备受关注和深度阐释的思想家,其之所以备受关注,重要的原因在于其为生态整体主义观念的确立奠定了存在

---

① [美]唐纳德·沃斯特:《自然的经济体系——生态思想史》,商务印书馆 1999 年版,第 81 页。
② [美]唐纳德·沃斯特:《自然的经济体系——生态思想史》,商务印书馆 1999 年版,第 91 页。
③ [美]唐纳德·沃斯特:《自然的经济体系——生态思想史》,商务印书馆 1999 年版,第 102 页。
④ [美]唐纳德·沃斯特:《自然的经济体系——生态思想史》,商务印书馆 1999 年版,第 102 页。
⑤ [美]唐纳德·沃斯特:《自然的经济体系——生态思想史》,商务印书馆 1999 年版,第 61、57 页。
⑥ 王诺:《欧美生态批评》,学林出版社 2008 年版,第 81 页。

论的哲学基础。曾繁仁先生曾讲:海德格尔对于生态批评的贡献在于,其"关于此在与存在关系的探讨,显示了人与自然和谐共生、共在的生态整体观,为克服人类中心主义奠定了哲学基础,为美学的存在论转向提供了理论依据";①同时,其提出的"天地人神四方游戏说"探讨了人类追求审美化生存的道路途径,其倡导的"诗意地栖居"则表达了生态的审美理想。"诗意地栖居"已经成为中国生态批评的关键词,对此,王诺曾有更为通俗的概括解读:"诗意地栖居是与生态存在论思想密切相关的生存观,也是与技术地栖居相对立的存在观,它强调尊重自然规律和自然进程,反对征服和统治自然,主张人对自然负责,重视生活的诗意层面、审美层面和精神层面,最终达到归属于大地、被大自然接纳、与大自然共存的境界。"②从"此在与存在"的考辩,到"天地人神四方游戏说"的探讨,再到"诗意地栖居"的倡导,海德格尔完整地论述了今天仍然闪光的生态哲学思想,同时,由于其对于东方哲学尤其是老庄哲学的推崇与借鉴,他的理论在中国获得了更为密切的思维契合。曾繁仁先生对于海德格尔理论的研究和借鉴已经充分显示了海氏生态思想对于中国生态批评理论构建的参照价值。

生态整体主义是当代西方生态哲学最核心的思想。作为对于人类中心主义的反拨和批判,生态整体主义要倡导的观念是,"把生态系统的整体利益作为最高价值,把是否有利于维持和保护生态系统的完整、和谐、稳定、平衡和持续存在作为衡量一切事物的根本尺度,作为评判人类生活方式、科技进步、经济增长和社会发展的终极标准"。③ 生态整体主义是一个内涵宽泛的总称,持有这一观点的生态思想家主要有提出"敬畏生命"概念的法国环境理论家阿尔伯特·史怀泽,提出"大地伦理学"的美国生态伦理学家奥尔多·利奥波德,倡导动物解放运动的澳大利亚哲学家彼得·辛格,创立深层生态学的挪威哲学家阿伦·奈斯,提出"荒野哲学"的美国生态伦理学家霍尔姆斯·罗尔斯顿等。生态整体主义诸理论家之间存在着理论重心的不同甚至攻讦,但在反思西方启蒙以来造成全球化生态危机的人类中心主义观念上,诸多理论表现出了同样的核心。在他们看来,现代文明中的生态危机,是人类中心主义思想主导下人类文化的危机,是唯经济发展模式、消费主义生活方式的危机,要从根源上缓解乃至消除生态危机,必须走出狭隘的人类中心主义观念,改变近代以来的发展模式和生活方式。敬畏生命、大地伦理、动物解放、深层生态、荒野

---

① 曾繁仁:《生态美学导论》,商务印书馆2010年版,第66页。
② 王诺:《欧美生态批评》,学林出版社2008年版,第95页。
③ 王诺:《欧美生态批评》,学林出版社2008年版,第97页。

哲学等，不论有何理论侧重，其核心都是消解人类中心，促进人类与自然的和解，追求生态整体的和谐与平衡。生态整体主义是建立在西方发达社会基础之上的生态理论，对于中国当代社会前现代、现代和后现代杂陈的现实语境而言，存在着诸多的错位，但是，其理论中反映出的反思精神、批判姿态和自我修正的努力，恰恰是中国生态理论需要进一步加强的现代性品质。

作为生态整体主义的修正，西方生态思想的最新倡导是生态正义观。生态整体主义尤其是一些极端的生态观点，首先遭到来自西方人本主义传统精神的阻滞，在这些反对者看来，超越人类利益过于强调生态整体，"与自由主义核心观念背道而驰"。① 同时，对生态整体主义更严厉的批评来自发展中国家中希望得到环境公正的学者，如印度生态学家罗摩占陀罗·古哈。② 在他们看来，生态整体主义虽然强调消解中心，但实质上是生态中心主义，作为一种生态理想，生态整体主义无疑具有终极意义，但是在现实层面，却忽视了发达国家与发展中国家之间、同一国家或地区内不同族群和富人与穷人之间的矛盾，这种矛盾的存在与对于矛盾的忽视，极大地影响了生态整体主义理论的现实穿透力。正是出于对来自环境公正运动的质疑和批判的回应，西方生态批评对生态整体主义观点做出了调整和修正，将环境公正观念引入生态批评的考量范围，促进了生态批评的转向。倡导生态正义观的学者大多是社会学、政治学领域的学者，具有世界影响的主要有英国的政治学家布莱恩·巴克斯特、英国的生态社会主义者戴维·佩珀、巴西的生态思想家卢岑贝格、美国的生态神学家萨里·麦克法圭、生态女性主义者赫勒、印度生态学家罗摩占陀罗·古哈等。生态正义观及其建立其上的环境公正生态批评，不是对生态整体主义的抛弃，而是站在更高的立场上对于生态整体主义的修正、深化、拓展和超越，它不仅要探寻和反思生态危机产生的历史文化根源，而且要追问和减缓生态危机日益全球化的现实推力，其对于目前世界上尚且广泛存在的各种形式的环境压迫的揭示和绿色实践路径的探寻，无疑提升了生态理论推动全球生态可持续的现实可能性。对于中国这个发展中国家来讲，生态正义观应当有着更为契合的土壤。

从卢梭到海德格尔，从吉尔伯特·怀特到梭罗，从达尔文到海克尔，从生态整体主义到生态正义观，西方生态批评建立在坚实的生态哲学、生态科学、生态伦理等思想基础之上。相对而言，中国当代生态批评除了在传统文化中挖掘阐释不自觉的生态意识外，现代生态观念的思想基础仍然来自西方，正是

---

① 王诺：《欧美生态批评》，学林出版社2008年版，第110页。
② 参见胡志红：《中国生态批评十五年：危机与转机》，《当代文坛》2009年第4期。

由于王宁、王诺、胡志红、曾繁仁等学者的介绍和研究,西方生态思想才成为中国生态批评的启示和营养。尽管西方生态思想常常存在着批判和反思的极端或偏颇,但偏激的批判比中庸的附和更有建设意义,作为对于生态危机人文根源的反思成果,作为进行生态批评实践的思想基础构建,西方生态哲学、生态科学、生态伦理等理论,正是中国生态批评所缺乏的根基性的东西,在这个意义上,西方生态思想对于中国生态批评的理论建构已经发挥并将持续具有不容置疑的资源价值。

二、多元的理论形态为中国生态批评的建构提供了可资参照的批评范畴

按照胡志红的判断,"生态批评还不能由单一的方法论或理论维系,而是由'环境问题'这个共同的'焦点'所联结";①美国著名生态批评家布依尔也曾讲:"生态批评不是在以一种主导方法的名义进行的革命——就像俄国形式主义和新批评、现象学、解构主义和新历史主义所做的那样。它缺乏爱德华·赛义德的《东方主义》为殖民主义话语研究所提供的那种定义范式的说明。就这方面来说,生态批评更像是女性主义之类的研究,可以利用任何一种批评的视角,而围绕的核心是一种对环境性的责任感。"②所以,试图用一个理论体系来概括西方生态批评尚且困难。作为一个遵循"多元共生"这一基本原则的文学批评,生态批评虽然从文学批评内在的发展谱系上看是出于对形式主义批评拘泥于文本自身、忽视文学外部研究倾向的反拨,但并不排斥对包括形式主义在内的已有成熟批评理论方法论意义上的借鉴,正是由于生态批评的开放性,才使得其表现出了以生态为核心向文学的社会维度、文化维度、地域维度、种族维度、性别维度、人性维度、生命维度、自然维度、精神维度等的拓展。在这些诸多维度上,西方生态批评表现出了更为多元的理论形态,为中国生态批评的建构提供了可资参照的批评范畴。

西方生态批评理论形态的多元化表现为纵向上的承继修正和横向上的借鉴争鸣。从纵向上看,西方生态批评虽然只有三十多年的历史,但正如布依尔所概括的那样,"西方生态批评已经经历了两次'生态风波',第一波可大体归为生态中心主义型生态批评,第二波可称为环境公正生态批评。"③根据胡志红的梳理,生态批评作为一种文化批评范式,萌芽于20世纪70年代,转向于20世纪90年代中期,初创于美国,波及至全球,已经形成较为完善而开放的

---

① 胡志红:《西方生态批评研究》,中国社会科学出版社2006年版,第18页。
② [美]劳伦斯·布依尔:《环境批评的未来——环境危机与文学想象》,刘蓓译,北京大学出版社2010年版,第12-13页。
③ 参见胡志红:《实用生态批评·译者序》,北京大学出版社2010年版,第4页。

理论体系。20世纪90年代中期以前,西方生态批评"主要以生态中心主义生态哲学,尤其是深层生态学为思想基础,锁定人类中心主义是导致生态危机的思想根源,从形而上探究文学与环境的关系",20世纪90年代后,西方生态批评发生了环境公正转向,"其主要透过环境公正视野探讨文学、文化、甚至艺术与环境之间的关系,探讨生态公正与社会公正互动、协调、共融的可持续路径。"在西方生态批评发展的第一阶段,有几个重要的标志性成果,正是这些成果,规定了生态批评的理论概貌。1972年,美国比较文学学者约瑟夫·米克出版《生存的喜剧:文学生态学研究》,首次提出了"文学生态学"的概念并给予了初步界定,"文学生态学"是"研究出现在文学作品中的生物学主题及其关系,同时也试图发现文学在人类生态学中所起的作用";1978年,美国生态批评学家鲁克尔特发表《文学与生态学:一次生态批评实践》,首次提出"生态批评"概念;1989年,美国生态批评学者彻丽尔·格罗特菲尔蒂在美国西部文学学会会议上呼吁将生态批评应用于自然文学研究之中,格伦·A.洛夫发表被称为生态批评宣言书的《重评自然:走向生态文学批评》;1992年,美国文学与环境研究学会这一生态批评学术组织宣布成立;1993年,美国生态批评学家帕特里克·D.墨菲创办了第一家生态批评刊物《文学与环境的跨学科研究》;1996年,格罗特菲尔蒂和弗洛姆主编的《生态批评读本:文学生态学的里程碑》出版。整体上看,这一阶段的西方生态批评主要是讨论文学与环境的关系,探讨文学作品中的生态内涵,并借以批判文本中的反自然因素,以期"培育人的生态情怀,塑造人的生态人格";但是,此时的生态批评对象主要是自然写作,批评主体也主要是站在西方、白人、男性的视角上,较少关注生态危机中的种族、阶级、性别等因素,"徘徊于人类/自然、人类中心主义/生态中心主义二元对立的困境之中",较少关注生态危机的历史和政治根源,因而遭到了来自发展中国家和女权主义者的质疑。20世纪90年代中期,生态批评的主要思想基础——深层生态学受到了来自社会生态学的多方质疑,西方生态批评显现出"普遍的学术焦虑",为应对学术危机,一些生态批评学者顺应环境公正的诉求,将环境公正理论引入生态批评,开始了生态批评的环境公正生态批评转型。在这一阶段,美国生态批评学者T.V.里德、乔尼·亚当森、格伦·A.洛夫等人作出了突出贡献。1997年,T.V.里德率先提出了环境公正生态批评概念;2001年,乔尼·亚当森出版《美国印第安文学、环境公正和生态批评:中间地带》,2002年,乔尼·亚当森和他人共同主编的《环境公正读本:政治、诗学和教育》出版,这是两部最具代表性的环境公正生态批评著作;2003年,格伦·A.洛夫的《实用生态批评》出版。根据胡志红的剖析,与第一阶段生态批评相比,环境公正生态批评呈现出了许多新的特点,诸如种族视野的引入和拓展;环境内涵的扩大,生态批评由荒野回家;生态批评注重对于其他批评理论方法的借用,批评手段的多样化;由于环境内涵的扩大,经典阐释的对象得以拓展;生态批评的跨学科、跨文化甚至跨文明研究得到加强等等。①

从横向上看,在西方生态批评的每一个阶段,其构成形态也表现出同一理论核心指导下的多元景观。T. V. 里德在收于《环境正义读本》的论文《走向环境正义生态批评》中,将生态批评的主要支派确认和区分为"环境保护生态批评"、"生态学生态批评"、"生物中心论/深层生态学生态批评"、"生态女性主义生态批评"、"环境正义生态批评",②其间虽然从时间上看部分地存在着先后更替,但"环境保护生态批评"、"生态学生态批评"、"生物中心论/深层生态学生态批评"之间,"生态女性主义生态批评"、"环境正义生态批评"之间更多地表现为同一时段的不同理论形态呈现。刘蓓借用布依尔的总结也曾对于生态批评的基本研究模式做过界定,在她看来,生态批评经过十多年的实践探索,基本研究模式存在六个方面:探讨把自然科学如生物学和进化生物学等研究的某些形式,或社会科学如地理学和社会生态学研究的某些形式,应用于文学研究和批评;"对以'场所'为基础的人类经验,进行文本的、理论的和历史的分析";对文学中所反映的"环境与伦理"问题进行研究;对"模仿"和"指涉"在文学文本中用来再现物理环境进行理论研究;对任何环境话语包括文学写作甚至是公共领域写作中的修辞进行研究;"探究环境写作与生活和教育实践的关系"等。③ 布依尔所谓的六个方面,并不是仅仅表现为史的更替,也表现为横向的同时呈现,正如布依尔所说:"一种新的批评范式不是像人们经常以为的那样涵盖一切或终结一切"④,正是在这个意义上,西方生态批评呈现出了理论内涵的丰富性和同一旗帜下的理论多元性。并且,在具体批评方法上,西方生态批评既有斯洛维克倡导的走出书房的"叙事学术",更多的经典重构批评仍然坚持了重视文本细读的内部研究轨道,如英国批评家贝特的"浪漫生态学"研究。贝特的生态批评起始于对于华兹华斯的研究,"由此也掀起了英美文学批评家用生态批评方法研究浪漫主义诗人的热潮。"在贝特的研究中,"他反对新历史主义完全不理会华兹华斯作品中的'自然',也反

---

① 参见胡志红:《试论生态批评的学术转向及其意义:从生态中心主义走向环境公正》,《首届海峡两岸生态文学研讨会论文集》,第81页。
② [美]斯科特·斯洛维克:《走出其思考——入世、出世及生态批评的职责》,韦清琦译,北京大学出版社2010年版,第101页。
③ 刘蓓:《生态批评的话语构建》,山东师范大学2005年博士论文第35页。
④ [美]劳伦斯·布依尔:《环境批评的未来——环境危机与文学想象》,刘蓓译,北京大学出版社2010年版,第143页。

对解构主义者等学派忽视、或者故意轻视华兹华斯是一个'自然'诗人的事实。通过对浪漫主义作品的研究,他重新提出了在'文化与自然'的对立中寻找平衡的问题。他以华兹华斯为例考察浪漫主义诗人的生态思想,认为华兹华斯不是用所谓'启蒙的观点'看自然,不把自然看作被驯服、支配、利用的事物,而是一个人类栖居的所在。""华兹华斯的政治从根本上说不是'反动'的,而是'绿色'的政治。作为第一个真正的生态诗人,华兹华斯表达了一种对人类与自然的融合有力而持久的观点。华兹华斯对自然的关注是一种生机论的、生态意义的关注。"①在这里,贝特的研究对于其后许多阐释经典作品的生态意识的生态批评产生了重大影响,但贝特文本细读的研究途径并没有被所有批评者尤其是中国的生态批评者所科学继承。

综观西方生态批评尤其是美英生态批评的发展,应当说,其发展形态随着自身的承继和修正在不断丰富,无论是对于人类中心主义的反思,还是对于生态殖民主义的批判;无论是对于自然写作的阐释,还是对于生态经典文本的挖掘;无论是对于多种批评方法的借鉴,还是对于生态行动的倡导,西方生态批评都表现出了开放性、丰富性和自我完善的过程性。西方生态批评的持续繁荣也在于其不断有新的思想融入,从而表现出尚未封闭的进行性,对此,布依尔曾讲:"发起第一波生态批评的很多能量出于对'一成不变的批评理论'的不满。但是就目前来看,它的持久力是因引进了一个新鲜话题、或新鲜视角、或新的历史叙述,而不是一套独特的研究方法。"②对于西方生态批评来说,中国目前的研究还有待于继续深入,西方生态批评的很多理论观点仍然处在浅层引用阶段,原著的翻译尚且不能窥其全貌,建构性研究也还不能做到真正的中西融合,好在胡志红、王诺等都正致力于西方生态批评史的全面梳理和跨文化阐释,相信很快会有质的进展。相对于中国生态批评的发展进程而言,西方生态批评研究本身构成了中国生态批评的建构元素,西方生态批评也已经并且会继续为中国生态批评提供理论和方法资源。

三、丰富的实践路径为中国生态批评的建构提供了可资追寻的应用示范

西方生态批评纷繁复杂,但无论生态批评,抑或环境美学,各种不同的理论形态有一个共同的特点,那就是十分强调实践性。西方生态批评的实践性不仅体现在对于理论解决实际问题的倡导,而且体现在对于科学实证方法的

---

① 刘蓓:《生态批评的话语构建》,山东师范大学2005年博士论文第83页。
② [美]劳伦斯·布依尔:《环境批评的未来——环境危机与文学想象》,刘蓓译,北京大学出版社2010年版,第142页。

遵循。相对于中国生态批评多停留在理论演绎、观念梳理、意识张扬的发展状况来，西方生态批评的实践性是非常值得推崇的。

对于生态批评实践性的倡导，西方当代著名的生态学者有很多直接而精辟的论述。布依尔讲："很多早期的生态批评家把这个运动主要看成是'拯救'文学的一个途径——它可使文学摆脱由批评理论的结构主义革命造成的读者远离文本、文本远离世界的状况。"①斯洛维克说："生态批评不仅是在严峻的环境恶化的压力下应运而生的，也是批评循序渐进的产物。"②胡志红在评价格伦·A.洛夫的生态批评时也曾讲："其兴起的直接动因是日益恶化的现实生态危机，其产生的思想基础是走向成熟的当代非人类中心生态哲学，其产生的学术背景是回避现实生态问题、日益'精致完美'的当代文艺批评已四面楚歌，难以为继。"③三位当代著名生态批评家的上述阐述，讲到了一个共同问题，那就是分析生态批评产生的理论背景。在他们看来，就批评自身的内在发展规律而言，生态批评的产生是对于当时处于英美批评界巅峰的形式主义批评理论囿于封闭的文本空间、脱离文学的现实的反拨，由此可见，生态批评自产生之日起，其理论指向就是入世的、实践的。

在西方当代生态批评家中，斯科特·斯洛维克对生态批评的实践性的倡导最为明确。他认为，"有些人将文学研究视为附弄风雅而没有实际用途、与社会无涉的行当，我愿为此作相反的辩说。文学是一面透镜，我们通过它能够加深对世界上最重大问题的理解——而文学批评就是对我们所理解到的加以阐明。'文学批评家'并非被隔离在文本分析之内，而是可以不受局限地挺身而出，就公共事务表明立场，或是讲述关于生活的故事"，他借用詹姆斯·汉斯的论述进一步讲："文学并非存于其自身单独的空间里，因而将我们对文学的讨论限定于'文学性'内，无异于断离了它与其他体系的至关紧要的联络，而正是这些体系的结合才能阐明我们对价值的理解"；"我们不能让自己的学术研究退化为一种干枯的、知识分子的高级游戏，毫无活色生香可言，根本脱离了实际经验"；"生态批评家（以及我们在其他环境学科的同仁）不仅要去接触文学，不仅要相互接触，还要接触大自然。"④对于斯洛维克倡导的生态批评

---

① ［美］劳伦斯·布依尔：《环境批评的未来——环境危机与文学想象》，刘蓓译，北京大学出版社2010年版，第6页。
② ［美］斯科特·斯洛维克：《走出其思考——入世、出世及生态批评的职责》，韦清琦译，北京大学出版社2010年版，第245页。
③ 胡志红：《试论生态批评的学术转向及其意义：从生态中心主义走向环境公正》，首届海峡两岸生态文学研讨会论文集第81页。
④ ［美］斯科特·斯洛维克：《走出其思考——入世、出世及生态批评的职责》，韦清琦译，北京大学出版社2010年版，第8、29、31页。

的实践性,韦清琦曾在访谈中有精到的评价,生态批评家应当是"离书房最远的批评家","作家看来是人类这个物种之中最敏感、对外界变化最先知晓的那部分人。这无疑给予了作家很高的评价,但另一方面也对作家提出要求,表明了作家肩负的艰巨责任和义务,因为一旦作家麻木不仁了,整个人类机体必然要受到伤害";"将自身禁闭在书房里有违作家、批评家生而应有的责任和义务,而行动主义才体现出其必然的旨归。"①基于此,韦清琦将斯洛维克的论著《走出去思考》的实践性概括为"走出文本——批评对象的跨越;走出文体——批评体裁的跨越;走出学科——批评理论的跨越;当然还有走出书房——批评家职责的跨越。"②在这里,所谓"走出文本",就是要关注现实;所谓"走出文体",指的是斯洛维克对于"叙事学术"的推崇,亦即对于单纯的形而上批评文体的超越;所谓"走出学科",实际上强调的是生态文学批评的生物学支撑;所谓"走出书房",则是对于批评家实践行为的直接倡导。"四个走出",反拨的是书斋里的批评话语,倡导的是生态批评的实践维度和担当意识。

在批评的操作层面,西方生态批评更是显示了坚实的实践根基和多元的实践路径。

从实践根基上看,生态批评来源于自然科学领域的生态学,而生态学本身就是一个典型的实践学科,尽管生态学实现人文转向后出现了哲学思辨和文学隐喻,但生态批评的跨学科性和现实批判性使得生态批评并没有完全陷入形而上的理论演绎。对此,刘成纪以生态美学为对象曾有深入的分析,"现代生态学源于自然观察和科学实验的生物学,而后起的生态哲学、生态美学、生态伦理学则是对这种自然认知事实的人文反思"。由于存在自然科学的背景,生态美学"关于自然生态的审美考察,一直延续着追求具体描述、客观实证,然后诉诸定量分析的传统。也就是说,西方生态美学关于自然的认识论考察要先于本体论定位以及存在论层面关于人与自然关系的重新界定"。所以,"以自然美研究为中心,本体论层面的自然主义,认识论层面的科学主义,目的论层面的实用主义,基本代表了西方当代生态美学的理论取向。"③在这里,自然本体、科学认知和实用目的都离不开实践,也都充盈着生态批评的实践品格。

---

① [美]斯科特·斯洛维克:《走出其思考——入世、出世及生态批评的职责》,韦清琦译,北京大学出版社2010年版,第252—253页。
② [美]斯科特·斯洛维克:《走出其思考——入世、出世及生态批评的职责》,韦清琦译,北京大学出版社2010年版,第240页。
③ 刘成纪:《生态美学的理论危机与再造途径》,《陕西师范大学学报》2011年第2期。

从实践路径上看,西方生态批评尤其是生态美学,也呈现了绚丽的多元化景观。这种多元景观首先表现在,被视为生态批评先驱的梭罗、约翰·缪尔、利奥波德、卡逊等,其生态文学或生态美学作品都是建立在长期的野外生活经验或科学观察之上,《瓦尔登湖》《夏日走过山间》《沙乡年鉴》《寂静的春天》等经典作品所表达的自然观念和对人与自然关系的反思,不仅传达了作者的精神性思考,而且建基于生态学实践之上,这样的开端可以说奠定了生态批评实践性品格的基调。其次,当代西方生态批评不仅存在倡导环境正义的社会生态学维度,而且更多地呈现为实用生态美学。在这方面,程相占通过对美国生态美学的思想基础和理论进展的梳理,通过对利奥波德的大地伦理学、贾苏克·科欧的生态的环境设计美学和保罗·戈比斯特的森林景观生态美学的分析后指出:"美国生态美学是在环境美学的影响下产生、在环境美学的促动下发展的,可以视为西方环境美学的一部分","美国生态美学的倡导者都不是职业美学家,他们从各自特殊的职业问题出发而走向生态美学,其生态美学都有极强的实践性。"①如果说环境美学也可以视为生态理论的一个维度,那么西方生态批评的实践路径就可在阿诺德·柏林特、艾伦·卡尔松、约·瑟帕玛、杰夫纳·艾伦等著名专家及其理论成果的烛照下呈现出更加灿烂的景观,因为这些理论家的视野已经将环境美学拓展到了城市、景观、文化遗产甚至海洋中的暗礁等两栖地带②。即便在纯粹的生态文学评论领域,斯洛维克等倡导的"叙事学术"亦然展现着实践的努力,正如斯洛维克所说:"我把自己所从事的文学研究当作磨砺我对世界的理解力的手段,而不是由此从世上退隐","我作为一个生态批评家的生活,是不断地在语言与世界间,在文本与语境间来回奔走","当我在1994年前后首次使用'叙事学术'一语来描述我在生态批评写作上的尝试时,我是希望以叙事或者'故事'为手段,将我的批评或理论评述置于生活经验领域内"③。斯洛维克自己践行的"走出去思考"正是为了获得生态的叙事经验,这在某种程度上呼应了生态先驱梭罗的实践路径。

西方生态批评在实践理念、实践根基和实践路径上显示了鲜明的特色,相对于中国生态批评致力于精神性的生态吁求,西方生态批评更多地侧重于实践性致用策略的探讨和建构。就中国生态批评的发展进程而言,对于西方生态批评与中国本土理论的相通性求证和相异性分析同等重要,相通性求证有

---

① 程相占:《美国生态美学的思想基础和理论进展》,《文学评论》2009年第1期。
② 参见2009年10月山东大学文艺美学研究中心主办的"全球视野中的生态美学与环境美学国际学术研讨会"论文集中上述学者的论文。
③ [美]斯科特·斯洛维克:《走出其思考——入世、出世及生态批评的职责》,韦清琦译,北京大学出版社2010年版,第246、247页。

利于二者的交流与融合,相异性分析有利于二者的借鉴与补充。就生态批评的实践维度来说,西方生态批评无疑可以为中国生态批评的建构提供可资遵循的应用示范,尽管由于中国生态现实的特殊性,其间还存在着语境的转换。

第三节 西方文论东方化历史与生态批评的中国之路

坚实的思想基础、多元的理论形态、丰富的实践路径构成了西方生态批评的核心价值元素,20余年来的译介和研究也使西方生态批评在中国生态批评发展之路上呈现了独特的风景和作用。但是,总体上看,中国学界关于西方生态批评的研究还更多地处在译介的层面,由于西方生态批评广阔的涵盖范围,我们甚至还不能对其概貌有一个准确的把握。同时,对于西方生态批评核心价值的评析尚且鲜见全面客观的共识,要么一味认同、要么全面质疑的争论表现出来的实际上是一种对于对象的缺乏深入研究和文化焦虑。从中国借鉴西方文论的历史对比看,目前关于西方生态批评的研究存在着与东方资源缺乏融合、与中国现实缺乏衔接的问题。基于对近代以来西方文论东方化的历史与西方生态批评中国化之路的对比评析,可以认为,和近代以来中西方文化包括文学理论交流的历史不同,西方生态批评的中国化之路还存在一些需要清理和探讨的问题。

一、西方文论东方化的历史评析

近代以来,中西文化包括文学理论的交流史呈现出许多新特点,但最为显著的特点是,交流范围和深度更为广阔和深入,但交流方向则呈现出西方化的单向性。这似乎是不需要证明的事实。在交流的广深度上,无论是自愿还是被迫,伴随着西方的坚船利炮声,中国闭关锁国的政策被打破;伴随着鸦片的输入和白银的流出,中国的有识之士开始反思千年古国的沉疴,开始寻求中华民族自立之路、自强之策。"师夷技以制夷"、"中学为体,西学为用"、"别求新声于异邦"等,实际上表现和展示了先贤在科技、文化、文艺等领域交流的愿望和实践策略。在中西文化近代以来一百多年的交流史上,尽管因为辜鸿铭、熊十力、梁漱溟、冯友兰、陈寅恪、钱穆、唐君励、牟宗三、徐复观、季羡林等的存在,使得中国传统文化薪火不灭,但从师夷制夷到中体西用,从改良维新到新文化运动,影响和推动中国发展进程的主要力量无疑是异邦的新声。即便是"五四"以后,"十月革命"一声炮响送来的马克思列宁主义,同样是诞生于西方的理论。新中国成立后,从苏联模式到改革开放,中国向西方的大门最终越开越大。具体到文艺理论领域,王国维之后,梁启超、鲁迅、茅盾、朱光潜等,其倡导的理论和操持的概念无不显示出西方理论的背影；1942年以后，尽管"工农兵方向"、"中国作风和中国气派"、"马克思主义中国化"等等倡导鲜明而坚决，但现实主义、"现实主义与浪漫主义相结合"等理论话语仍然超不出前苏联的模式与框架；新时期以来，中国文艺理论的繁荣更是一场西方现代"历时"理论的"共时"展示，以至于产生了中国文论"失语"的忧虑和争议。这种文化借鉴包括文艺理论移植当然存在诸多现实和历史的合理因素，但这里想陈述的一个显著的事实是，近代以来中西文化交流的历史可以说是一部西方化的历史。

当然，我们所谓"近代以来中西文化交流史是一部西方化的历史"的判断，是仅就总体形态而言，在具体的交流过程中，中国文化精神有时也发挥了影响西方的作用。对此，殷国明曾有精到的论证。在殷国明看来，"交流永远是双向的，不管这种交流是何种流向。交流永远是一种往来、一种对话和一种彼此磨合。也许从表面上看，20世纪中国东西文艺理论交流主要是西方流向东方、外国影响中国，所以人们往往看不到或者忽略了同时进行的另一种流向和影响"。"一些研究者只是在目所能及的范围内考察这种交流，所以只注意到表面的河流，而看不到或者忽视了另一种潜在的或隐形的河流，它从东方流向西方，以东方的文学精神影响和陶冶着西方文学。应当说，20世纪中国的文艺理论交流在这方面也有突出的表现，它在促进中国文学变革的同时，也改变着西方人对中国文学的看法及其西方文学理论的面貌。"[1]事实也的确如此，当中国文艺理论从西方借鉴新的方法，拿来尼采、叔本华、克罗齐、柏格森、弗洛伊德、荣格、拉康、里尔克、索绪尔、斯特劳斯、巴尔特、皮亚杰、艾略特、瑞恰兹、兰色姆、胡塞尔、茵伽登、杜夫海纳、弗莱、伽达默尔、萨特、阿尔都塞、伊格尔顿、杰姆逊、德里达、福柯、哈贝马斯、尧斯、伊瑟尔、波伏娃、怀特、赛义德等人的文艺理论观念时，西方也在辜鸿铭、林语堂、朱光潜、钱锺书、王元化、余英时、叶维廉等中国学者的理论中汲取了精神养料。但是，殷国明也承认，"在很多情况下，交流体现为一种文化氛围，并不一定能够在'形迹'方面找到资料和踪影"，他把这种现象称之为"隐形交流"[2]。所以，从总体形态上看，"近代以来中西文化交流史是一部西方化的历史"的判断，应当大致不谬。

"近代以来中西文化交流史是一部西方化的历史"的判断，也并不掩盖和回避一个事实，那就是西方化的结果经历了一个东方化的借鉴、移植、吸收、扬弃、改造、重构的过程。这是一个看似矛盾实乃一体的问题，西方理论要植根

---

[1] 殷国明：《20世纪中西文艺理论交流史论》，华东师范大学出版社1999年版，第7页。
[2] 殷国明：《20世纪中西文艺理论交流史论》，华东师范大学出版社1999年版，第10页。

于东方的土壤,实现对于东方文学的有效阐释,必然经历移植、改造的过程,这个过程表现为东方化;而移植、改造、重构的结果不是中国传统理论对于西方理论的同化,而是中国理论对于西方理论的顺应,是中国的理论外壳对于西方理论内核的包装,这个结果表现为西方化。所以,近代以来中西文艺理论交流史也可以表述为西方文论的东方化历史,其中,东方化是形式,西方化是内容;东方化是表象,西方化是根本;东方化是细节,西方化是整体;东方化是过程,西方化是结果。需要指出的是,中西文艺理论交流过程中存在诸多复杂因素,西方化与东方化的判断只是就彼此整体交流大势而言,并且,西方理论东方化的借鉴或改造有时并没有也无意达到西化的结果,但却显示了交流的魅力和生成性。在这方面,新时期现代主义在中国的境遇是一个很好的例证。许子东曾讲:"中国文学中的现代派倾向与西方现代主义之间的差异,就像后者对前者的影响一样容易发现:第一,同样是'意识流',王蒙、茹志娟是剥下'人家的'技巧,由自己的理性剪切拼贴成一种现实政治的错乱感,而没有像普鲁斯特、詹姆斯、乔伊斯那样沿心理时间线索探究人的潜意识领域的兴趣;第二,同样是隐喻象征,韩少功、残雪的意象是显然更多政治批判民族自审的社会内容,更少对人类命运的形而上的哲理思考;第三,同样是'荒谬感'、玩世不恭或'黑色幽默'式的嘲弄姿态,刘索拉、徐星表达的其实是一种在社会中找不到理想位置的'多余人'迷茫愤世情绪,而不是冷漠旁观人类危机的'局外人'姿态;第四,同样写'性意识',中国作家更侧重社会礼教压抑下的性苦闷和性变态,而不是以性冷漠性厌倦来洞察人的生存危机;第五,同样是价值系统崩溃后的悲观,'文革'后的人们是对当代中国'革命传统'的崩溃表示失望,丧失信心,而不像战后欧洲知识分子那样在科技文明高度发展后反而对人类前途表示怀疑。"①对此,中国学界曾发生了关于"伪现代派"的争论,其实,真伪的划分反映了理论上以西方为标准的心态,真伪之间区分的理论意义在于论述了新时期中国现代派文学与西方现代主义的不同特征,这种不同反倒是说明了"新潮文学自觉或不自觉地对西方现代主义所负载的现代性作了切合中国当下现实生活和文化心理的'误读'。'伪现代'所呈现的似乎就是中国文学可能达到的现代主义品格。正如在反映论指导下的具体文学创作任何时候都不可能是机械反映一样,任何'全盘西化'思想支配的创作也不可能与西方规范完全吻合。"②在这里,"对西方现代主义所负载的现代性"所作的"切合中国当下现实生活和文化心理的'误读'"可以说就是西方理论应用的"中

---

① 许子东:《现代主义与中国新时期文学》,《文学评论》1989 年第 4 期。
② 陈厚诚、王宁主编:《西方当代文学批评在中国》,百花文艺出版社 2000 年版,第 220 页。

国化"。

陈述中西近现代文化交流史所呈现的西方化特点,并非要否定这种交流的作用。事实上,西方文化对于中国一百多年来的现代化进程所产生的巨大促进作用也是否定不掉的。在经济、军事、科技、政治、法律等领域,西方资源对于现代中国的作用自不待言,即便是在文艺理论领域,正是几代先贤面向西方求得新声,才建构了中国文艺理论的基本框架;正是新时期改革开放的促进,才使文艺理论冲破了社会——历史批评日益庸俗僵化的体系,走向百花齐放、百舸争流的繁荣。单就新时期而言,西方当代文学批评的引进应当说具有划时代的意义。

中西文艺理论交流史是一个尚有许多研究空间的领域,指出"近代以来中西文化交流史是一部西方化的历史"、"近代以来中西文艺理论交流史也是西方文论的东方化历史",并非要改变已有的论断,也无意去因袭已有的陈述,这里想要对比评析的是,作为中西文艺理论交流的历史延伸,西方生态批评对于中国当前文艺理论建设仍然会有巨大的借鉴意义,但是,面对世界性的生态难题和中西不同的理论语境,中国目前关于西方生态批评的借鉴和研究,一百多年的西方化道路是否还要或者还能走下去,却是一个需要质疑的问题。

二、西方生态批评的中国之路

相对于近代以来西方文论东方化的历史、尤其是新时期西方文论对于中国文艺理论的极大促进作用,当前关于西方生态批评的研究存在着新的境遇、不足和难题,诸如在研究深度上,中国学界关于西方生态批评的研究尚处于进行之中,更多地停留在译介的层面,与东方资源缺乏融合;在研究实践上,西方生态批评的后现代语境与中国前现代、现代和后现代杂陈的现实缺乏衔接;在研究态势上,由于发展与生态的矛盾以及生态土壤的贫瘠,目前的研究难以再现新时期渴求新的话语、全面引进西方观念的理论生机。所以,在生态批评的中西交流上,尽管不能妄谈生态的世纪是东方的世纪,但对一味西方化的立场的确需要提出质疑。面对共同的生态难题和不同的生态语境,中西方生态批评需要开启的是平等对话、交流融合、相互促进、共同发展的理论进路。在这方面,厘清问题实质是前提,探索理论进路是目的。

首先,中国学界关于西方生态批评研究中的不足和问题:

关于对西方生态批评的研究和借鉴中存在的不足与问题,已有不少学者提出了一些中肯的意见。但究其实质,根本的问题或曰问题的思想根基在于,中国学者纠结于西方生态批评理论的后现代语境与中国现实的错位而对其理论主张产生了影响的焦虑和超越中国现实的质疑。

中国学界对于西方生态批评的质疑主要围绕其"现代性反思"的"后现代性"品格展开。殷国明曾讲:"对于中国学者而言,较之'后现代主义'这一名词,概念之'新'更让人难以接受的其实是它的内涵——对'现代性'的解构、批判、超越,因为,国家的现实发展吁求的是以'现代性'为核心的价值体系。"①在这里,殷国明虽然不是就西方生态批评发言,但却准确地涵盖了后发的关于西方生态批评的争论。

对于西方生态批评以及中国关于西方生态批评借鉴的质疑,更多的不是来自西方生态批评译介和理论研究者,而是来自生态文学评论界。其中,黄轶的系列文章以其锐利的锋芒和深刻的现实关切成为这方面的代表。黄轶认为:"我并不认为揭示生态灾难、批判现代性弊端、呐喊生态保护、呼吁天人和谐就体现了具有生态意识的知识分子比他们批判的对象更为警醒,因为当一个学者把'回到荒原、回到神'作为文学批评的终极理想或者历史想象的归宿时,他的批判力不是强了,而是弱了,甚至可以说这种'融入大地'的思路已经脱离了真实的大地,弱者——那些被盲目的城市化夺去了生存空间的弱势群体、那些由生态危害殃及的自然的利益不可能仅仅通过重回自然的理想就获取正义和公平。或许,只有真正意义上的现代意识创建后,生态文学才具有参照物,生态批评才具有主体性。或者可以说,回归荒原是心灵的需要,但走出自然是生存的需要,这是生态批评不得不把握好的一对悖论。"②在黄轶看来,"在中国经济逐步实现'资本化'的过程中,我们必须承认,生态主义是一种从发达国家舶来的后现代思想";但是,"横亘在我们面前的是另一番比西方更为复杂的现实景观:其一是中国和西方生态危机产生的根源不同,中国的生态危机更大程度上是'伪发展'而不是'发展'的必然后果;其二是西方生态文学诞生于现代性反思与批判的文化语境,而中国则诞生于20世纪80年代启蒙思潮中,是'历史反思'的结果;其三是中国目前和其他发达国家之间依然存在着较大的'文化滞差',还没有整体进入'现代',对于'后现代'必须是'批判性地接受'。"③从整体上看,"中国处在前现代、现代、后现代并置的文化时空之中",这一判断应当不会有很大争议。但在讨论生态问题时,很多学者却对这一文化语境过于忽视。事实上,"在三种文明相互冲突、缠绕和交融的特殊而复杂的背景下,深厚的历史积淀涵纳了中国民族性的两极,从这个角度讲,我们其实看到了两种极端:一方面是过分认同西方现代性文化,忽略了

---

① 殷国明:《20世纪中西文艺理论交流史论》,华东师范大学出版社1999年版,第449页。
② 黄轶:《生态批评的偏误》,《南方文坛》2011年第5期。
③ 黄轶:《生态批判:"反启蒙"与"新启蒙"的思辨》,《中国现代文学研究丛刊》2011年第2期。

'资本主义文化矛盾';另一方面,我们过于追随'反现代性'的后现代主义思潮,忽略了我们与西方发展的不同步,也就是'文化滞差'。在当前中国,'生态问题'远远不仅是一个'后现代'的问题,它面对的伦理嬗变远远不只是'现代'转向'后现代'时期生态伦理学的扩张及其自身内在的悖谬,还有大面积的'前现代'区域在走向现代化过程所必须遭逢的文化冲突、异变以及断裂。所以,中国所面临的伦理转向包蕴着更深广更复杂的因素,既有后现代伦理与现代伦理的冲撞,还包含着现代资本伦理试图对封建伦理秩序的覆盖,带有现代启蒙的一面。"①"理论界在推介西方的生态伦理学说时,它'高屋建瓴'的理论引进和研究一定程度上并非植根于文学现状,甚至也脱离了中国大地——中国当前所处的发展阶段——前现代、现代、后现代并置的历史时期注定了我们不能盲目迎合后现代盛筵下的西方生态学说";"防御和抵制生态危机已经不是一个国家或区域可以独善其身的问题,而是需要在世界性的生态整体意识加强的情况下进行协调和合作的事情。新世纪以来,有的批评家忧患于严峻的环境问题,却对西方'纯学术'的生态理论背后暗藏的生态殖民主义和生态帝国主义意识形态认识不足,充分引进和借鉴的结果却是背离了中国历史发展的现实。"②

黄轶的激越和锋芒自有其合理的因素,她对于西方生态批评的上述判断来自于对新时期以来乡土小说的充分阐释,尽管她没有明确指出西方生态批评的中国化之路,但她对于众多生态文学评论简单移植西方理论,无据拔高中国生态文学的生态意义的剖析无疑具有警示意义。不过,我们也须警示的是,黄轶所展示的这类观点尽管可能因其强烈的民族国家色彩和关注弱势群体的启蒙拯救意识获得大众的喝彩,但生态批评的超越性不能因此而被遮蔽,所以,中国语境与西方生态理论之间仍然存在着并非激越即可了结的复杂问题。

其次,西方生态批评的中国之路:

马克思曾讲:"理论在一个国家的实现程度,决定于理论满足这个国家的需要的程度。"③这一论断同样适宜于西方生态批评之于中国当代现实。

毫无疑问,尽管学界对于西方生态批评存在诸多质疑,但没有人会怀疑其对于中国文论建设的建构意义。黄轶也曾清醒地认为,对生态批评偏误的认识并不代表论者"不认同西方理论资源对于我们建构生态批评的价值,这里只是想说明,中国生态批评在对'唯发展论'、'科学主义至上论'、'人类中心

---

① 黄轶:《生态批判:"反启蒙"与"新启蒙"的思辨》,《中国现代文学研究丛刊》2011年第2期。
② 黄轶:《生态批评的偏误》,《南方文坛》2011年第5期。
③ 《马克思恩格斯选集》第1卷,人民出版社1995年版,第11页。

主义'及'城市异化'等西方发展模式的批评中,不应该忽略不利于中国'可持续发展'的'个案'因素,密切关注现代化过程中的'中国经验',以使生态批评能真正承担其'批评的功能'。"①同样毫无疑问,尽管中西方存在着很多差异,但在生态问题上,生态危机的全球化已经让中西方面对着同样的问题。在中国,未竟的现代化之路并没有减弱生态问题的严峻程度,相反,比起发达国家来,发展的迫切性和经济的快速发展使得中国的生态危机大有后来居上的态势,冰川消失,永久冻土融化,气候变暖,海平面上升,海洋捕捞过度,沙漠扩展加速,物种灭绝增多,森林覆盖率下降,海洋河湖污染,淡水资源匮乏,有毒废弃物充斥,空气污染严重,如此种种,让中国的生态之路显得更为歧路丛生和荆棘密布。所以,不是中国不需要借鉴西方生态理论,而是如何让西方生态理论更切合中国的发展实际和文学实际,这实际上就是如何解决西方生态批评中国化之路的路标问题。

在这方面,应当注意几个问题。其一,拿来主义的学术态度。对于理论的怀疑往往来自理论的困惑,而理论怀疑也会摧毁对理论的热情和追求,鲁迅先生倡导的拿来主义今天看来仍有意义。就西方生态批评而言,目前的研究更多地处于译介的层面,真正深入的研究和准确的剖析尚属少数,尽管关于西方生态批评的文章已经很多,但是生态批评在西方理论界处于何种地位,20世纪90年代和新世纪相比,生态批评有什么新的变化,好像并没有一个准确的共识。同时,我们"仍习惯于把外国文化思想看成是某种'工具'和途径,总是以用来解决中国的具体问题为最高目的",②这也限制了对于理论的深入探究。针对现代性与后现代性的纠葛来说,我们无疑需要警示后现代性深度模式削平、历史意识丧失等对于中国作家和中国文学的超前腐蚀,但也要吸纳后现代文化精神倡导的反对中心、提倡多元等内涵所显示的对于人类文化发展方向的批判性意义,正如殷国明所说,"具有前导性质的欧美文化","不仅为中国提供经验,也提供教训,使中国人对未来有更多和更充实的心理和文化准备"③。同时,"现代主义和后现代主义之间并没有一层铁幕或一道中国的万里长城隔开;因为历史是一张可以被多次刮去字迹的羊皮纸,而文化则渗透在过去、现在、未来的时间之中"④。而就中国的现代性与后现代性来说,肇始于康梁变法,先贤试图解决的中国的现代性问题,经过"五四"一代精英的继续,直至建国后,仍然是一个努力追求的目标。新时期以来,尽管现代化和现代性

---

① 黄轶:《生态批评的偏误》,《南方文坛》2011年第5期。
② 殷国明:《20世纪中西文艺理论交流史论》,华东师范大学出版社1999年版,第439页。
③ 殷国明:《20世纪中西文艺理论交流史论》,华东师范大学出版社1999年版,第442页。
④ [法]弗·利奥塔:《后现代主义》,赵一凡等译,社会科学文献出版社1999年版,第118页。

的努力得到加倍增强,但是,"毫无疑问,20世纪后半叶,我们仍然沉浸在无边的农业文明的社会形态和文化语境之中,尽管我们的沿海地区在80年代已经完成了从农业文明向工业文明的转型,那些资本主义原始积累时期的文化矛盾叠映在中国这一沿海地区的时空之中。但是相比之下,中国还有大部分的内陆省份,尤其是西部地区,仍然在充满着试图进入'现代性'文化语境的希望的田野上耕耘,就此而言,尽管农业文明和工业文明的落差已经形成,但是他还不足以形成使中国完全摆脱农业文明的社会肌理。"不过,在20世纪90年代之后,"就中国的社会文化结构而言,它已经走出了农业文明的羁绊,在现代化的'补课'中,逐渐完成工业文明的全面覆盖,而且,随着后工业文明的提前进入,社会文化结构的某些部分在某种程度上已经提前与西方社会一同进入了人类新的文化困境问题的讨论之中。"①也就是说,中国已部分地出现并不得不探讨着后现代的问题,但正在进行的"后现代性"之中时刻显现着尚未完成的"现代性"。这种现代与后现代并存杂糅的状况,需要的不是否定或回避,而是应对和探究。如果进一步追问,从深层根源上看,在西方,启蒙、人类中心主义、现代性、生态危机构成了一个链条,但生态主义批判的直接对象——启蒙以来的现代性,在中国是否必然或者一定是最准确的批判目标,答案恐怕是需要深入探究的,因为很多因果链条由于语境的改变并不是可以逆向推论的。也就是说,在中国,不能因为生态危机而回溯到反启蒙,而应当倡导更高层次上的启蒙或曰生态启蒙。所有这些,首先需要的应当是开放的心态,探究的态度。

其二,生态公正与文化视角。对于西方生态批评拿来主义的态度,并不意味着我们还要沿袭近代以来西方化的路径,在生态问题上,中国的现实警示我们必须坚持生态公正的观点和重视文化的视角。专注于西藏文化考释的学者马丽华曾讲:"让一个地区保留成为前现代的博物馆,供后现代的人们来欣赏,这一要求对于当地来说是非道义的。"②对于这样的观点,一方面我们不能因此反证"保留前现代的博物馆"的生态意向是荒谬的,另一方面也要认真对待其中体现的全球化视野下的生态公正问题。"真正有价值的生态批判并非像许多著名学者所说的是要推翻启蒙运动的传统及其一系列理论学说,也并非将人类与'非人类'进行二元对立的区别,而是强调一个生态整体,要求人类'更加理性'地对待人类与非人类存在物之间的关联性,促使整个自然界向更生态化的方向发展,且能够对我们现存的弊端丛生的政治、社会、经济制度

---

① 丁帆:《"现代性"与"后现代性"同步渗透的文学》,《文学评论》2001年第3期。
② 转引自黄轶:《论世纪之交乡土小说的"城市化"批判》,《文艺研究》2010年第4期。

提出更新的办法。应和着世界性的生态主义思潮,中国文学的生态批判应该从'全球化'视野俯瞰风起云涌的生态运动更广阔的社会因素和文化因素,然后站在更加'中国'的认识维度来看待'中国的'生态危机——在这样的意义上,我们认同生态批判'反启蒙'的理据和意涵,同时更愿意赋予其'新启蒙'的需求和声誉。"①在这里,尽管我们不简单认同黄轶对生态学者反思启蒙现代性的批评,但也不一概否认其理论观点的探究意义。黄轶的意义不仅在于仍然坚持"中国的"维度,还在于提出了"文化因素",因为生态问题不仅关联着政治、经济、种族、国家等层面的利益,而且关联着文化、心理、观念、精神。同时,"文化不是一个单独的问题,而是与政治与经济紧紧地纠缠在一起。任何一个族群与国家,不像自然界中的花草,还可以在一些保护区中不受干扰地享有一个独立生存与演化的空间,文化早已失去这种可能性了。"②所以,提出文化视角,意味着批评的视域突破了生态的物质、自然、经济等层面,进入了精神的领域,尽管文化是一个复杂的构成,但生态危机的根源必然最终追溯到文化,而探讨生态公正,不仅要关涉经济发展水平,更应考虑民族的、地域的文化因素。

其三,关注实际问题,倡导生态实践。对于生态批评的质疑,一定程度上产生于其理论倡导的理想化和空泛化,南帆曾经发问:文学是如此迷恋乡村,为什么多数作家仍然都留在城市?那么,发展中国家同样可以质疑:美国是生态批评的诞生地,为什么迄今仍然作为世界最大的污染源而不去改变消费观念和生活方式?所以,生态的问题不仅是生态意识和呼求,更应当是生态实践。就生态批评批判的对象——城市化来说,黄轶在论述中国乡土小说展示的城市化历程时曾讲:"世纪之交的乡土书写无疑呈现了作家一厢情愿的守持,作家努力维护他心灵中的原生态农耕文明的和谐宁静,但在商品经济的大潮下,现代城市文明时时诱惑着这片乡土上的芸芸众生,特别是渴望打破祖祖辈辈的生存定律、期望走出不一样的人生轨迹的年轻一代——当然,这些渴望走出者还并没有太多鲜明的自觉意识。"③乡土作家对于乡土的礼赞或者让自己塑造的形象认同乡下人身份,是因为自身已经脱离了土地,褪去了农民的外衣,其中虽然基于城乡二元对立的文化心理隐含着作家对现代化过程中城乡制度的一种质疑,表达了作家对弱者的同情、对人性与人道的悲悯,但是,这仅仅是一种对都市文明隐形的精神对抗。有人说,发达国家的城市是"走向地

---

① 黄轶:《生态批判:"反启蒙"与"新启蒙"的思辨》,《中国现代文学研究丛刊》2011年第2期。
② 阿来:《有关〈空山〉的三个问题》,《扬子江评论》2009年第2期。
③ 黄轶:《论世纪之交乡土小说的"城市化"批判》,《文艺研究》2010年第4期。

狱的天堂",发展中国家的城郊贫民窟则是"走向天堂的地狱",而问题的实质在于,大众关注的是当下的状态,即发达国家的"天堂"和发展中国家的"地狱",至于终极意义上推论结果的倒置,在他们看来毋宁说是一种既得利益者对弱势群体的蒙蔽或麻醉。"知识者的'土地'愈趋精神化、形而上,农民的土地关系却愈益功利、实际",①这样的状况只能加深大众对于生态批评精神性倡导的怀疑。城市问题不可能靠回到乡村的方式来解决,"回到乡村"只是一种生态理想和意识,乡村也只能当作现代人精神的栖居地,而不可能是物理地域的概念,正如海德格尔所说:"浪漫者的还乡就是回到自我,回到一度被世俗生活与现代文明遮蔽的精神世界,回到人类曾经拥有的自然健康的心灵之家。"②"生态城市不是为了回归自然而使生活水平退化,而是要在抛弃其破坏自然的负面影响的基础上满足居民日益提高的生活水平的需要。"③所以,城市的生态问题除了精神的倡导、文化的满足之外,仍然有一个城市的建设方式、城市的文化元素、城市的多样性等生态城市规划和建设的实践问题,加拿大学者简·雅各布斯的《美国大城市的死与生》、美国学者理查德·瑞吉斯特的《生态城市》等无疑为我们提供了解构之后建构的借鉴和示范。

总之,西方生态批评的中国之路作为百年来中西文艺理论交流史的自然延伸,面对新的语境和问题,需要超越"中体西用"、"全盘西化"、"西体中用"等等类似问题的纠缠,超越中西二元对立的思维定势,在全球化的视野下坚持和彰显本土化,使全球视野和本土精神形成互相映衬的张力关系。在中国,继承传统和借鉴西方一直是一个存在极大争议的问题,但在生态批评的论域中,二者应当说出现了融合的基础,中国传统文化中蕴涵着不自觉的生态因子,西方生态批评则呈现了对于自身文化的批判和反思精神,可以相信,中西方生态批评的对话、交流和融合将会呈现出更具阐释力、更具建设性的批评理论。

---

① 赵园:《赵园自选集》,广西师范大学出版社1999年版,第224页。
② 转引自黄轶:《论世纪之交乡土小说的"城市化"批判》,《文艺研究》2010年第4期。
③ [美]理查德·瑞吉斯特:《生态城市·译者序》,王如松等译,社会科学文献出版社2010年版,第26页。

第二章　中国古典生态理论资源的现代转换

思想史上有一个已成共识的看法,欧洲古希腊时期和中国的春秋战国时代是世界文明史上一个辉煌的年代,德国存在主义哲学家雅斯贝尔斯称之为文明发展的"轴心期"。在这一时期,东方和西方的生产力水平和物质文化水平都还处于一个较低的层次。但是,一批杰出的思想家、哲学家、文学家诸如孔子、孟子、老子、庄子和荷马、巴门尼德、赫拉克利特、柏拉图、阿基米德等,却以迄今仍辉光熠熠的思想成果,构筑起了人类理解自然界、社会和自身的基本理论框架,铸就了人类精神创造历程上的第一个高峰。"这个时代的新特点是,世界上所有三个地区的人类全都开始意识到整体的存在、自身和自身的限度。人类体验到世界的恐怖和自身的软弱。他探询根本性的问题。面对空无,他力求解放和拯救。""这个时代产生了直至今天仍是我们思考范围的基本范畴,创立了人类仍赖以存活的世界宗教之源端。"① 可以说,春秋时代之于中国和古希腊之于欧洲一样,轴心时代的思想成果蕴涵了中西方文化观念的精神基因,构成了中西方哲学、文学等研究的基点,也促成了中西方认知、思维模式的不同特色。"文化体现着人对世界不同的元理解",② 春秋时代和古希腊时期所创造的思想成果应当就是中西方对于世界的元理解。

对比中西方"元理解"及其由此衍生的文化形态,其间存在着太多的不同。这种不同可以概括为中西方在认知基点、思维方式和理论形态上表现出的天人合一与主客二分、感性与理性、感悟与逻辑、经验与实证、人文与科学等不同特点。其中,这里要强调的问题核心是,在人与自然的关系上,西方从古希腊肇始经文艺复兴、启蒙运动推进而逐步明晰的认知模式是主观与客观、人与自然的二元对立,而中国则在"轴心时代"就确立了天人合一、崇尚自然的

---

① [德]卡尔·雅斯贝尔斯:《历史的起源与目标》,魏楚雄等译,华夏出版社1989年版,第8、9页。
② 吴炫:《穿越中国当代思想》,江苏教育出版社2007年版,第192页。

思想基础。由此,在人与自然的关系上,西方强调的是人作为主体对于自然的改造和征服,中国强调的则是人与自然的同一、亲善、顺应与和谐,正如新儒家人物徐复观所说:"在世界古代文化系统中,没有任何系统的文化,人与自然,曾发生过像中国古代这样的亲善关系。"①而人与自然的亲善关系,无疑是生态意识萌生的起点。

正是由于中西方文化基点的不同,或者说中国文化更具有生态性内涵,使得近代以来一直处于扩张侵略的西方文化,面对伴随着经济全球化而愈演愈烈的全球化生态危机,不得不做出了对于文化自身中存在的主体性的膨胀和科技工具理性至上的现代性反思,也不可避免地发现了东方尤其是中国文化对于其西方文化的补充、制衡和纠偏作用。从中国自身来看,自洋务运动以来所进行的一系列革新诸如"师夷长技以制夷"、维新变法、中体西用乃至"五四"新文化运动彻底的反传统所带来的西方文化对于中国传统文化的改造和颠覆,其现代化急切期盼和现代化辉煌成果也带来了现代化的负面后果,这就是与高速发展的经济并行而至的拜金主义的泛滥、道德指向的迷失、精神世界的虚空、自然生态的破坏。由此,伴随着中国100多年现代化之路的西方文化对于中国传统文化的"殖民",也出现了缓和的迹象,20世纪中期以来中国传统文化尤其是所谓现代新儒家的兴起便是这一迹象的表征。当然,拜金主义、道德迷失、精神虚空、生态破坏等并不一定是现代化的专利,解决这一问题也并非回到中国传统文化即可毕其功于一役,这是一个复杂的理论和实践难题;但是,中国传统文化蕴含的生态维度今天看来无疑是一个需要加以关注的精神遗产,甚至是解决生态问题的理论元点;对于这一精神遗产进行挖掘、阐释和现代转换,也无疑会在促进人类文化转型、解决世界性生态难题的进程中发挥重要作用。

20世纪90年代以来,基于上述理论推演,一些研究者开始在中国传统文化中挖掘对于当代生态观念具有借鉴意义的生态智慧,在中国古典生态理论资源中寻找正确处理人与自然关系、超越西方主客二分观念、缓解全球化生态危机的理论之路。其中,对于古典文学的生态批评、对于古代哲学文化观念的生态美学阐释、对于古代生态智慧的理论提升构成了这一理论之路的重要向度。客观地看,对于中国古典生态资源的挖掘和阐释已经构成中国生态批评的重要组成部分,因而也应是中国生态批评发展进程研究关注的对象和环节。从研究目的上看,这里需要关注和回答的是,迄今为止,对于古代生态资源的挖掘和阐释处于一种什么样的状况?中国古代哲学文化观念中生态资源的核

---

① 徐复观:《中国艺术精神》,春风文艺出版社1987年版,第193页。

心与价值是什么？中国古代生态智慧的现代理论转换何以可能？

第一节　中国古典生态理论资源的挖掘与阐释

在对古典资源的挖掘和生态阐释方面，我国学者既有对于"轴心时代"儒家、道家生态智慧的分析，也有对中国传统文化中蕴含的生态思想的总体把握；既有对于哲学思想的生态阐释，也有对于文学作品的生态批评。其中，对于古典文学的生态分析和对于古典哲学文化观念的生态美学阐释是成效突出的两个方面。

一、古典文学作品的生态分析

20世纪80年代后期，和中国生态文学的萌芽以及生态评论实践的发展进程相似，生态学的概念也被移植到了古典文学研究领域。尽管当时古典文学的生态学研究明显带有85新潮"方法论热"的余温，求新的冲动抑制或掩盖了详实完备的学理分析，但是，从生态角度看古典文学或者在古典作品中追寻生态的因子，都是具有开拓意义的。

据资料查证，较早从生态学角度分析古典文献的文章是李耕夫的《中国古代的生态意识学说》（《学习与探索》1987年第4期）和郝朴宁的《庄子的生态观》（《云南师范大学学报》1988年第1期）等。李耕夫认为，"所谓生态意识，是人们对自然环境整体性规律的认识，以及人们依据这些规律，对自然现实领域的自觉调节意识。"据此，李耕夫通过对于《周礼》、《国语》、《易经》、《中庸》、《孟子》、《荀子》、《管子》、《淮南子》、《吕氏春秋》等古典文献的分析，总结了关于古典文献中体现出的生态意识的五个方面内容，即古代生态意识的基本思想是"使万物皆得其宜，六畜皆得其长，群生皆得其命"；根据自然界生物的生长规律，形成"以时禁发"的经验并且制度化；古人重视保护自然资源，维护生态平衡，根本目的是为了"富国利民"；古代生态意识的产生及其发达的原因同我国当时农业的发生发展密切相关；所谓"先王之教""先王之法"等，是先民们在与自然的长期交往中，逐渐认识自然从而对自然规律的理论概括，是处理人与自然关系的经验结晶，是在人民群众生产实践的基础上经过脑力劳动者加以总结和概括，然后由上而下地加以政令化、制度化的当时人理解的生态标准，也是他们对自然界的行为规范。当然，作者分析的对象是泛文学层面上的文献，所操持的生态学理论，也是来自《当代新学科手册》这样的普及性辞书，所以文章尚不具备生态文艺学或生态美学的理论形态。但是，在古典文献中挖掘生态意识迄今仍是生态批评在古典文学领域中的基本模式,从这个意义上讲,李耕夫的分析应当说具有相当的先导性。

这一时期,运用生态学的概念分析古典文学作品的论文还有一些,诸如高翔的《刘勰的文艺生态学思想》(《沈阳师范学院学报》1989 年第 4 期)、《〈淮南子〉文艺生态学思想述评》(《辽宁师范大学学报》1990 年第 5 期)、范军的《中国古代文论中的地理环境论——中国古代文艺生态学思想研究》(《华中师范大学学报》1990 年第 3 期)、《班固的文艺生态学思想初探》(《华中师范大学学报》1991 年第 5 期)等。但是,这类文章虽然将分析对象锁定到文学领域,但更多地关注的是地域、文化、政治等作为文学的环境因素对于文学发展的影响。从立论内核上看,其与传统现实主义文艺理论强调现实生活对于文学的影响的理论路径是一样的,比起李耕夫等人的文章,他们也没有在生态批评的发展道路上留下更为醒目的路标。

随着生态理论的逐步凸显和在文学领域更广泛的移植,从 20 世纪末期开始,以生态文艺学为理论基础而不是以生态学概念作简单比附的文章开始出现。其中,广为生态批评界引用的主要有王先霈的《中国古代文学中的"绿色"观念》(《文学评论》1999 年第 6 期)、《陶渊明的人文生态观》(《文艺研究》2002 年第 5 期)、张皓的《中国诗人杜甫的生态观》(《江汉大学学报》2002 年第 1 期)、吴建民的《中国古代文论的生态学特点》(《江汉大学学报》2003 年第 3 期)、陈玉兰的《论中国古典诗歌研究的文学生态学途径》(《文学评论》2004 年第 5 期)、鲁枢元的《汉字"风"的语义场与中国古代生态文化精神》(《文学评论》2005 年第 4 期)、曾繁仁的《试论〈诗经〉中所蕴涵的古典生态存在论审美意识》(《陕西师范大学学报》2006 年第 6 期)等。

王先霈先生的《中国古代文学中的"绿色"观念》是生态批评较早涉足古代文学领域、视域宽广且论证深入的文章。王先霈先生认为,在中国古代大量吟咏、描写绿色的诗作和以感应论与移情论、虚静论与境界论为主的古代文论中,存在着大量主张人类要善待自然,与自然和谐相处、互养互惠的思想观念和审美传统,这种思想、观念和审美传统与近百年来西方文化影响下人们普遍尊奉的向大自然索取、征服自然的思想明显不同,其哲学基础是先秦时期业已形成的"天人合一"的文化观念。在王先霈先生看来,"'绿色'意识并不是现代人的新发现新创造,更不是环境科学的专门术语,文学家和文学的研究者,有着对'绿色'的职业的亲近与敏感,文学作品和文学理论,饱含'绿色'思想的资源","古人赞咏绿色,乃是广义的绿色,其中深含着尊重生命、尊重自然的而非人为扭曲的生命形态、尊重人与其他生命体的和谐关系的思想",兴起于 20 世纪中期的生态运动是一种社会运动、政治运动,也有文化运动的性质,而从审美角度阐释绿色思想,也有重要的理论价值。在对于中国古代文学蕴涵的"绿色"观念的分析中,王先霈先生在看似闲散的叙述中提出了许多涉及生态理论基本问题的重要观点。王先霈先生认为,"地球上经长期演化形成的生命秩序,在近两三百年工业化进程中被人类大幅度地改变,由此造成人们原先不曾预料的严重后果。现代的诸种技术的令人惊讶的进步,造成人的思维、人的心理在许多方面和很大程度上的数码化、格式化,这固然带来效率的提高,也产生某些令人忧虑的负面影响。"至此,王先霈先生对于科技的反思并没有就此停止,他认为,科技发展改变了人的生活方式,带来了人的孤独和迟钝,但从根本上说,"这些究竟是高技术为表征的新生产力带来的,还是制度,即现代资本主义生产关系和社会生活范式带来的?答案显然是后者。制度上的弊端带来观念上的偏差和心理上的误区。""对自然的破坏,对生态环境的破坏,归根结底,不是来自科学技术的高度发展,而是来自人类社会组织方面的弊病,尤其是来自刺激人的恶性的病态的消费欲的机制","人们急速膨胀的物欲导致人与自然的进一步严重对立"。这里,王先霈先生显然阐述了一个生态理论中迄今为止仍在争论的科技与生态的问题。对于中国古代文学体现的"绿色"观念的哲学基础,王先霈先生更有独到的见解,他认为,"中国古代哲学和古代文学理论,有很强的心理学倾向、人生价值论的倾向,思考人的存在问题,人的存在意义问题,思考人在宇宙中的位置问题,这也正是当前世纪交接时期的人们所关切的。"这种思考的存在论基础是"天人合一"的基本观念,但是,"天人合一被从不同角度给予很不相同的解释。先秦时期的天人合一与两汉时期的天人合一不同,道家的天人合一与儒家的天人合一不同,政治及伦理意义上的天人合一与艺术审美意义上的天人合一不同",而他所阐述的天人合一,是在生态审美的角度发掘其当代意义。在他看来,"中国古代文化传统整体上是主张人与自然的互养互惠,而各家各派的论证阐释又有所区别。道家向往的自然,是自然的本体;儒家赞赏的自然,是人化的自然。"所以,相对于儒家,"道家对待自然,倾向于审美的态度,或者说,道家的自然观容易孕育、引导审美心理的发生和保持,并在文人的艺术心理中得到较好的体现","哲学家努力参悟天道,文学家敏锐地感受天道;倒过来说,奥秘的天象诱发深沉的哲学思考,优美的自然景观培育诗情画意",这便是自然与哲学和文学发生关系的不同途径和表现,其中也道出了道家和儒家不同的生态认识和实现路径。对于探讨古代文学中"绿色"观念的现实意义,王先霈先生也有精彩的论述,他说:"当人在社会生活中,为口腹之需而屈心抑志,在彼此的冲突杀伐中备受伤损,大自然以母亲的怀抱,为人们本性复归提供最安适的栖居之地。""生态的保护要求现代化范式的转换,要求恢复人与自然的协调关系,而这也就必然要求人们观念上的澄清,观念上的拨乱反正,要求人对自然关爱与亲近。"在这里,王先霈先生倡导的人类应当以审美的态度重新建立与自然的和谐关系,正是生态批评理论所追寻的现实指向,也是生态批评理论藉以存在的价值所在。

如果说王先霈先生的《中国古代文学中的"绿色"观念》是生态文艺学概念萌生之前在生态理念指导下的探索实践,陈玉兰的《论中国古典诗歌研究的文学生态学途径》则是自觉运用文艺生态学理论形态对于古代文学研究的深化。陈玉兰认为,从文艺生态学的视角看,文学是一个"以文学活动为中心,创作主体、作品本体、接受主体诸生态因素彼此关联、共振互动的"生态系统,因此,"中国古典诗歌研究,无论是诗人主体研究、诗作本体研究还是诗群流派研究,都应该杜绝封闭自足的单一思维,而将之一一纳入特定时期的诗歌生态'互联网'中进行。"从生态学的系统性、关联性的特点来看待古代诗歌研究,就应当重视诗歌生态诸因素的互动关系,"要把握作品本体内在意蕴须以作者之生存状态和精神心态为参照系;反之,要具现作者的个体生态,则须以文本所体现的审美敏感区追踪出其生活敏感区;而要摸清一个流派构成的内在规律及其独特性,则须全面了解其代表性成员及其代表性文本的'互文本性'。"藉此理论指向,陈玉兰通过对李商隐《无题》诗、清代嘉道时期寒士诗人彭兆荪和清代嘉道时期江南寒士诗群的分析,示范了文艺生态学方法对于古代诗歌主体生态、本体生态和诗群流派研究的针对性和有效性。在陈玉兰看来,"无论是中国古典诗歌的主体研究,或者作品的本体研究,都必须纳入特定时期的文学生态系统中去进行。只有在这个系统中,我们才会发现,诗歌主体生态或者作品本体生态之间有着特定的诗歌生态关联。而这种生态关联又必然要和由自然(宇宙)、社会、文化三个层次有机构成的生态环境建立'互联网',并发生互动关系。这场宏观的互动关系反过来又影响着特定的文学生态系统所派生的三个子系统:文学主体、作品本体和诗群流派,且藉这三者在生态关联中显示的人生态度、政治观念、审美趣味来确立这一阶段诗歌现象的独特生态位。"陈玉兰对于中国古典诗歌研究的文学生态学途径的探索,其理论意义在于,"使我们对只满足于考证诗人生平经历、只关注于编撰创作年谱、只醉心于作唯文本构成考察等封闭自足的研究弊端得以避免;也只有这样,才能使中国古典诗歌研究在纳入文学生态系统作全方位探求中获得学术的深化。"当然,文艺生态学研究尽管对于其他的理论方法具有相当的包容性和覆盖性,但从实质上看,仍然是一种方法的借鉴;尽管在保持文学研究的自足、防止生态文艺研究的泛化方面,有其不容忽视的价值,但冠以生态学称谓,在生态批评的现实介入性方面尚有需进一步开拓的空间。

基于中国古代文学中丰富的生态因子,新世纪以来,学界还推出了不少有影响的挖掘和阐释其生态资源的论著,诸如张皓的《中国文艺生态思想研究》(武汉出版社 2002 年)、王志清的《盛唐生态诗学》(北京大学出版社 2007 年)等。其中,张皓的《中国文艺生态思想研究》对于中国古代文论的生态研究具有相当的深度和创新意义。

在中国古典生态理论资源的现代转换进程中,张皓先生的《中国文艺生态思想研究》所具有的意义表现在以下几个方面。首先,在应对全球性生态危机的人文反思中展示了摆脱中国文论话语危机的努力。在张皓先生看来,面对新世纪以来的全球化生态语境,文艺和文艺学不仅应有危机感,更应有使命感;对于处于物的挤压下的现代人类来说,追求诗意的境界正是文学发挥本质力量的契机。对于中国文艺学来说,伴随着生态危机摆在面前的还有文化的危机和话语的危机,中国一百多年来变法维新、救亡图存、呼唤科学、追求民主带来了国家的独立自强,同时也带来了西方文论的话语霸权和东方文论的失落和边缘化;"所谓'话语',并不是纯形式的词语,而是指通过一定的概念符号进行思想情意交流以影响他人的言说方式,是在一定文化传统和社会历史中形成的思维、言说的基本范畴和基本法则,是一定语境中的语言交流活动,包括语言符号、思维模式、理论观点等多层次内涵。话语是文化生态的构成因素之一。每一个民族在其比较成熟的文化领域都有自己的话语系统,由一定的概念术语、思维模式和理论主张形成一定的话语。如讨论文艺理论没有自己的话语,就等于没有自己的文艺学",[1]这便是文论界所谓的"失语"。面对日益严峻的生态危机,东西方学者对于全球性生态危机文化根源的反思,亦即对于以人类中心主义为核心的西方文化和以科技工具理性为特征的工业文明的现代性反思,恰恰凸显了以"天人合一"为基本精神的东方文化的生态特性和生命活力,这正是中国文化包括中国文论摆脱工业文明主导下的全球性生态危机和西方话语霸权挤压下的文化危机的时代机遇。张皓先生认为:"富有生态意蕴的中国文论话语能否把握这一契机走向世界,正是需要我们思考的问题。"[2]在张皓先生看来,中国古代文化中蕴藏着宝贵的生态资源,中国传统文论中包含着丰富的生态思想,亲近自然、顺应自然、合乎人性的生态话语在中国源远流长,"无论从振兴先进文化的时代需要来说,还是从创建生态话语以推进世界文学的进程来说,重新认识与发扬中国文艺生态思想已是势在必行。"[3]由此可见,张皓先生关注和研究中国文艺生态思想,不仅有全球

---

[1] 张皓:《中国文艺生态思想研究》,武汉出版社 2002 年版,第 6 页。
[2] 张皓:《中国文艺生态思想研究》,武汉出版社 2002 年版,第 10 页。
[3] 张皓:《中国文艺生态思想研究》,武汉出版社 2002 年版,第 2 页。

性生态危机的现实触发,而且有重振中国文艺学乃至重振东方文化的雄心和努力,民族国家的强盛不仅在于发达的经济、领先的科技、完善的制度,而且在于原创的思想、先进的文化、繁荣的文艺,在这个意义上说,张皓先生的中国文艺生态思想研究已经超出了生态批评理论构建的学科意义。其次,在对中国文艺生态思想渊源追溯中同时展现了中国文论的诗性智慧。张皓先生对于中国文艺生态思想渊源的追溯,用了三个并非直观明晰的概念:"天地悠悠"、"生肖友与"、"网罟人间",这种表述方法实际上体现了其对于中国古代文论话语方式的传承,在我看来,这样的话语并非是张皓先生不能选取更明确的词语来表述古代文艺思想渊源,而是其有意用一种诗性话语表达对于西方逻辑理性话语霸权的对抗,这本身就可以看成是张扬中国文论诗性特点的努力。更有实践意义的是,"天地悠悠"、"生肖友与"、"网罟人间"的表述不仅体现出了东方文化的诗性,也准确展示了汉语的智慧。在张皓先生看来,"诗与诗学首先渊源于人在天地中的存在","'天'与'地'构成了中国人的生存空间,孕育了宏伟悠久的中华文化和文学艺术,也孕育了中国的生态文艺观"。"中国人的宇宙时空观念与生命本源意识都来自于对'天地'的感受和认识。由此可以说'天地'是一种宇宙元生态。"①从这种元生态出发,古人"仰则观象于天,俯则观法于地",进而创造出直接影响了儒家和道家文化形成的本源性文化精华——《易经》。《易经》中关于"天地"的描述反映了古人对于宇宙元生态的古朴认识,也体现出古人对于天地的悠远感、沧桑感、崇高感等美学感悟,而这正是中国古代文艺思想的美学生发点。具有开拓意义的是,张皓先生对于古代文艺生态思想渊源的追溯,以"天地"为起点,不仅注意古代思想家有关论述的分析,而且注意民间古老习俗成因的考辩,所以,在悠悠天地之外,便有了"生肖友与"之论。"生肖"在民间的流行,可以看作是人的一种吉祥愿望,集中体现的是人与动物存在亲缘关系的文化观念;"友与"就是兄弟,是古人将人与动物的亲缘关系推及所有生物后对于人与自然生物关系的一种描述;所以,"生肖友与"实际上来源于古人"万物有灵"的观念。原始文化中长期广泛存在着"万物有灵"的观念,因而也广泛存在着各种图腾崇拜仪式,弗雷泽曾说:"在原始人看来,整个世界都是有生命的,花草树木也不例外。它们和人们一样都有灵魂,从而也像对人一样对待它们。"②万物有灵的观念存续于神学知识系统,自西方启蒙运动以来,被物理学支配的机械论世界观所否定,马克斯·韦伯将其描述为"祛魅"。但从生物学知识系统支配的生态世界

---

① 张皓:《中国文艺生态思想研究》,武汉出版社2002年版,第44、45页。
② [英]J.G.弗雷泽,《金枝》,中国民间文艺出版社1987年版,第169页。

观来看,万物有灵并非是蒙昧和神秘的表现,将整个世界看成是有生命的整体,恰恰是生态学存在的前提。中国文化发展有自己的特有轨迹,尽管近代以来在西方文化冲击下出现了传统文化的边缘化,但生肖文化并没有断裂,文艺家寄情山水、移情自然的"友与"情怀也没有绝迹,"其显著特点就是将自然与人文融为一体,把生命活力的体验寄寓生趣性灵,由此扩展了中国人的生态空间。"①所以,张皓先生对于"生肖友与"的解读不仅是古代文艺生态思想的阐释,也还承启着今天生态文艺学的现实土壤。第三,在对于儒、道、玄、禅和心学生态观的把握中展示了宏阔的视野和新见。张皓先生解读中国文艺生态思想,其目标是彰显中国古代文艺思想的生态意蕴,探索中国文论话语走向世界的可能,其阐释对象涉及了自春秋始至清末止的古代文论。在短短的三个章节中,张皓先生概括解读了先秦儒家道家、魏晋玄学、唐宋禅宗、明清心学等主要文论家的生态观。毫无疑问,这种解读只能是宏观的跨越式剖析,但就在其宏观的"管窥"、"扫描"和"说略"中,其宏阔的视野之下不时显现出解读的新见。张皓先生认为,从生态文艺学的角度看,孔子开创的儒家学说实质上是一种伦理生态诗学,孔子注重现实人生,始终以人为本,虽然很少谈到自然界,但主张人与自然、人与社会和谐相处,将文艺作为调节精神生态的重要方式。基于这一基本认识,张皓先生将儒家生态观表述为"其生也荣"、"诗可以群"、"里仁为美"和"乐山乐水"四个方面,其中,将"其生也荣"之"生"解读为人的生存和对于人格的重视,将"诗可以群"之"群"与社会生态相连,将"里仁为美"之"仁"与精神生态比照,将"乐山乐水"看成是"自然的人化",于已成定论处生发新见,加之诸多的文献佐证,应当说透露出相当的生态眼光和创新的识见。道家生态智慧是中国文艺生态思想更直接、更重要的来源,对此,张皓先生认为,老子的"自然无为"思想充满了生态智慧,对于中国文学艺术和诗学产生了深远的影响。老子所谓自然,具有宇宙本元的意义,既是指与人类社会相对的天然存在的物质世界,也是指与"人为"相对的万事万物本来的自在的状态;老子生态观的基础是自然观,其中强调的是以自然为本,以"自然而然"为途径,以人与自然的融一为结果;老子的"无为"是自然观的延伸,"无为"不是什么都不做,而是否定有意人为和否定违背自然的行为;站在生态的高度,老子的"小国寡民"、"清静无为"思想遮蔽掉的是消极的心态,裸露出的是中国生态诗学的根。对于绵延一千余年的玄禅心学,张皓先生更是用"自然之性"、"玄对山水"、"怡志养神"、"游戏三昧"、"禅中诗境"、"万象森罗"、"良知造化"、"鸢飞鱼跃"、"率性之真"三十六字比照解读,尽管太过简略,但

---

① 张皓:《中国文艺生态思想研究》,武汉出版社2002年版,第72页。

其中的闪光点仍然提升着阐释的水平线,如对于儒、道、禅宗的生态诗学对比,"如果说道家思想确立了中国诗学的自然生态观,儒家思想奠定了中国诗学的伦理生态观,那么,禅宗思想则使中国诗学的精神生态观得到纵深开拓。儒家对精神生态的认识主要是从现实功利着眼,道家与玄学对精神生态的认识主要着眼于超越社会禁锢而寻求思想自由。与以上不同,禅宗思想是从根本上超越现实人生,将精神生态视为实体来认识,它思索的是,人在精神上如何'安身立命',由此给诗学提供了广阔深邃与神秘的精神生态空间,对生态诗学的深入扩展起到了一定作用",①此论可谓言语简略但意义深阔。

二、古代生态理论资源的美学阐释

相对于学界对于中国古代生态资源所作的生态文艺学解读而言,从生态美学的角度对于中国古典哲学文化观念中蕴含的生态资源所作的阐释,对象范围更为广阔,建构意识更为自觉。

从发展脉络上看,对于中国古代生态资源的美学阐释,起始阶段处于和生态哲学、生态伦理学等的杂糅状态之中。按照党圣元先生的论断,"1979 年,蕾切尔·卡逊的《寂静的春天》在中国出版,标志着国外生态思想被正式引入中国。在全人类共同面临生存环境日益恶化的当下,中国也在 80 年代开始了欧美生态哲学和生态伦理学的引进和研究。中国社会科学院哲学所的余谋昌研究员是国内最早从事生态哲学研究的学者。"②在生态学人文化的生态哲学、生态伦理学等的研究层面上,生态学"已经不再仅仅是一门专业化的学问,它已经衍化为一种观点,一种统摄了自然、社会、生命、环境、物质、文化的观点,一种崭新的、尚且有待进一步完善的世界观。"③这种世界观的核心是期望建立一种人与自然内在统一的和谐关系。正是在这个角度上,现代意义的生态哲学与以"天人合一"为基本精神的中国古代哲学观念发生了自然的契合,在中国古代儒道释学说中挖掘生态资源自然也成为了生态哲学研究的重要组成部分。在这方面,蒙培元、刘湘溶、张云飞、佘正荣等的研究开启了从哲学伦理学角度阐释中国古代生态智慧的先河。其中,佘正荣在《生态智慧论》中专章解读了周易和儒家"天人合德"的生态直觉、老庄"自然无为"的生态智慧、佛教和禅学"生命与慈悲"的生态伦理以及东方古代生态智慧"直觉体悟"式的认识源泉;蒙培元则以"人与自然"这一生态基本问题为切入点,不仅宏

---

① 张皓:《中国文艺生态思想研究》,武汉出版社 2002 年版,第 164 页。
② 党圣元:《生态批评与生态美学》,中国社会科学出版社 2011 年版,第 4 页。
③ 鲁枢元:《生态文艺学》,陕西人民教育出版社 2000 年版,第 26 页。

观阐述了中国古代生态观与可持续发展、儒家与人类中心主义等基本问题,而且全面解读了中国文化原典《周易》、以孔孟为代表的先秦儒家、以老庄为代表的先秦道家以及魏晋玄学、宋元理学、明清心学乃至现代新儒家的生态观念(蒙培元:《人与自然——中国哲学生态观》,人民出版社 2004 年),其对于中国哲学生态观的全景阐释为生态美学的展开与提升奠定了坚实的生态哲学基础。

在生态哲学的指导下,20 世纪 90 年代中期以后,从生态美学的角度解读中国古代生态思想的尝试渐成气候。在这方面,既有对于生态思想的典型载体如道家哲学、周易儒学等的专门解读,也有对中国古代文化观念中生态智慧的整体阐释。其中,樊美筠的《中国传统哲学中的生态智慧——以美学为例》是较早从美学角度全面阐释中国传统哲学中生态智慧的文章。樊美筠从中国古典哲学和文学艺术中显现的"对大自然的敬畏和爱戴之心"、"对大自然的欣赏之情"、"万物一体的平等意识"、"'生而不有'的崇高情怀"等,证明了中国古代生态思想的大量存在,进而分析了这种直觉感悟式的生态智慧与西方当代生态意识的异同。以此为论据,樊美筠认为,对于中国古代生态智慧的挖掘,仅仅局限在从抽象的本体论层面对老庄道家哲学进行研究是不全面的,"中国古人的生态智慧在很大程度上并非仅仅保存在抽象的哲学中,而且保存在具象的美学中;并非仅仅保存在道家美学中,而且在儒家和佛家美学中也多有表现。从某种意义上可以说,中国古典美学领域是中国古人生态智慧最理想的栖息之地。"①

在对于中国生态资源的美学阐释中,由于先秦是中国传统文化思想的奠基时期,也是雅斯贝尔斯所谓的思想史上的"轴心时代",先秦诸子百家创造了影响中国几千年文化发展的基本观念,所以,对于中国传统文化生态思想的挖掘主要以对《周易》、儒家、道家等的生态解读为主。

(一) 周易与儒家生态资源的美学阐释

《周易》作为"五经之首",是中国文化的源头,也是儒家的经典,同时,代表中国文化另一流向的道家,其基本精神也印刻着《周易》的烙印,蒙培元先生提出"儒道同源",其所论证的源头和根本内容即"天人合一"的思维模式在《易经》中即已萌生。② 所以,挖掘中国古代生态思想,《周易》自然是一个应当首先关照的对象,但是,古往今来,从各种角度解读《周易》的论著可谓汗牛充栋,而以生态美学的视角审视《周易》的文章则仅在近年出现。从生态美学的角度解读《周易》的文章主要有罗移山的《论〈周易〉审美思想的生态意蕴》

---

① 樊美筠:《中国传统哲学中的生态智慧——以美学为例》,《中国哲学史》1998 年第 3 期。
② 蒙培元:《人与自然——中国哲学生态观》,人民出版社 2004 年版,第 202 页。

(《孝感师专学报》2000年第1期)、张宜的《对〈周易〉的生态美学思想解读》(《辽宁大学学报》2003年第3期)、彭松乔的《〈周易〉生态美意蕴解读》(《江汉大学学报》2005年第6期)、曾繁仁的《试论〈周易〉'生生为易'之生态审美智慧》(《文学评论》2008年第6期)、沈传河的《〈周易〉生态美学价值探析》(《山东理工大学学报》2009年第5期)、李庆本的《〈周易〉与生态美学》(《中南民族大学学报》2010年第6期)等;另外,王茜在《生态文化的审美之维》、曾繁仁在《生态美学导论》中均设专章论及《周易》。张宜的《对〈周易〉的生态美学思想解读》从"'生生'之本"、"'变通'之用"、"'和合'之境"三个方面,通过以"生生"为代表的本体论、以"变通"为途径的可持续发展特性以及以"和合"为目的的美学境界探讨了《周易》的生态美学内涵,作为一篇从生态美学角度解读《周易》的尝试性文章,具有一定的探索意义。李庆本的《〈周易〉与生态美学》通过对于宗白华先生以文艺美学解读《周易》、刘刚纪先生以生命美学解读《周易》、曾繁仁先生以生态美学解读《周易》的宏观分析,认为《周易》"表达了中国古代特有的生态美学整体论思想"。《周易》的文艺美学解读、生命美学解读都有其独到的价值,但是,相比较而言,"生态美学的角度更能贴近《周易》美学的精神实质和理论全貌。文艺美学的解读、生命美学的解读,也都可以上升到生态美学层面。"[①]李庆本文章的意义在于,它在对宗白华先生、刘刚纪先生和曾繁仁先生解读《周易》三种方式的对比中凸显了曾繁仁生态美学解读《周易》的理论核心,并把曾繁仁先生关于《周易》所表现的思维方式是"诗性思维"的论断与西方古典美学所表现的逻辑思维相比较,把《周易》所体现的生态存在论美学与西方以主客二分为主要运思方式的认识论美学相比较,凸显了《周易》中所蕴含的生态整体论的独特内涵和文化建设意义,这实际上也是曾繁仁先生《试论〈周易〉'生生为易'之生态审美智慧》一文的再解读。相对而言,王茜在《生态文化的审美之维》中专章论及《周易》的生态美学智慧,所论超越了用现代生态观念简单比附古代典籍的寻摘式引证而更具"论"的建设色彩。在王茜看来,从《易经》成书的时代和《易传》的逐步完善过程看,"《周易》一端连接着文明的原始地层,另一端连接着中国历史上人文精神的第一次高峰,其中既包含了原初诗性思维的内涵,又表现出人文理性对原始思维既承接又超越的独特智慧。"从生态文化的角度来关照,《周易》的生态美学意义体现在三个方面,"首先,从本体论角度看,它把世界和生命本体理解为彼此包含、关联、作用的二元,生生不息的变动和普遍的内在联系是其基本特征,克服了二元对立和等级式的现代思维方式和西方传统

---

① 李庆本:《〈周易〉与生态美学》,《中南民族大学学报》2010年第6期。

形而上学本体论的缺陷;其次,从认识论的角度看,它体现了对自然和世界诗性直观的原则,《周易》'观物取象','象'保持了事物原初固有的丰富性和完整性,人通过调动起感官、情感和想象对事物进行审美直观而获得了对生命规律的体悟和认识,克服了现代人仅以理性认知世界的片面性;最后,从价值层面看,《周易》将生生不息的天道当作人的道德修养和实践活动的准则,将人的实践活动和人格修养建立在对生命的敬畏之心上,使人的道德实践关联着对生命神圣性的信仰,为具有生态精神的新型伦理的建立提供了借鉴。"①

儒家文化是中国传统文化的主流,撇开儒家而挖掘中国古代生态智慧一定是不全面的生态智慧。但是,由于《周易》作为儒家经典,其生态意识基本涵盖了儒家生态思想的基本模式和理论;同时,由于孔子及之后的儒学倡导积极的入世精神和对于"天人合一"关系中人的维度的抬升,从而有时被简单地比附于西方的人类中心主义,所以,对于《周易》之外的儒家生态资源的美学阐释目前仍显得凌乱和浅表。事实上,从孔子开始,经孟子、荀子到汉儒、宋儒乃至现代新儒家,其中蕴含的生态资源是一个尚待挖掘的富矿,其中关涉的生态美学理论有许多需要进一步厘清的范畴和领域,对于儒家生态资源的美学阐释应当说尚且需要进一步关注和加强。尽管如此,曾繁仁、张皓、王茜、李天道、任俊华、韩德民等人对于儒家生态思想的研究仍然是中国生态美学理论发展进程中不可轻易翻过的一页。

其中,曾繁仁先生在《生态美学导论》中专章梳理了儒家的生态智慧。在曾繁仁先生看来,儒家生态智慧和生态审美智慧表现在八个方面,即"'天人合一'的中国古代生态存在论智慧"、"对自然之敬畏与客观自然美的诉求"、"'和而不同'的'共生思想'"、"不违农时的古典生态智慧"、"力主节俭素朴的符合生态规律的生活方式"、"'智者乐水,仁者乐山'的对自然万物的亲和之情"、"'仁者爱人'的东方古典生态人文主义"、"孟子的'仁民爱物'与张载的'民胞物与'的古典生态观";②这种资料性的梳理尽管尚缺乏更深入的论证,但无疑为儒家生态思想研究的进一步开展插上了路标,实际上这也已经实现了"导论"的功能。

王茜在《生态文化的审美之维》中对于先秦儒家生态思想的辨析同样具有建设意义。王茜认为,"先秦儒家对天人关系的理解"、"儒家的伦理精神及其对待自然的态度"、儒家倡导的"审美与道德、人文与自然相结合的人生境

---

① 王茜:《生态文化的审美之维》,上海世纪出版集团2007年版,第88页。
② 曾繁仁:《生态美学导论》,商务印书馆2010年版,第212-218页。

界"是体现其生态思想的三大论域。在王茜看来,"对天人关系的思考贯穿着整个先秦思想世界,并且也成为后来整个中国传统文化精神的精髓所在。"尽管有学者认为"'中国儒学的天人合一思想可以成为当代生态伦理的重要资源,但为反思西方工业文明扩张导致的全球生态危机,人类急需找回的是对超越于人类之上的力量和秩序的敬畏,即找回对终极实在的体认和敬畏'。儒家天道与人道完全内在一体的天人关系中缺乏超越性的存在,容易使人丧失对自身有限性的认识,因而不利于克服人类中心主义和有效解决生态危机"。但是,"先秦儒家与后世儒家的不同,在于没有把道德之心抬升到与天并立的地位,天虽然可以在道德价值上与人的心灵相通,但人心并不能包容天,人力所能及的只有尽力处理好人间的事情,在勤勉的道德修养中随时聆听着天的召唤。"所以,先秦儒家的天人关系"既肯定人的价值,又领悟到人的有限性的类宗教情怀,他将人生领入了一种'下学而上达',形而下实践与形而上精神互相渗透的整体性境界"。这与人类中心主义有着很大的不同。基于这样的对于天人关系的理解,先秦儒家理论中的自然就有了两个层面,"既构成人生存的天地境界,成为渗透在心灵中的一种值得敬畏的力量,德行的源泉,又是人的生活资料来源,是构成人的世俗生活的一部分",在对于自然的态度上,先秦儒家"一方面对自然所蕴涵的天道心怀敬畏,一方面根据人的需要对物质自然采取'用之有度'的实用态度";这样,"以孔子为代表的先秦儒家提供给我们的正是一种在整体境界中建立伦理原则、处理人与自然关系的做法,这个整体境界由天、人、自然共同构成,人心怀着对天的敬畏和忧患体验,在实践中获得了行动的自觉制约力量,并在天道指引下建立伦理准则,将其应用到人事和自然中去。"对于自然和生命的整体性理解,进而也造就了审美与道德、人文与自然相结合的人生境界,孔子学说的主体是关于人的哲学,"天人合一"是孔子所认为的人的理想化境界,追求天人合一的途径在孔子看来只有通过人文教化提升人的精神境界从而"以德配天",从这里可以看出,在天人关系上,先秦儒家实际上凸显了人的精神维度,其"修齐"思想和"兴观群怨"诗论都是在强调精神性人格修炼或塑造审美化人格的重要,这应当说是一种人文生态观,对于意在推动生态、包括精神生态建设的生态批评而言,先秦儒家的这种追求无疑有着极大的启示,它昭示着我们,在天、人、自然构成的整体世界中,"人是永远心怀向往行走在通往'天人合一'境界的路途上的人,无论是道德或者艺术都承担着将人推近这种生命至境的使命。"①

除了上述"通论"之外,李天道的《和:中国传统生态美学之境域构成论》

---

① 王茜:《生态文化的审美之维》,上海世纪出版集团2007年版,第102–113页。

(《贵州师范大学学报》2004年第1期)、韩德民的《生态世界观:儒家与后现代主义的比较诠释》(《中国文化研究》2006年冬之卷)、曾繁仁的《中国古代'天人合一'思想与当代生态文化建设》(《文史哲》2006年第4期)、黄念然的《中国古典和谐论美学的生态智慧及现实意义》(《复旦学报》2007年第4期)、王茜的《天道与自然——生态美学问题视野中的先秦儒家思想》(《文艺理论研究》2008年第4期)等文章则在具体范畴的辨析比较中对于儒家生态思想做了较为深入的掘进。李天道指出:"作为一种美学追求,'和'应该是最根本的境域构成。它既不在此,也不在彼。可以说,'中和'原则就体现着中国生态美学所推崇的尚'和'精神。以'和谐'为核心的尚'和'精神,注重人与自然环境、社会环境的紧密相连,认为人的生存与其他存在的关系是相亲相和、互济共生、平正调和的。显然,这实质上也就是以天人合一的和谐为基本内容的深沉生态美学意趣和审美理想。"①在这里,李天道把儒家为人最为常道的"中和"范畴,放在了生态美学的阐释视野中,生发出了全新的意义。韩德民指出:"儒家天人合一自然观和后现代生态世界观基于完全不同的思想背景。'天人合一'观念当然不同于'天人不分'的原始神话意识,但应该承认,中国文化的思维方式从神人杂糅到天人相分的过渡,与中国社会的政治结构从血缘氏族群落到地域政治国家的过渡一样,表现出某种'温和'的特征,这种'温和'性也可以叫做不彻底性。这种社会和精神变革方式上的'温和'最终提升为儒家哲学'中庸'的思维方式和价值观念。思维方式的'中庸'性意味着,这种思维方式某种意义上不是纯粹思想的,也即不是纯粹概念和逻辑推演的,而是保持着思想和经验互动、理性和实践相即不离的特点。理性思辨作为思维活动,尽管在根本上不可能脱离社会历史实践的制约,但这种外在制约通常需要借助思维自身内在逻辑的方式来进行。比较而言,'中庸'表现在思维方式上,则是它的推移需要更多的依仗思维之外的经验感悟的推动。这是中国传统哲学论说必须借助大量类比予以推动的内在原因。儒家自然观从基本的价值取向上说,是某种人类中心主义型的;但由于以尊重日常经验为特点的'中庸'思维方式的制约,这种人类中心主义又是高度自制的,从而在与西方现代性思维强式人类中心主义的对照中,表现出某种超越人类中心主义的色彩。儒家对自然的道德关爱意识超越了单纯人伦世界的价值阈限,但由于受'中庸'思维的限制,这种超越也不可能走向反人类中心主义,不可能形成激进后现代主义那种解构人文的冲动,而是始终在从属于人文理念的范围

---

① 李天道:《和:中国传统生态美学之境域构成论》,《贵州师范大学学报》2004年第1期。

内发挥调节折衷作用。"①韩德民对于儒家"天人合一"生态世界观与后现代生态世界观做出的比较诠释显示了研究角度和视野的拓展,其比较诠释的结论显然已经超越了寻章摘句式的引证解读,具有了生态资源阐释研究所亟需加强的比较方法和亟需拓展的哲学视野。

(二) 道家和禅宗生态资源的美学阐释

道家文化在中国文艺、美学史上有着特殊的位置,相对于儒家的入世态度,其鲜明的出世精神更为贴近文艺审美超功利的精神内核;在"天人合一"的基本思想框架内,相对于儒家更为关注人文精神,道家"道法自然"的思想使得它所体现出的生态智慧更具自然精神;从目前学界的研究来看,关于道家生态思想的美学阐释也是中国古代生态思想研究方面成效最大的一个领域。

关于道家生态思想的分析是中国古代生态资源研究中较早开展的领域,庄子也是"我国当代大陆学者从生态学视角仔细对其解读的第一人"。② 但是,20世纪80年代中期至90年代初期,对于道家的生态解读主要侧重于生态学、生态哲学及生态伦理学的角度。1994年以后,随着生态美学概念的提出,对于中国古代文化尤其是道家文化的生态美学解读文章逐渐增多,其中,论证深入并产生一定影响的论著有:王磊的《先秦的生态美思想——孟子、庄子解读》(《陕西师范大学学报》2001年第4期)、邓绍秋的《道法自然与生态智慧——道家与马尔库塞生态美学观比较》(《株洲师范高等专科学校学报》2002年第3期)、曾繁仁的《老庄道家古典生态存在论审美观新说》(《文史哲》2003年第6期)、《中国古代道家与西方古代基督教生态存在论审美观之比较》(《湖南师范大学学报》2004年第6期)、王凯的《论先秦道家的生态美学智慧》(《江汉论坛》2004年第3期)、《道家生态美学的现象学透视》(《船山学刊》2004年第3期)、孙琪的《"庄周梦蝶"的生态美学解读》(《贵州社会科学》2005年第1期)、赵凤远的《庄子生态"和合"观的审美内涵》(《求是学刊》2007年第6期)、张欣的《先秦道家的生态美学意识》(《兰州学刊》2009年第2期)、张晶的《中国美学的生态论思想观照》(《江苏社会科学》2011年第2期)、邵丰的《当代视域下的庄子生态美学思想》(四川师范大学2004年硕士论文)、邓叔平的《论老庄生态美学思想》(贵州大学2006年硕士论文)、赵凤远的《庄子生态美学思想研究》(山东大学2007年博士论文)、程习勤的《老庄生态智慧和诗艺》(武汉出版社2002年版)等;专章论及道家生态美学思想的论著有:王凯的《逍遥游——庄子美学的现代阐释》(武汉大学出版社2003

---

① 韩德民:《生态世界观:儒家与后现代主义的比较诠释》,《中国文化研究》2006年冬之卷。
② 赵凤远:《庄子生态美学思想研究》,山东大学2007年博士论文,第13页。

年)、王茜的《生态文化的审美之维》(上海世纪出版集团2007年)、曾繁仁的《生态美学导论》(商务印书馆2010年)等。

综观关于道家生态思想的美学阐释成果,应该说,道家文化中重要的概念和思想诸如"道"、"自然"、"心斋"、"坐忘"、"天钧"、"天倪"、"网罟"以及"道法自然"、"万物齐一"等都被从生态学的角度给予解读和阐释并赋予了当代的价值和意义。其中,曾繁仁、王茜、赵凤远等人的研究更为系统或更具新见。在曾繁仁先生看来,比起儒家思想来,道家思想中蕴含了更为丰富的生态智慧;道家崇尚自然,超越世俗,主张返璞归真、清静无为,向往人与自然和谐共处的理想境界,其基本精神同后现代的生态观念非常契合。在《老庄道家古典生态存在论审美观新说》一文中,曾繁仁先生对于老庄哲学中"道法自然"、"万物齐一"、"心斋坐忘"、"天倪天钧"、"物故自生""小国寡民"等命题进行了勾勒分析,对其中蕴含的生态内涵进行了解读阐释。曾繁仁先生认为,"道法自然"作为"老庄哲学——美学中最基本的命题","这是东方古典形态包含浓厚生态意识的存在论命题,完全不同于西方古代的'理念论'与'模仿论'等等以主客二分为其特点的认识论思维模式。惟其是存在论哲学与美学的命题,才能从宇宙万物与人类生存发展的宏阔视角思考人与自然共生的关系,从而包含深刻的生态智慧,而不是仅从浅层次的认知的角度论述人对于对象的认识和占有。"曾繁仁先生借用海德格尔的概念来分析老子的"道",他认为,老子所谓"道可道,非常道","'可道',属于现象层面的在场的'存在者',而'常道'则属于现象背后的不在场的'存在'。道家的任务即通过现象界在场的存在者'可道'探索现象背后的不在场的存在'常道'。""'道'不是物质或精神的实体,因而它不属于认识论的范围,没有主体与客体之分;它属于存在论范围,是宇宙万物诞育生成乃至于'存在'的总根源,也是一种过程或人的生存的方式。""宇宙万物,包括人类诞育生成的总根源都是'道',这就提出了一个人与万物同源的思想,从而使老庄的哲学——美学思想成为'非人类中心主义'的。"①曾繁仁先生通过对老子"道为天下母"和庄子"道为万物之本根"以及"道生万物"的中间环节——阴阳之气交汇中和以成万物等观点的分析,认为"中国道家的阴阳冲气以和化育万物的思想,是以存在论为根据的宇宙万物创生论。它完全不同于西方以认识论为基础的物质本体或精神本体以及基督教中的上帝造人造物。这是一种中和论哲学——美学思想,是中国传统哲学和美学的带有根本性的理论观点。"②在"道法自然"和"道为万物之本

---

① 曾繁仁:《生态存在论美学论稿》,吉林人民出版社2009年版,第167、170页。
② 曾繁仁:《生态存在论美学论稿》,吉林人民出版社2009年版,第171页。

根"的理论基础之上,曾繁仁先生将庄子的"天地与我并生,而万物与我为一"(《庄子·齐物论》)、"以道观之,物无贵贱"(《庄子·秋水》)以及"人皆知有用之用,而莫知无用之用"(《庄子·人间世》)等观点串联分析,分析了道家"万物齐一论"与"道法自然"的思想关联和存在论基础,认为"从认识论的角度,自然万物的确客观存在着长短优劣之别,所以不可能加以同等看待"。而从存在论角度看,"一切存在的都有自己独有的位置与价值,因而应该同其他事物同等看待。"'道'"体现于一切事物之中,这正是决定'万物齐一'的根本原因。"①从"分析'万物齐一'延伸,曾繁仁先生认为庄子的'天倪'命题是对'万物齐一'论的一种补充,那就是万物中的每一物所享受的平等都是在自己所处环链位置上的平等,而不要超出这个位置,这才是'无为而为'、'自然而然'。"②正因为世间万物普遍共生、须臾难分,人类就应该尊重自然,按自然万物的本性行事,不可随意改变万物的自然本性。在这里,曾繁仁先生不仅从庄子简短的寓言中解读出了深刻的生态理念,而且指出了这种生态理念的存在论根源。如何才能达到"至德之世"?从群体的角度看,老子的观点是"小国寡民";如何才能达到"无为而为"、"自然而然"?从个体角度看,庄子的观点是"心斋"、"坐忘";对于这些长期被认为是消极的、倒退的思想,曾繁仁先生也赋予其生态的内涵。不容回避,面对春秋战国时期"礼崩乐坏"的社会秩序,老子"小国寡民"的治世之策比起儒家的"克己复礼"、墨家的"兼爱非攻"、法家的强调法治等策论来不能算是最具功效的;庄子的"心斋"、"坐忘"比起孔子的"修齐治平"来,也带有无可奈何的意味,但是,从生态的角度看,老庄的退守态度无疑具有其理论价值。尤其是庄子追求的自然美学境界,其对中国文人艺术精神的影响以及由此而形成的崇尚自然、超越世俗的文论传统,对于当前精神生态的修复无疑具有一定的借鉴意义。

比起曾繁仁先生的全面勾勒和阐释,王茜对于道家生态思想的分析虽然未及所有但时有新见。王茜通过对于"'道'的内涵"的分析,认为"道的最终来源是自然,这里的自然并非专指与人生对立的物质自然界,而是指一切生命存在的本然状态,'道'与'自然'是一对可以互相阐释的概念"。"是一个具有形而上学性质的本体论概念"。③她借用蒙培元先生的分析,认为道家哲学不同于西方哲学的一个重要特点就是其强调道与自然的同一,即一元论。从后现代生态论的角度看,"老子的'道'论对现代生态哲学的深入发展具有启

---

① 曾繁仁:《生态存在论美学论稿》,吉林人民出版社2009年版,第172、173页。
② 曾繁仁:《生态存在论美学论稿》,吉林人民出版社2009年版,第176页。
③ 王茜:《生态文化的审美之维》,上海世纪出版集团2007年版,第118、119页。

发性。生态学的生态中心论之所以遭受攻击,其根本原因就在于没有真正克服二元论思维方式,仅仅以生态中心取代了人类中心。""老子的道论表明,生态哲学要进一步发展,就必须将尚且停留在知识层面的生态理论提升到一种精神的形而上境界,价值的确立无法离开人类,但人需要用心聆听来自更广阔的生命世界的言说,通过置身完整生命世界的体验来确立价值,将现代生态学与自然科学的认知内化为生命践行的直觉力量,是生态哲学深入发展的关键环节。"①在王茜看来,道家哲学的生态思想体现在"依'道'而行的实践智慧",这种实践智慧不仅表现在道家提倡管理者在处理与被管理者的关系时,要做到"无为",尽量减少人为干预,即尊重事物的自然生存状态,让事物的本性得到充分实现;而且表现在道家对于人类的感官欲望持强烈的批判态度,提倡"无欲"、"知足"的生存态度,追求如赤子"骨弱筋柔而握固"、水"善利万物而不争"的符合自然之道的生命状态。道家虽然"在他们思想起步的地方,根本没有艺术的意欲,更不曾以某种具体艺术作为他们追求的对象",②但是,道家对自然之道的推崇,反对"人为"、"工巧"而追求与天地相同的"大美",主张"玄览"、"心斋"等生存境界,对于艺术家创作心理及传统审美精神的形成产生了直接的影响。对此,王茜认为,"不专门谈论艺术而体现出一种至精深的艺术精神,充分意识到艺术作为人为之物的先天不足而发展出一种至高明的艺术理论,使人生追求与艺术境界合一,在人生智慧中寻觅到艺术的真谛,艺术、人生又都最后归结为至高的自然之道,这正是道家思想带给审美的独特启发。"③

相对而言,赵凤远的《庄子生态美学思想研究》(山东大学2007年博士论文)虽然专注单一解读对象,但就庄子生态美学思想研究而言,它是目前最为系统的阐释成果。赵凤远把庄子思想概括为三个组成部分,即天道观、齐物观、重生观,进而在这三个大的范畴内解读"道为万物之本"、"万物齐一"和"养生游世"等理念的内涵及其所蕴涵的生态美学思想。以天道观、齐物观、重生观的生态美学阐释为核心,赵凤远向前挖掘了庄子主要思想形成的文化背景、理论背景和现实背景,向后延伸评价厘定了庄子生态思想的当代价值,前后共同构成了对于庄子生态思想的全面梳理和研究。赵凤远对于庄子的生态美学阐释有其独到的特点,首先,他不回避庄子思想与老子思想的继承与联系,但更专注于凸显庄子与老子的差异;其次,他力图还原历史的庄子,没有用

---

① 王茜:《生态文化的审美之维》,上海世纪出版集团2007年版,第121、122页。
② 徐复观:《中国艺术精神》,春风文艺出版社1987年版,第43页。
③ 王茜:《生态文化的审美之维》,上海世纪出版集团2007年版,第129页。

现代生态术语去询证庄子思想的生态内涵或拔高庄子生态思想的价值意义,而是有意识地关注庄子生态智慧的特定时代色彩,他认为,"人与自然的和谐关系是生态美学的出发点,而庄子的生态智慧却是源于其对现实社会和人生的感悟,并由此思考如何超越社会和人性的束缚而最终实现人与自然的统一,因而人与自然的和谐关系更多的呈现为一种理想的归宿。"①第三,他延伸了对于庄子生态美学思想的挖掘式解读,关注到了庄子思想形成的前摄因素,不仅回答了庄子思想中存在哪些生态智慧,而且解读了这些生态智慧产生的渊源以及特定历史阶段决定的难以超越的局限。就中国古代生态资源的现代转换这一研究课题而言,赵凤远的研究不失为一个系统深入的个案。

中国传统文化以儒家为主流,以儒道互补为特点,中国古代生态资源主要以儒道文化为载体,所以,挖掘和阐释古代生态资源的主要对象自然集中在儒道文化。但是,作为儒道重要补充的禅宗思想同样蕴含或体现着许多生态意识和生态精神,所以,对于禅宗的生态美学阐释也是中国古代生态资源挖掘的一个组成部分。这方面的代表人物是邓绍秋。其研究成果主要有《道禅生态美学智慧》(延边人民出版社2003年)、《禅宗生态审美研究》(百花洲文艺出版社2005年)、《后解构主义与禅宗美学的相似点》(《云梦学刊》1999年第2期)、《诗化哲学与诗化宗教——德里达与禅宗美学》(《外国文学研究》2000年第1期)、《论禅宗的生态美学智慧》(《南华大学学报》2002年第3期)、《本心之悟与存在之思——禅宗与海德格尔美学》(《学术交流》2003年第7期)、《禅宗生态美学的崛起——禅宗美学与生态美学的融合》(《创作评谭》2005年第4期)等。其中,《禅宗生态审美研究》集成了邓绍秋的主要研究成果,在禅宗生态美学研究领域内具有开拓意义。邓绍秋认为,"禅不是神秘主义,不是逻辑语言,不是一般的宗教,也不是一般的哲学。禅的真谛是精神自然的游戏状态,是对自性精神生态基因的审美观照,是'天人合一'生态潜意识的唤醒。而禅宗是以追求自然自在的精神生态、完整人性为宗旨的中国佛教流派,它是在探索自性基础上的不断演变的开放生态系统。"②在邓绍秋看来,禅宗美学与生态美学在审美认识的角度、对待自然的态度、对待生命的态度等方面存在着共通,都重视整体把握审美对象、强调人与自然的和谐统一、肯定生命存在的价值;但在文化语境、思维方式和目的境界上则存在着古典与后现代、直觉思维与系统思维以及自我解脱和生态平衡等的差异。基于生态美学的阐释角度,邓绍秋分析了禅宗自然观、生命观、心性论、认识论、修行论、解脱论等

---

① 赵凤远:《庄子生态美学思想研究》,山东大学2007年博士论文第17页。
② 邓绍秋:《禅宗生态审美研究》,百花洲文艺出版社2005年版,第3页。

六个方面的生态审美智慧,并将其置于历史与古今的对比研究视野之中,详细诠释了禅宗生态审美观与先秦道家、魏晋玄学、明清心学的联系、交融和区别。特别具有探索意义的是,邓绍秋还将禅宗美学与荣格原型论、胡塞尔现象学、海德格尔存在论美学观、马尔库塞新感性理论和解构主义等西方现代美学理论进行了对比阐释,试图从中挖掘了他们之间的共通性和差异性,使禅宗美学的生态思想显示了更为广阔的现代意义。应当说,尽管邓绍秋的结论仍显浮泛,但这样的研究视野和方法不失其探索性和开拓性。另外,近年来对于魏晋玄学和中国佛教生态思想的研究也得到关注,刘国贞的《魏晋玄学的生态观和审美观》(山东大学2009年博士论文)、李琳的《中国佛教的生态审美智慧研究》(山东大学2009年博士论文)可以说体现了这方面的主要成果,其研究也构成了禅宗生态美学研究的有效补充。

第二节 中国古典生态理论资源的核心意义与后现代价值

曾繁仁先生曾说:"中国古人对于生态的体悟并不是由于自然的恶化而产生的对应性策略。在对于生态的认识成为'生态学'以前,与自然亲和的观念就已浸入了中国古人的骨髓之中,这与西方的生态观念有很大的不同。"[①]美国生态后现代主义思想家斯普瑞特奈克也曾讲:"在这重新反思现代性意识形态假设的关键时刻,中国不仅面对着一系列问题,而且还深藏着解决问题的智慧。"[②]那么,比起现代西方的生态观念,中国古典生态理论资源的核心内容有哪些? 面对全球性的生态危机,中国古代生态资源在哪个层面上具有何种后现代价值? 这应当是生态批评理论探讨和回答的基本问题。对于这些问题的回答,也将成为中国生态批评理论生成的本土元素。

对于这些基本问题,理论界已经做出了许多有意义的探讨,通过梳理和整合,我们认为,中国古代生态理论资源的核心内容及后现代价值体现在下几个方面:

一、"天人合一"的生态思想基础

众所周知,生态批评是伴随着现代以来日益严峻的全球化生态危机而兴起的理论思潮,是20世纪中期生态学人文转向在文学艺术领域的理论表现,从这个角度看,生态问题是一个现代问题。但是,"从人类文化史的角度看,

---

① 曾繁仁:《中国新时期文艺学史论》,北京大学出版社2008年版,第253页。
② [美]查伦·斯普瑞特奈克:《真实之复兴》,张妮妮译,中央编译出版社2001年版,第4页。

生态问题又不是一个现代问题,而是从人类出现以来特别是进入文明社会以后早就存在的问题。"①生态批评诞生之后,其理论研究的视野已经从现实生态批判逐步延展到生态问题的历史文化根源的挖掘,一个已经几成共识的看法是,今天的全球性生态危机的直接原因在于全球化的资本主义生产消费方式,而这种生产消费方式的历史文化根源则是西方主客二分的哲学观支配下的根深蒂固的人类中心主义。在对于人类中心主义的辨析、质疑和驳难中,中国"天人合一"的传统文化观念凸显了生态的意义和价值。

张世英先生曾讲:"人们在讨论中西思想文化传统之比较时,谈到这样几种区别:中国的思想文化传统重人生和精神之探讨;重本末、源流之区分;重直觉、了悟的方法;重道德和善的追求;重义轻利,等等。西方的思想文化传统重认识、重自然之研究;重现象与实在之分;重推理、分析的方法;重真理之追求;重功利,等等。我认为,所有这些区别实则都可用天人合一和主客二分之别来说明。天人合一与主客二分,既是人对世界的两种关系,也是两种人生态度,它们的不同决定着中国与西方两种思想文化的不同。可以说,在中国,占主导地位的是天人合一的思想文化传统,在西方,占主导地位的是主客二分的思想文化传统,这便是中西文化思想传统之首要区别。"②的确,天人合一和主客二分奠定了中西方思想文化的成长基因,正是这种不同的基因或曰文化基点开启了中西方不同的文明发展历程。在中国,天人合一的文化基因伸张了人与自然和谐的一面,但对于"天"的敬仰、畏惧和希望"以德合天"的理想追求强化了人的道德内涵,压制了人的主体创造,漫长的以农业文明为主导的封建社会形态的存续应当说与这种文化基因密切相关。在西方,主客二分的基本理念凸显了人与自然对立的一面,夸大了人对于自然征服、索取的合理性,推动了科学的发展,促进了工业文明的繁荣,但是人的主体性的过分张扬带来了科技理性、工具理性的泛滥,酿成了近代以来日益严重的全球化生态危机。近代以来,当中国知识界迫于民族危亡而反思、批判传统文化,借鉴、吸收西方文化藉以发展工业化、现代化民族国家时,西方哲学界则开始反思现代性,并在东方文化中看到了合理的因子。客观地说,近代以来中国知识界关于中西文化优劣的争论主要表现为不断强化的西方化趋势。但是,站在后现代的门槛上,中国传统文化蕴涵的生态理念与西方后现代观念的偶合毕竟已经让知识界看到了中国文化重新破晓而出的曙光。可以说,关于中国古代生态资源的挖掘和阐释便是助推中国传统文化焕发生机的努力,尽管其中尚且存在着复杂、艰

---

① 蒙培元:《人与自然——中国哲学生态观》,人民出版社2004年版,第1页。
② 张世英:《天人之际——中西哲学的困惑和选择》,人民出版社1995年版,第160-161页。

巨和漫长的现代转换的困难和路程。

那么,何谓"天人合一"?"天人合一"对于解决全球化生态危机的启示在哪里?

在中国哲学史上,由于对天和人的内涵的不同理解,天人关系"含有三种不同层次的意义:一是指意志之天和人的关系,二是指自然与人的关系,三是指客观规律和人的主观能动性的关系。"①"天人合一"则是中国哲学围绕"究天人之际"这一哲学基本问题而体悟、凝练、发展、丰富并且贯穿古代哲学史始终的一个关于天人关系的最为基本的理念。对此,冯友兰先生曾有概述,"哲学是对于人类精神生活的反思,人类精神生活所涉及的范围很广,这个反思所涉及的范围也不能不随之而广。这个范围,大概说起来,可以分为三部分:一部分是自然,一部分是社会,一部分是个人。自然就是中国传统哲学中所说的'天';社会和个人就是中国传统哲学中所说的'人';人和自然之间的关系就是中国传统哲学中所说的'天人之际'。人类的生活,无论是精神的或物质的,都是和'天人之际'有关系的,所以中国哲学认为'天人之际'是哲学的主要对象。"②在这里,冯友兰先生把古代哲学所说的"天"和"人"作了明确的指称界定,而试图"究天人之际"的哲学努力,其秉持的观念、解决的途径和最终的结论主要是"天人合一"。

在中国哲学史的不同时期,"天人合一"又有"天人相通"、"天人相类"等相近的表述。对于这一贯穿中国传统哲学各个时期的普遍理念,张岱年、张世英诸位先生都曾有系统的梳理。在他们看来,殷周时期已经出现了"天人合一"观念的萌芽,但当时的"天人合一"表现为天人之间原始的、模糊的相通性,这是一种对于自然尚且缺少认识的人类对强大的自然界表现出的敬畏和图腾式祈愿。春秋战国时期是中国哲学的奠基期,此时的"天人合一"出现了儒家、道家的不同侧重,儒家侧重"人道"的一端,强调人的自我修养,以期达到"合天"的目标;道家侧重自然,强调人对自然的遵循;但在"天人合一"的理念上,又表现出"儒道同源"的特点,"克己复礼"和"道法自然"实际上都是拯救社会乱局的人文努力。比起殷周时期来,孔孟老庄的"天人合一"观念已经超越了原始的模糊性,具有明显的主动意向和理论自觉。两汉时期,"天人合一"理念以董仲舒的"天人感应"说为主要代表,尽管其仍然强调"人"对于"天"的尊奉和依附,但其中存在的神秘色彩和"君为天子"的臆断,使其成为

---

① 张晶:《中国古代生态美学思想论纲》,转引自曾繁仁主编《全球视野中的生态美学与环境美学》,长春出版社2011年版,第407页。

② 冯友兰:《三松堂自序》,人民出版社2008年版,第234—235页。

官方的工具,因而也失却了朴素的生态意识。魏晋时期,尽管"玄学"盛行,佛教东来,但中国文化仍然表现为儒学为本,"天人合一"的理念更融入了玄佛元素,逐步体现出本体论成分。李唐一代盛世,文化融合加深,加之诗歌空前繁荣,似乎掩盖了哲学探究的轨迹,但儒道释并流的文化特点实际上延续着"天人合一"的基本理念。宋代以后,中国传统哲学进一步理论化、体系化,宋明理学家"在'天人本无二'的基础上,着重从'理'、'气'、'心'、'性'相互联系的视角",融会佛道的思想成果,论证了"天人合一"的理论依据和途径,"使传统的天人关系的思维模式得到了丰富和发展,并且较为完整地论证了人性的各个层面。'它把佛教、道家的超越情性转化为人的道德情性,使道德情性也获得了与佛教、道家相似的超越性'。"①总之,从孔孟老庄到程朱理学和陆王心学,"中国哲学思想发展的基本问题,就是对天道和人道关系的探讨"。"'天人合一'思想不仅是中国哲学发展中最基本的、占主导地位的观点,而且还是东方基本思维模式的哲学表达。"②综合不同时期关于"天人合一"的论述,其内涵已经相当明晰,对此,张岱年先生有一个简要的总结,"所谓天人相通,如解析之,其意义可分为两层:第一层意义,是认为天与人不是相对待之二物,而仍一息息相通之整体,其间实无判隔;第二层意义,是认为天是人伦道德之本原,人伦道德原出于天。"③

对于"天"、"人"以及"天人合一",蒙培元先生更有现代生态意义的解说。在蒙培元先生看来,中国古代的"天",不同于基督教的上帝,也不同于西方近代哲学的绝对超越的精神实体,它既是自然界的总称,但也有超越自然界的意义。其超越层面即所谓"形而上"者,有天道、天德等概念;其物质层面即所谓"形而下"者,则指天空、大地等自然因素。具有现代生态意义的是,在中国古代哲学中,超越层面和物质层面不是对立的两个世界,而是统一的一个世界。在天与人的关系上,蒙培元先生认为人是自然界的产物,是自然界的一部分,而不是凌驾于自然界之上的主宰者。虽然人因为具有文化创造能力而显示一定的主体性,但比起西方哲学观来,中国古代哲学关于人的主体,"是以实现人与自然和谐统一为目的的德性主体,不是以控制、征服自然为目的的知性主体,也不是以'自我'为中心、以自然为'非我'、他者的价值主体。"④所

---

① 林可济:《"天人合一"与"主客二分"——中西哲学比较的重要视角》,社会科学文献出版社2010年版,第83、85页。
② 林可济:《"天人合一"与"主客二分"——中西哲学比较的重要视角》,社会科学文献出版社2010年版,第85页。
③ 张岱年:《中国哲学大纲》,江苏教育出版社2005年版,第183页。
④ 蒙培元:《人与自然——中国哲学生态观》,人民出版社2004年版,第3页。

以，中国古代哲学所谓的"天人合一"，虽然在不同发展阶段表现出不同的内涵，儒道释等不同哲学流派和哲学家个人对此也有不同的解释，但是，无论是道家倡导的人向"自然"的回归，还是儒家重视的仁义德性对于天道的遵循，抑或释家对于精神超越的强调，在二者的关系上，不同侧重只是表现为追求人与自然、人道与天道和谐统一的不同手段，"这一理念的基本涵义则是人与自然的内在统一。"①

二、崇尚自然的生态审美态度

生态问题的本质是人与自然的关系问题。如果说"天人合一"体现了中国先哲在人与自然关系上的形而上哲思，那么，崇尚自然则是"天人合一"思想基础支配下中国古人处理人与自然关系时所尊奉的基本态度。比起西方主客二分和人类中心主义基本观念导引下的征服自然的认识论，"天人合一"支配下的崇尚自然的东方文化态度与现代生态观念无疑具有更多的契合和更近的亲缘。崇尚自然的生态审美态度作为中国古代生态资源的核心内容之一，不仅突出地表现在道家文化之中，而且也渗透在儒家文化之中，尤其是作为一种艺术精神，甚至弥漫于整个古代文化空间。

"自然"是老子哲学中的一个重要范畴，讨论中国古代文化中崇尚自然的生态审美态度，无疑应当从老子开始。在老子《道德经》中，"自然"一词多次被提到，老子曰："功成事遂，百姓皆谓我自然"（十七章），"希言自然。故飘风不终朝，骤雨不终日，孰为此者？天地。天地尚不能久，而况于人乎！"（二十三章），"人法地，地法天，天法道，道法自然"（二十五章），"道生之，德蓄之，物形之，势成之，是以万物莫不尊道而贵德，道之尊，德之贵，夫莫之命而常自然"（五十一章），"是以圣人无为故无败，……以辅万物之自然而不敢为"（六十四章）。其中，"道法自然"是老子哲学最为重要的命题，后世对其的解读也最为广泛。如何理解"道"、"自然"和"道法自然"？蒙培元先生从生态哲学的角度所作的解读富有启示意义。蒙培元先生认为，道虽然是老子哲学的根本范畴，但并不是西方哲学所谓的最高实体，而是"独立而不改，周行而不殆"的真实存在，其真实存在的方式或状态便是"自然"，也就是说，"自然"就是"道"的存在方式或存在状态。在蒙培元先生看来，老子所谓的"自然"，是一个含义丰富的哲学概念，不能简单等同于今天的自然界或者西方传统哲学的自然。在西方传统哲学中，"自然是人之外并与人相对而存在的自然界，是机械的、物理的、没有生命的自然界，是决定论、还原论意义上的自然界。当人们

---

① 蒙培元：《人与自然——中国哲学生态观》，人民出版社2004年版，第3页。

谈论自然界的时候,是作为人之外的对象而谈论的,作为人的'外部环境'而谈论的。但是,在老子那里,'自然'与人的生命存在是不能分开的,人即在'自然'中存在,人是'自然'的一部分。'道法自然'归根结底是'人法自然',人和'自然'之间不是主、客观的对立关系,也不只是认识与被认识的关系。""'自然'所代表的是自然界的秩序,人的生命活动只是其中的一部分。""'自然'对人而言就是根源性的,同时又是目的性的。说它是根源性的,是说'自然'是人的最原始本真的存在状态;说它是目的性的,是说'自然'又是人的生命活动的最终归宿。"①按照蒙培元先生的上述阐释,老子所谓的自然,既是指客观存在的自然界;也是指自然如此、永远如此的自然秩序和法则,是"道"的存在方式和存在状态;还是指宇宙万物自然而然的过程;更重要的,它是指内在于人的具有生命目的性意义的根本法则。按照对于"自然"这样的阐释,所谓崇尚自然,实际上强调的是人不能将自己的私利目的和机巧行为强加于自然之上,不能使人为的行为超越自然的法则,人只有遵循自然的法则和目的性,才能与自然实现内在的统一,如果把人的主观目的参与到自然之中,人与自然之间的有机统一性就会遭到破坏,这实际上是以对于自然目的性的强调来反对人的主体性。联系老子的"无为"思想,所谓"道法自然",也可表述为"效法自然乃是自然之道",所谓"无为"并非是无所作为,而是反对违背自然之道、为了功利目的改造破坏自然法则的作为;所谓"无为无不为",亦即只要遵循自然法则,按照自然之道进行人类活动,则会达到人生的最高目的和境界,此所谓"是以圣人无为故无败"。

和老子自然观简洁而深奥的特点相比,庄子的自然观更多地隐喻在人生的态度和自由的精神之中。蒙培元先生曾说:庄子的生态理念主要表现在"'万物一齐'的平等观,'天在内,人在外'的人性观,'与天地精神往来'的自由观,'同与禽兽处'的生命观,以'天地之大美'为理想追求的审美观",②而这些理念都体现了庄子尊重自然、与自然共生共荣的自然观。"万物一齐"的观点是庄子思想的核心,在庄子看来,人要平等地对待万物,自然界的万物都有其存在的权利和价值。当然,庄子所谓的万物平等,并非基于万物的生态价值而言,而是其强调人的自由境界的合理推演。从庄子的论述中可以看出,庄子认为,社会之所以不和谐,人之所以不自由,原因在于人作为自然的一部分,不是以万物自然之道为师,而是以自己的"成心"为师;庄子的"成心"指的是个人的是非标准、主观成见或人类的世俗之见,正是人的"成心"的存在,造成

---

① 蒙培元:《人与自然——中国哲学生态观》,人民出版社2004年版,第193、194页。
② 蒙培元:《人与自然——中国哲学生态观》,人民出版社2004年版,第218页。

了人与人之间、人与万物之间各种各样的是非争论,正所谓"夫随其成心而师之,谁独且无师乎!"(《庄子·齐物论》),因此,要解决纷争,达到自由与和谐,就要追求"道"的境界,"以道观之,物无贵贱;以物观之,自贵而相贱"(《庄子·秋水》),如果以"道"的境界去看待万物,则"万物一齐"、"天人合一"。在这里,庄子之"道"有对老子之"道"的继承,但主要指向是自然而然的秩序与法则,正所谓"已而不知其然,谓之道"(《庄子·齐物论》)。庄子的万物平等观,出发点是为了解决纷争、追求和谐,手段和途径是消解人的"成心"或曰主体性,其终点则达到了人与万物"齐一"的境界,这样的境界客观上抑制了人的功利之心和役使万物的欲望,消解了人与万物、人与自然的对立。以万物平等为基础,庄子对于人的活动的地位和价值更有精到的论述,此之谓"天在内,人在外"的人性观。庄子说:"何谓道? 有天道,有人道。无为而尊者,天道也;有为而累者,人道也。主者,天道也;臣者,人道也。天道之于人道也,相去远矣,不可不察也"(《庄子·在宥》)。由此可以认为,庄子在天与人之间,尊天性而抑人为,人作为自然界的一部分,应当追求的是"与天为一"的存在状态。按照蒙培元先生的分析,"自然之道内在于人而为人之性,从这个意义上说,'天在内';人为的功利机巧之心、认知之心虽然是人所特有的,但不是根源于人的自然之性,从这个意义上说,'人在外'。"[①]这种吊诡的论辩,如果通俗地讲,仍然是强调尊奉自然之性,反对人为机巧,这样的观点因其抑制人的科学认知,曾经广为诟病,但是从生态的角度看,其对自然之性的朦胧崇敬和对人为之性有限性的体认,恰恰契合了生态系统复杂性和科学认知有限性的现实。庄子追求万物平等,主张"天在内,人在外",并不能由此认为其忽视人的存在,相反,庄子哲学的出发点并没有排除对人的关注,正是关注人的自由和人的自然存在,才引申出了促使万物、包括人走向自由的自然之道的理论预设。庄子所理解的自由,或曰"逍遥游",是尊奉自然之道的精神自由,它来自大自然,受自然的启迪,又要回到大自然,实现与自然的和谐,其对"天籁"亦即自然之乐的描述和追求,体现的正是人与自然和谐相处的生态意识和人对精神自由的无限向往。如何才能达到自由境界? 庄子认为,自由境界的前提是尊奉自然之道,途径则是要通过追求"真心"、"真情",树立无欲无为、虚静恬淡的人生态度,通过"心斋"、"坐忘"等修悟达到神游、逍遥的心境。庄子的自由观,体现的是追求人与自然合一的精神愉悦,其对于培养和提高当代人的生态意识,抑制消费主义观念控制下的当代人膨胀的欲望,追求人与自然和谐相处的生命本真状态,实现人的精神解脱和自由境界,无疑具有独到的启示和价值。

[①] 蒙培元:《人与自然——中国哲学生态观》,人民出版社2004年版,第230页。

道家重视自然,儒家重视人文,但这并不意味着儒家反对自然,相反,儒家对于自然的态度同样蕴含着生态的意义。不容回避,儒家所谓的仁义道德表现出更多的伦理色彩,"如果按照现代观点把对待自然界的理论称为生态伦理的话,那么可以说儒家的伦理并没有'生态'和'人际'的专门划分,以孔子为代表的先秦儒家的伦理是一种'处身于天地境界中的人'的伦理,其中本来就包含着人与自然、与生命世界整体的关系。"①所以,在儒家的理论中,天人关系是理论基础,人际关系是论述核心,人与自然的关系则是天人关系和人际关系的推演。按照王茜的分析,先秦儒家理论中的自然包括两个层次的内容,"一是具有形而上意义的天,这个天与生生不息的自然运行规律关系密切,是宇宙万物的生之本体,儒家又赋予这种天地之生一种至高无上的道德价值,'生'同时又是一个道德本体,在这个意义上,天成为道德的来源依据和人所追慕的最高境界,是为实践活动制定标准的依据所在;二是纯粹物质层面的自然,这个自然是从人的生活日用角度而言,或者称之为与人同处于人间的自然,它是为人类提供生活和生产资料的自然,是人的实践活动的对象。"这样,儒家的自然"既构成人生存的天地境界,成为渗透在心灵中的一种值得敬畏的力量",又是"人的世俗生活的一部分",人要达到天人合一的境界,必须在天地境界的导引下首先关注世俗人事,提升自身境界。由此推演,儒家在人与自然关系上就形成了两种互相关联的态度,"一方面对自然所蕴涵的天道心怀敬畏,一方面根据人的需要对物质自然采取'用之有度'的实用态度。"②正是在敬畏心理和用之有度的实用态度的支配下,儒家就产生了诸如《礼记·月令》中不违农时的生态智慧,力主符合生态要求的节俭素朴的生活方式,"知者乐水,仁者乐山"的对于自然万物的亲和之情,"仁民爱物"、"民胞物与"的生态观等。儒家在天人整体境界中建立伦理原则、处理人与自然关系思想,对于现代生态理论建构富有启示,因为尽管生态危机首先表现为自然的危机,但生态危机的人文根源的诸多论据告诉我们,单纯地论证自然的独立价值或者就自然思考自然的生态伦理研究是有局限性的,要解决自然界的问题,根本还在于解决人自身的问题,而人类生态精神的完善,首先需要的就是对于自然敬畏、亲和的态度和适度利用的行为。

在道家和儒家自然观的影响下,自然的文艺精神更是成为中国古代文艺的重要品格。在中国古典文艺中,"先天下之忧而忧,后天下之乐而乐"代表了"文以载道"的文艺传统,"大鹏一日同风起,扶摇直上九万里"则代表了崇

---

① 王茜:《生态文化的审美之维》,上海世纪出版集团2007年版,第105-106页。
② 王茜:《生态文化的审美之维》,上海世纪出版集团2007年版,第106页。

尚自然的文艺精神,从审美的角度看,后者应当说更接近于艺术的本质。同时,即便在体现"文以载道"的文艺作品中,也时常渗透进崇尚自然、追求自由的精神因子,这种精神因子,在不同作家作品中或体现为"天人合一"的哲学沉思,或体现为追求自由的生命渴望,或体现为恬淡悠远的审美趣味,或体现为浑然天成的美学境界,它们共同构成了古典文艺的自然精神景观。对于古典文艺中的自然精神,王茜同样有简洁而准确的概述,在她看来,中国古典文艺中的自然,首先"意味着一种天真自在的生命境界,是艺术家逃避世俗束缚而安置心灵的家园",这是自然精神最为哲学化的显现。其次,中国古典文艺中的自然,表现为艺术本源与自然的关联,"中国古典艺术创作直接从自然中汲取灵感,或者直接模仿自然物象,或者取法自然造物之化工精神,或者追摹天地和谐之规律,自然是艺术的导师"。第三,自然作为中国古典文论的重要维度,形成了一套完整的美学理论体系,"从艺术品发生的角度看,讲究真情的自然流露;从创作角度看,讲究兴会、灵感,追求情景适会、自然感性的创作状态;从艺术境界看,提倡浑然天成的化工境界;从鉴赏角度看,讲究传神和气韵生动。追摹自然的艺术活动在中国传统文化中是复归天真自在的生命境界的必由之路。"①

对于中国文化中崇尚自然的审美态度,鲁枢元先生也曾有一个概括的表述,"中国古代哲学从《周易》开始,讲'生生之为易'、'天地氤氲,万物化生',讲'道生万物'、'道法自然'、讲'天人合一'、'物与民胞'——'自然'始终是一个'出发点',同时也是一个'制高点','自然'在中华民族的传统思想中占据着无比重要的地位。用方东美的话概括,'自然'是'天地相交、万物生长变化的温床',是'宇宙生命大化流行的境域',是'含蕴着理性的神奇与热情交织而成的创造力',是'人的生命与宇宙生命的浑融圆通',是'生命的讴歌'与'神圣的、幸福的境域'。"②

三、追求和谐的生态美学境界

在人与自然的关系上,如果说"天人合一"是中国古代生态智慧的思想基础,崇尚自然是中国古人的基本态度,那么,和谐则是中国古代哲人追求的一种生态美学境界。比起西方传统哲学在主客二分思想基础支配下强调人对于自然的斗争、对立、征服、索取等态度来,中国文化追求和谐的美学观念无疑具有朴素但明晰的生态色彩。

---

① 王茜:《生态文化的审美之维》,上海世纪出版集团2007年版,第131页。
② 鲁枢元:《生态批评的空间》,华东师范大学出版社2006年版,第69页。

"和"与"自然"一样,也是中国古典美学的一个重要范畴。在中国美学史上,最早谈到"和"这个词的文献是《尚书·尧典》,其中所谓"诗言志,歌永言,声依永,律和声,八音克谐,无相夺伦,神人以和"。曾经因为"诗言志"这一命题而被朱自清称之为中国历代文论"开山的纲领"(《诗言志辩序》)。但从生态的视角来分析,"和"的状态更具生态阐释的空间,"'神人以和'的命题,既反映出上古时期巫术宗教盛行,音乐是用来调和人与神之间关系的审美观念,同时也体现出一种人与天调、人与自然融合统一的普遍谐和的审美观念。因为,'神人以和'中所谓的'神',实质上是原始时期不能被人力所征服的自然力的神化与幻化形式,是经由人的心灵与想象而被夸张和变形的自然。所以,'神人以和'的'和'是指音乐所应达到的一种表现人与自然和谐统一、与天地宇宙和谐统一的极高审美境界。"①对于"和"的解释,《礼记·中庸》被人广为引用。《礼记·中庸》曰:"喜怒哀乐之未发,谓之中;发而皆中节,谓之和。中也者,天下之大本也;和也者,天下之达道也。致中和,天地位焉,万物育焉。"对于"中和位育",蒙培元先生曾有全面的阐释。在蒙培元先生看来,喜怒哀乐是人人生而有之的自然情感,人的一切行为都是伴随着这种自然情感而进行的,但在《中庸》的表述中,"天命之谓性,率性之谓道,修道之谓教",自然情感来自于性而实现于道,其间的实现原则就是"中和";对于性与情的关系,儒家是主张统一的,"未发之中即是天命之性,发而皆中节之和即是由性而来之情。'发'就是实现、发现。由天命而来之性本来就包含着喜怒哀乐之情,而且是无过无不及之中,从这个意义上说,性是自在的存在,合于自然之命;当其发而为情,如果能'率'而循其性,则自然'中节'。'中节'即是和,和者和谐也。"蒙培元先生认为,"'中和'之'中'也就是'中庸'之'中',无过不及、不偏不倚,有一个自然之'度',这是天道之本然。'中庸'之'庸'是用的意思,即'执其两端而用其中'之用;'中和'之'和'则是指应事接物时的情感态度。二者都是人道之应然。应然源于本然,本然之中即包含着应然,不过这是由自然界的'命令'而成为人类活动的当然。"②由此可以看出,儒家所谓"中和",既是人道,也是天道,从人道的内涵看,它是指性情的不偏不倚,即所谓"过犹不及";从天道的内涵看,它是指天地万物之间的和谐统一。受这种思想的影响,中国古代就形成了一种强调和谐、追求稳定的美学传统,"和"就成为"万物生成境域和构成势态,适中、合度、居间是人与世界、人与天相构相和之根本境域,也是稳定整个生态系统的要素"、成为一种"遍布时空,并充盈万物、社

---

① 李天道:《和:中国传统生态美学之境域构成论》,贵州师范大学学报2004年第1期。
② 蒙培元:《人与自然——中国哲学生态观》,人民出版社2004年版,第142-143页。

会、人体的纯构成机制。"①正所谓"和故百物不失"、"和故百物皆化"(《礼记》)、"天地之气,莫大于和。和者,阴阳调、日夜分而生物"(《淮南子·氾论训》)。从生态美学的角度分析,"和"的审美原则明显包含了三个方面的内容,即"'和'体现为宇宙自然本身的和谐浑融";"'和'体现为人与自然之间关系的和谐美";"作为人命之和的'和'","又是指人的生态和生命基质的平衡与调和,是阴阳的对应与流转、对待与交合之'和',也就是人的生命和畅融熙,是生命大美的体现。""正是由于'和'构成了宇宙万物的和谐整一、天人之间的亲和合一、人与社会环境之间的执中协调,以及人的生命形态的熙和调和,故而,中国生态美学极为强调对'和'的审美境界的追求,把主体与客体、人与自然、个体与社会、必然与自由所构成的和谐、均衡、稳定和有序作为最高审美原则与审美境界。而'和'之审美境界的创构活动则被看作是促进人的健康发展,达到人与自然、个体与社会的和谐统一以及主体自身的自我实现的重要途径。"②

儒家"中和位育"的生态意义不在于明确了何为"中"、"和",而在于将"中"、"和"看成是"天下之大本"、"天下之达道",若能"致中和",则可"天地位"、"万物育",否则,将会影响天地秩序、万物化育。"天下"的概念将"中和"的范围由"人间性"延展到人与自然乃至更为广泛的天地万物的空间,进而言之,人与人之间要讲中和,人与万物之间同样需要中和,这才是生态意义上的中和之道。尽管儒家认为天命之德是由人来实现的,所谓"人能弘道",人能"经纶天下之大经,立天下之大本"(《中庸》第三十二章),但这与西方哲学所谓的人类能够"为自然立法"的思想是不同的。在儒家看来,人的喜怒哀乐本于天性,人的主观行为本于天命,人虽然是执行天地化育的主体,更是天地化育的一员,人类活动的本质是"知天地之化育",人的实践活动需要遵循自然界的根本法则,这种"知"不同于西方的对象式的科学认识,而是一种生命体验式的智慧感悟。对此,蒙培元先生认为,"这种'知'之所以重要,就在于能够按照天地化育之道而实现人与人、人与自然界的和谐一致,而不是对自然界施以暴力,进行改造和征服。正因为如此,在中国没有西方式的科学进步,未能发展出近现代的科学技术;但是在维护自然界的生态系统、保持人与自然的和谐共处方面,却留下非常珍贵的价值资源。"③

从美学的视角看,中国古代所谓的"和",不仅在于和谐,而且体现出一种

---

① 李天道:《和:中国传统生态美学之境域构成论》,贵州师范大学学报2004年第1期。
② 李天道:《和:中国传统生态美学之境域构成论》,贵州师范大学学报2004年第1期。
③ 蒙培元:《人与自然——中国哲学生态观》,人民出版社2004年版,第143页。

整体意识,体现出一种整体观。曾繁仁先生曾讲:"我国的传统哲学精神是一种不同于西方'和谐论'的'中和论'。西方所谓'和谐'是指具体物质的对称、比例、黄金分割等微观的内涵,而中国的'中和'则包含天人、宇宙等宏观的内涵。前者带有明显的科学性,而后者则带有明显的人文性。"①并且,整体观的思想,不仅为儒家所秉持,而且为道家所倚重,可以说它是中国古代对于自然界观物取象、感悟体验的结果。在这方面,樊美筠曾作初步的分析。在樊美筠看来,以"天人合一"为核心的中国传统文化,不仅视宇宙为整体,视生命为整体,视"天人"为整体,而且将这种整体意识延伸为一种美学原则并贯穿中国传统美学的始终。"所谓中国传统美学中的'整体意识',概括来讲就是'以整体为美'。'以整体为美'既是中国传统美学的审美原则也是艺术创造原则,更是审美欣赏原则。这一点与'以个体为美'的西方古典美学传统形成了鲜明的对比。"②中国传统美学对于整体美的追求,不仅体现在众多艺术创作实践和艺术作品之中,而且明确地凝结在中国古代美学的许多基本范畴诸如道、和、意象、意境等等之中。就"和"这个范畴而言,"'道'与'和'可以说都是中国古代美学中的'整体意识'的理论体现,但是,在概括这种'整体意识'时,这两个美学基本范畴的角度却有所不同,'道'直接强调的是整体性,而'和'所要解决的则是这种整体性如何实现的问题。因为宇宙不只是'一',还是'多',不只是'全部',还有很多'局部',老子说:'道生一,一生二,二生三,三生万物',万物之间的关系由此而生。这个关系处理不好,'多'就将破坏'一',从而失掉整体性;处理得当,则可以真正实现整体性。所以,'和'所面临的主要是关系问题,是如何在万物错综复杂的关系中保持和发展其整体性的问题,因此,它是对'道'的整体性的进一步规定。与此相应,对和谐之美的追求是对整体之美推重的逻辑结果。"③以和谐为美的思想,在先秦诸子文献中多有显示,尤其是在孔子的美学思想中,论述得更为全面。孔子在评价《诗经》时曾讲:"诗三百,一言以蔽之,曰思无邪。"在评价音乐时则讲:"《韶》尽美矣,又尽善也。"在评价人时则要求"文质彬彬,然后君子。"在谈到人际关系时,则强调"仁者爱人",这些表述的实质,应该说都是"和"的表达,因为"'和'所涉及的是关系,而关系可以是多种多样的,在众多的关系中,'和'表示的是事物之间正确的关系。"④"思无邪"、"尽善尽美"、"文质彬彬"、"仁者爱人"所追求的正是中正、和谐、亲和的关系。由此可以推论,"在我国古人的

---

① 曾繁仁:《新时期西方文论影响下的中国文艺学发展历程》,《文学评论》2007年第3期。
② 樊美筠:《中国传统美学的当代阐释》,中国社会科学出版社1997年版,第43页。
③ 樊美筠:《中国传统美学的当代阐释》,中国社会科学出版社1997年版,第53页。
④ 樊美筠:《中国传统美学的当代阐释》,中国社会科学出版社1997年版,第54页。

心目中,'和'是宇宙万物的一种最正常的状态、最本真的状态和最具有创生性的状态,因此也是一种最美的状态。所以,他们说:'和实生物,同则不继',即只有'和'才能'生物','同'则缺少生命力;因为,'和'是包容性的,它允许异物的存在,'同'则是排他性的,它排斥与自己不同的事物的存在;因此之故,'和'是丰富的,'同'则是贫乏的。在某种意义上可以说,所谓'以和为美'就是以丰富为美,以多样为美。"①由"以和为美"推演出事物整体性与多样性的统一,由此我们不得不承认古人这个朴素的美学思想与当代生态观念的奇妙契合。

总之,中国古代文化是一种强调整体性的"尚和"文化,儒道释作为中国文化互补的三大文化形态,"虽然各有各的着力点,如儒家强调人与社会的和谐,道家强调人与自然的和谐,佛家强调身心的和谐,但'对和谐的推崇与强调,却是一虑百致,殊途同归'。"②汤一介先生在谈到世界文化的共通价值时曾说,如果说"前现代社会"是以"专制为体,教化为用"的社会,"现代社会"是以"自由为体,民主为用"的社会,"后现代社会"则是以"和谐为体,中庸为用"的社会。③"和谐"和"中庸"被汤先生看成是后现代社会的"体"与"用",由此可见其对于古典文化观念当代意义的推崇和倚重。

四、倡导回归的生态追求路向

天人合一、崇尚自然、追求和谐是中国传统文化在目标和价值层面上的一种理想化表述,而如何才能达到这样的状态,儒家、道家和释家体现出了一种共同的特点,那就是倡导回归的文化实践路向。

回归表示的是一种态度,显示的是一种路向,体现的是一种选择,如果不与具体的目标相联系,回归并不体现态度正误或价值高下,只有体现出回向何方、归于何处时,才能臧否、评价回归的正误或价值。作为一种态度和选择,回归是对于现实的反抗乃至批判,它可以表现为对现实的逃避,也可以表现为对现实的超越。以此来梳理回归意识在中国古代文化中的表现,可以说,代表中国古代文化的儒、道、释诸文化形态中广泛体现出这样的实践姿态。从宏观上看,儒、道、释文化的理论指向显示出回归的态度。以孔孟为代表的早期儒家文化和以老庄为代表的早期道家文化,出于对春秋战国时期诸侯蜂起、社会纷争、礼崩乐坏、淫巧充斥的现实状况的不满,进而提出了各自的批判性建设方

---

① 樊美筠:《中国传统美学的当代阐释》,中国社会科学出版社1997年版,第62页。
② 王治河:《第二次启蒙》,北京大学出版社2011年版,第124页。
③ 汤一介:《"体用一源":多元现代性阐释新视角》,《中国社会科学报》2010年6月1日。

案,只不过孔孟倡导的是仁义智信,"克己复礼",力图回到周代盛世;而老庄倡导的是绝巧弃利,崇尚自然,力图回到素朴的状态和自由的境界;同样,佛教传入中国并与儒道融合而形成的禅宗文化,出于对现世生活的失望,倡导渐修或者顿悟,力图回到内心的空寂,寄希望于精神的充盈和来世的天堂。不论是希望回到先王盛世,还是回到自然状态,亦或是回到内心空寂,其共同的路向是回归。从微观上看,儒、道、释文化的许多观念也体现出回归的意识。儒家强调"内圣外王",但人生的基本态度是"达则兼济天下,穷则独善其身";道家同样关注人的存在,其人生的态度是追求自然,寄情山水,所谓"人生在世不称意,明朝散发弄扁舟";佛家尽管寄希望于来世,但追求的是人生的纯净和空灵,所谓"江流天地外,山色有无中";所有这些,实际上都体现了当外界与内心、物质与精神冲突时的一种退守心理,亦即回归意识。关于儒道释强调向心灵的回归,蒙培元先生的分析亦可佐证,"儒家从正面回答心灵问题,以肯定的方式实现自我超越,以'仁'为最高境界;道与佛则是从负面回答心灵问题,以否定的方式实现自我超越,以'无'和'空'为最高境界。'仁'的境界除了完成一种人格,还要实现普遍和谐的理想社会,'无'的境界主要是实现个人的精神自由,'空'的境界则是实现彻底的解脱。但是,在实现心灵的自我超越这一点上,它们是共同的。儒家讲'成圣'之学,道家讲'成真'(或'成神')之学,佛教讲'成佛'之学,'圣'、'真'、'佛'三者的内容虽不尽相同,但都是讲心灵境界的。"①当然,中国古代文人很少独守儒、道或禅宗一家者,陶渊明、李白、苏轼等,都典型地表现出复杂的文化因子,在中国"士人"身上,总是可以发现两种精神,一方面"位卑未敢忘忧国"、"天下兴亡,匹夫有责",另一方面,"在'邦无道'或者自己想远离'帝力'时,还可以归隐田园,保持一定的精神独立,并创作出无比丰富、灿烂瑰丽的文学艺术珍宝。'不为五斗米折腰'成为千古名句,深入人心,不论是否能做到,却无形中形成一种精神上的向往。"②所以,中国古代文人在人生的态度上,尤其是社会与个人、外界与内心、物质与精神发生冲突时,总是表现出向自然、内心和精神的回归,这可以说是一种逃避,更可以说是一种超越,一种精神的胜利与超越,而这种回归实际上就形成了滋生生态文化的土壤。

站在当代的生态立场上,回归也无疑已经成为需要或值得推崇的实践路向。从心理学的角度分析,回归表现的是对于精神家园的渴望。王茜曾说:"我们今天所面临的危险,如果用一句话来表述,就是我们正在逐渐失去家

---

① 蒙培元:《心灵超越与境界》,人民出版社1998年版,第97页。
② 资中筠:《启蒙与中国社会转型》,社会科学文献出版社2011年版,第7页。

园。我们居住在身体的安逸舒适里,灵魂却渴望流浪;我们居住在城市里,阳光和朋友以及灵智的感觉却都在门窗外徘徊,钢筋水泥的冰冷气息让我们从内心拒绝这是家园的判断;我们居住在文化的世界里,文化却无法安抚我们对于生活的焦虑,无法消解工作中的乏味、工作后的空虚,无法制止贫穷和剥削、战争和杀戮,无法使我们摆脱对自身存在价值的怀疑;我们居住在地球上,可是环境污染、疾病肆虐、物种流失、能源匮乏,人类作为一个物种在地球上的存在正变得越来越危险、孤立。"[1]在这里,王茜用文学语言表达的对于精神家园的渴望,实际上也可以看作是当代人共有的精神渴望,这种渴望的心理指向很明显是纯净的自然、恬静的乡村、充盈的精神,而这些正代表着社会与自然、城市与乡村、物质与精神等二元对立中和谐、闲适、诗意的一面,要达到这一目标指向,我们所要做的恐怕仍然是回归。当然,这里所说的回归,是一种精神境界的树立,是一种精神依托的皈依,是在物质与精神之间的平衡点的寻找和坚持,是在进取竞争与退守闲适之间的选择与践行;有人可能认为这是一种自欺欺人的精神胜利,或者是一种不具建设意义的精神乌托邦。但是,面对物质文明高度发达、精神价值日渐褊狭的现实状况,面对工业发展、技术进步、产品丰富、消费增长但环境污染、诚信缺失、幸福指数降低、漂浮感觉增强的社会境域,人文学科的力量恐怕也只能是重振精神之维、重建核心价值、重树生态理念。

  从社会发展的角度看,回归代表着一种向后看的文化姿态,这种文化姿态从生态的角度来理解也应当赋予全新的价值评估。对于回归的倡导,建立在对于社会直线进步论的质疑,对此,鲁枢元先生曾有精到的分析。在鲁枢元先生看来,"'进步'在我们心目中成了一条不证自明的真理。"但是,"在世界范围内,在社会高速发展进步若干年后,人们渐渐发现'社会进步'已经连带出太多的问题。政治问题、经济问题、道德问题、生态问题堆积如山,已经让进步举步维艰,很难持续下去。于是'进步'开始成为哲学、社会学、历史学反思质疑的对象。""一心渴求'进步'的人们究竟能否获得真正的进步,正有待于我们对'进步'作'退一步'的思考。"在对于"进步论"进行谱系梳理之后,鲁枢元先生指出:"纵观人类社会近 300 年的现代史,显然并非总是'直线进步'、'普遍进步'的。应该说在'现代化'的进程中,人类作为整体性的存在有得有失。得到的是物质上的富裕和享乐,失去的是精神的高尚与丰满;得到的是一个捷便的人造生存空间,失去的是清新美好的自然,同时失去的还有生活中的诗意与宁静平和的心态。"鲁枢元先生也完全明白,"在当前的世界格局中对于一个长期处于贫穷落后的国家来说,发展和进步的诉求有着充分理由。当

---

[1] 王茜:《生态文化的审美之维·序言》,上海世纪出版集团 2007 年版。

今世界上越是经济落后的国家越是对发展进步充满了渴望,这也是完全可以理解的。"但是,站在人类的整体立场上,"真正的进步观念首先是一种批判意识,而在这种批判中,对于往昔的回忆,对于前资本主义文化的怀恋,即那些被斥责为落后倒退的'返乡'意识,恰恰可以成为'为将来战斗的武器'。"所以,鲁枢元先生借用英文"超越"的释义对于"退步"或曰"回归"做出了一个全新的诠释,"退一步有时也是为了超越,汉学家史华慈对英文'超越'(Transcendence)一词,解释为'退后一步,往远处瞭望'(Akind of standing back and looking beyond),他说这也是一个反思与批判的过程,往往能够开拓出新的视野。"①的确,回归是为了超越,中西文化史上都曾有过从回归走向超越的历史。中国春秋时代自不待言,西方文化史上同样存在着回归者的足迹。文艺复兴是一次伟大的回归,只不过超越中世纪后带来的对于世界的"祛魅"和不断膨胀的人类中心主义,今天看来同样成为需要超越的对象;浪漫主义也曾倡导回归,只不过浪漫主义倡导的回归没能成为西方文化的主流,倒是理性、科学的大旗因其造就的辉煌物质文明而成为全球化的普适价值。不过,"科学主义"和"工具理性"的泛滥,主客二分哲学和对于主体性的过分推崇,带来了人与自然矛盾的日益加深,这样的价值体系和所带来的严重后果已经引起了持续的"现代性反思"。从法兰克福学派对现代资本主义"异化"的反思和批判,到"后现代"对于文艺复兴以来"逻各斯"中心的解构;从怀特海过程哲学对于人类中心主义的质疑,到格里芬建设性后现代对于人与自然关系中自然维度的抬升,已经重又显示出文化回归的态势,只不过"后现代"的生态回归更多地看到了东方文化的生态普适价值,但愿这样的回归能够实现新的超越。从生态的观念出发,回归能否超越似乎尚不可知,但回归的必要性和紧迫性已经十分明晰。

当然,追溯中国古代文化的回归意识,倡导后现代的生态超越,并非简单地反对科学。"科学认识、科学理性是人性的重要方面,也是人类生存、发展的重要手段。人类毕竟是依靠自然界而生存的,从自然界这个母体取得一切生活来源的。问题在于,必须使科学理性建立在人与自然的正确的价值关系之上,使二者很好地结合起来,才能发挥科学理性的正常功能。当人类的生存方式、思维方式发生转变之后,科学理性的方法就能成为当代生态学的最重要的方法。"②

---

① 鲁枢元:《关于文学与社会进步的反思——兼及"退步论"文学评估》,《文艺争鸣》2008年第5期。
② 蒙培元:《心灵超越与境界》,人民出版社1998年版,第422页。

面对当下的精神状况,回望中国古代文化中的回归意识,似乎也可以看出,我们今天面临的精神问题与孔孟老庄时代所要解决的问题从本质上看存在着同一性,正是在这个层次上,中国古代文化的回归意识才具有当代意义。雅斯贝尔斯曾说:"直至今日,人类一直靠轴心期所产生、思考和创造的一切生存。每一新的飞跃都回顾这一时期,并被它重燃火焰。""轴心期潜力的苏醒和对轴心期潜力的回忆,或曰复兴,总是提供了精神动力。"①的确,社会形态的进步并不意味着精神境界的提升,物质文明的繁荣并不意味着人类灵魂的安妥,哲学文化的永久价值和魅力就在于它永远关注着人的精神与灵魂,而人的精神与灵魂却始终处于漂浮流浪之中,所以,孔孟老庄的疗世之方、回归之道对于当代社会的精神病症或许有着返璞归真的奇效。哲学的基本问题是人的存在问题,但是,比起西方哲学来,中国古代哲学始终关注的是人的精神存在问题,用冯友兰先生的表述就是"哲学可以给人一个'安身立命之地'",而"这个'地'就是人的精神境界。"②如果说西方哲学在关注人的存在时更多的重视的是人的主体性,更多地高扬的是科学、理性和人的力量,那么,中国古代哲学更多的重视的是人的局限性,强调的是人对天道的遵循、人与自然的合一,其中蕴含的理念是人的自律、谦恭和人对自然强力的顺应。蒙培元先生也曾讲:"中国哲学思维的核心是关于人的存在、本质和价值的问题,即人生的意义问题,不是关于自然界的存在以及如何认识自然界的问题。在这样的思维方式之下,人和自然界具有内在的统一性而不是外在的对立关系。思维主体不是面向自然界,以认识和征服自然界为目的,从而形成概念论、观念论或公理化、形式化的思维方式,而是面向自身,以自我完成、自我体验为方法,因而具有内向性、意向性和主体实践性特征。这种思维以创造人文世界,包括道德世界、美学和艺术世界为任务,并不重视认识、改造自然的问题。"③这或许可以透视出"李约瑟难题"的部分答案,但同时也可透视出复兴中国传统文化的生态价值和当代意义。

第三节 中国古典生态理论资源现代转换的问题与策略

20 世纪 90 年代以来,中国理论界对于古代理论资源的生态解读和美学阐释取得了丰硕成果,这些成果一方面拓展了生态批评的视野,丰富了生态批

---

① [德]卡尔·雅斯贝尔斯:《历史的起源与目标》,魏楚雄等译,华夏出版社 1989 年版,第 14 页。
② 冯友兰:《中国哲学史新编》第一册,人民出版社 1992 年版,第 27、28 页。
③ 蒙培元:《心灵超越与境界》,人民出版社 1998 年版,第 453 页。

评的实践维度;另一方面为生态美学和生态文艺学的理论建构提供了丰富的思想资源,为中国当代文论摆脱西方话语霸权、建立自主的话语体系提供了文化自信和支点,为中国生态批评的理论生成积累了建设性的元素。但是,就中国生态批评的理论生成来说,重要的不是证明古代有什么生态智慧和理念,而是这些智慧和理念如何才能转化为可以借以构建现代生态批评理论进而解决生态现实问题的有机成分。所以,研究分析中国古典生态理论资源现代转换过程中的问题与策略理应是进程研究的本意和重点。

一、中国古代生态资源现代阐释的问题

中国传统文化中蕴含着丰富的生态理论资源,这些理论资源意味着中国文论可能由此出现可与西方平等对话的生长点,生态美学、生态文艺学和生态批评20多年来的建构努力也在逐步凸显这个生长点。应当说,近年来学界对于中国古代生态资源的挖掘、解读和阐释已经取得了不俗的成绩,从横向上看,对于代表中国古代文化群峰的儒、道、释的生态美学阐释已经没有盲点;从纵向上看,对于作为中国文化主流的儒家文化的生态美学分析也贯穿了自先秦易学到明清心学的全过程。但是,理论研究的重要性和价值不仅应体现在覆盖面的宏阔,而且应体现在研究的深刻性和有效性,在这个意义上,对于中国古代文化生态资源的美学阐释还存在着一些不容忽视的问题。

首先,生态阐释的寻章摘句式倾向和解读方法的简单化。如前所述,中国古代生态资源蕴藏在儒家、道家、禅宗等各种文化体系之中,而儒、道、释各家文化有着不同的产生背景和发展历史,即便在同一文化体系如儒家文化体系内,哲学的、政治的、道德的、艺术的等不同解读角度或指向,就会有不同的理解和结论。所以,对于这些理论资源的生态阐释应当首先从文献研读入手,分析古典文献产生的历史语境,准确把握文献的初始意义,由此推演阐释符合现代生态意义的思想,这样才能不至于曲解或者拔高古典文献的生态蕴涵。就目前学界对于中国古代生态资源的美学阐释看,应当说存在着用现代生态观念反向解读古典理论的现象,通常的表现是秉持现代生态理论,在古典理论资源中寻找摘录可资佐证的观点甚至片言只语,这样的解读方法可以简单说明古人的生态智慧,但这种寻摘来的生态智慧或者用现代生态观念的先入之见去简单比附古代理论话语对于生态美学和生态文艺学的理论构建不会有促进的成分,只能因使人质疑解读的简单化而弱化生态美学对于古典资源的阐释功能。古人讲"知人论世",对于古代理论资源的生态阐释也必须具有历史的精神、现代的眼光、美学的态度和系统的阐释。例如解读孔子生态思想,不能脱离孔子思想产生的历史原因、理论指向和整个体系,不能站在当代的语境中分析两千多年前的古人,即便孔子这样的亘古圣人也不可能有当代的生态概念,孔子的理论核心是疗救"礼崩乐坏"的社会危局,他的"克己复礼"是反对和匡正"诸侯八佾舞于庭,是可忍孰不可忍"的僭越行为,他的"仁义道德",是为了从德治走向治国,他的思想首先是政治、是伦理、是哲学,而正是处于社会转型期的这些思考和游说,体现了今天看来仍不失生态意义的思想和观念,如果脱离孔子学说的政治、伦理因素和时代背景而奢谈生态思想,势必会曲解孔子学说的本义。同时,古代文献资源中的许多范畴如"天"、"道"、"气"、"风"、"自然"等,产生于原初生民蒙昧、浑茫的直观体验,其中存在着"观物取象"、"以物相类"的诗性感悟,语言简洁而深奥,存在着解读的不确定性,对其所做的生态解读必须从认真研读和准确释义开始,而不能浮光掠影、寻章摘句、简单比附、任意释读。关于这一点,叶朗先生在给樊美筠的《中国传统美学的当代阐释》所写的"序言"中讲到了学术界经常讨论的一个问题,即研究思想史,应该"六经注我"还是应该"我注六经",很有启发。叶朗先生借用冯友兰先生对于历史存在两种意义即"本来的历史"和"写的历史"的理解,认为"思想史的写法就应该是'我注六经',而不应该是'六经注我'。"在叶朗先生看来,冯友兰先生曾经提出的"照着讲"和"接着讲"的论述,已经明晰地说明了思想史写作应当秉持"我注六经"的观念,"哲学史家是'照着讲',哲学家是'接着讲'。'照着讲'就是'我注六经'。历史学家不仅要研究'六经'的文本,而且要研究'六经'出现的历史语境和整个文化背景,把'六经'的内涵、意义和价值充分地阐发出来。"但是,问题在于,"由于'我注六经'的'我'各各不同,注出来的'六经'的面目当然也就各各不同。"这就引出了叶朗先生所说的每个历史学家在阐释历史现象和问题时面临的矛盾,即"历史主义精神和现代眼光的矛盾"。对此,叶朗先生认为,解决这个矛盾,既要反对片面强调历史的客观性而排斥站在当代立场上的阐释,也要反对片面强调历史的当代性而否认历史文本解释的普遍性和有效性,正确的立场应当"在历史主义精神和现代眼光之间保持一种张力的平衡"。叶朗先生的论述无疑是全面而深刻的,在这里需要突出强调的是,针对目前关于古典资源生态阐释的寻章摘句式倾向和解读方法简单化的问题而言,解决问题的基础工作是要树立历史主义的精神,因为如果没有对于古代文献的准确解读,就不可能有合理的阐释和理论升华。例如,人们都将人与自然的关系问题看成是生态问题的基本问题,但生态学的自然就不能简单比附老子所谓"道法自然"的自然概念,老子所谓的自然既有与现代生态学所谓自然概念的相通性,但更多的内涵则是现代生态学指称的自然概念所不能包容的。按照已有的阐释,老子所谓的自然,既是指客观存在的自然界;也是指自然如此、永远如此的自然秩序和法则,是"道"

的存在方式和存在状态;还是指宇宙万物自然而然的过程;更重要的,它是指内在于人的具有生命目的性意义的根本法则。所以,"老子的崇尚'自然'并不是主张回到自然本能,也不是提倡完全的自发状态,而是反对人的主观目的性。""'道法自然'也是针对社会礼法和知识技巧的滥用而提出的。从某种意义上说,这是对儒家的一种批判。""老子提倡'回归自然',固然同自然界有不可分离的内在联系,以自然界为真正的家园,但又不是回到毫无生命意义的、受机械因果律支配的自然界,更不是回到混沌无序的自然界,而是回到有序的、有生命目的性的自然界,这是一种目的追求,即完成个人的德性,实现道的境界,亦即'自然'境界。"①无疑,蒙培元先生对于老子的"自然"概念的分析已经渗透了创新性的理论升华,但是,这些阐释都是存在于阐释文本召唤结构之中的应有之义,而不是简单比附和臆测的结论。相反,如果仅仅凭借字面的相同就把老子的"自然"等同于今天的自然概念,就势必会造成曲意的解读和复杂内涵的简单化。在这方面,鲁枢元先生的《汉字"风"的语义场与中国古代生态文化精神》堪称解读阐释古代生态资源的示范。

其次,重在挖掘但忽视古为今用的转换和创新。中国古代生态资源的美学阐释是中国生态美学原创思想的展示和升华,是构建具有中国特色的生态美学的重要前提和基础性工作,也是推动中国文艺理论走向世界、实现中西文论平等对话、参与世界生态文明建设的重要基础。但是,勿需讳言的是,目前对于古代生态资源的研究,停留在挖掘层面的成果较多,而在挖掘基础上用现代的眼光对所挖掘资源进行理论转换和创新的成果较少。仍然借用上述叶朗先生的观点,可以说,这种现象的问题就在于没有实现历史主义精神和现代眼光之间的张力平衡。结合上述第一个问题来看,实际上对于古代生态资源的美学阐释在"我注六经"的维度没有得到充分展开,在"六经注我"的维度亦没有实现跨越。如果说"我注六经"层面的问题是解读和阐释古代生态资源的基础问题,是如何更准确地传达古代文献的生态蕴涵,提升解读和阐释的客观性和普遍性,那么"六经注我"则是解读和阐释古代生态资源的目的层面的问题,是如何在准确阐释古代生态资源的基础上凝练对于解决当代生态问题有用的理论,是对于古代生态智慧的理论升华和当代价值的确认。从这个意义上说,"我注六经"和"六经注我"并不矛盾,就古代资源的生态美学阐释来说,前者侧重解决的是古代文献中有什么生态资源,后者侧重解决的是古代生态资源有什么当代意义和价值,目前对于古代生态资源的美学阐释所需要的就是二者的完美结合。曾繁仁先生曾说:"如果仅仅将古典生态智慧昭示于人

---

① 蒙培元:《人与自然——中国哲学生态观》,人民出版社2004年版,第197、199页。

而使其处于静止的状态,那么在中西思想的交流中我国的生态文艺学和生态美学研究就会失去对话的原动力,而中国古典生态智慧也就成为僵化的理论'化石',或成为西方理论的点缀。因此,如何在当代语境下对古代的理论进行深度的阐释,在古典生态智慧中注入创新的因素,是当前研究所要解决的重要课题。而所谓的创新就是将古典的生态智慧进行时代的移植,使古人对于天地自然的感性玄想转换为针对当今生态问题的理性的生态观念。"①当然,对于古代资源的挖掘和现代转换是一个相互联系的问题,甚至是一个问题的两个方面,准确的解读是创新的前提,实现古代资源的现代创新是准确解读的根本目的,不可单一地分析和孤立的对待。对此,赵汀阳曾讲:"古典思想是我们可以开发的思想资源,有多少种合理开发的方式,就意味着古典思想有多少条通向当代之路。关键问题是,什么才是合理的创造性解释。所谓合理,应该是说,一种解释与古典问题具有明显的相关性,俗话称为'靠谱';所谓创造性是说,一种解释能够在古典思想与当代问题之间建立新的相关性,在古典思想中开发出当代的有效性,使古典思想'增值'"。基于这样的理解,赵汀阳以老子《道德经》首句的解读为例,做出了一个全新的关于老子所谓"道"的合理的创造性解释。赵汀阳认为:"作为道篇首句的'道可道非常道'关系到对道的根本理解。几乎所有现代的解释都把它解读为'可说的道就不是永恒的道',或者非常类似的意思。这种解读从老子原义上说恐怕是错误的。这种解法把老子博大的形而上学、政治与道德思想问题收缩为知识论问题,甚至是神秘主义知识论问题,从而导致对老子的片面和狭隘的理解。按照老子思想的逻辑'可道'应解为'可因循'。'道可道'的正宗含义是'有规可循之道',其所指是伦理经术政教礼法以及各种操作规则、章程规制、日用技术等等那些能够规范化、制度化、程序化的东西,也正是老子在'道德经'各章里不断反对的那些东西。老子反对刻板规范,反对墨守成规,推崇符合自然的那种无法固定化的、灵活弹性的、始终跟随形势而变化的道。有规可循之道属于器的层次,是形而下的事情,无规可循之道才是形而上之道,是使一切有规可循之道能够各就各位、各行其是、各得其所而且形成互相协作的万变之道。"②赵汀阳对于"道"的解读,虽然不是针对生态资源现代转换而言,但其方法论意义却是显而易见的。回到我们的论题,当前生态美学或者生态文艺学在古典生态资源的挖掘和创新方面存在的缺憾,其深层原因恐怕与我国20世纪90年代以来"思想家淡出,学问家凸显"的文化生态有关,曹顺庆先生关于中国文论

---

① 曾繁仁:《中国新时期文艺学史论》,北京大学出版社2008年版,第257页。
② 赵汀阳:《道的可能解法与合理解法》,《江海学刊》2011年第1期。

"失语症"的分析在一定程度上也可延伸为生态美学或生态文艺学领域存在问题的佐证。对于文化生态来说,"学问家"固然很重要,学科建设的基础、学术思想的创新都必须有坚实的"学问"基础,但是,一个学科、一个理论体系的活力更重要的则需要创新性思想的支撑。冯友兰先生关于哲学"照着讲"和"接着讲"的论述,很多人都有引用,对于生态批评理论形态的建构而言,同样有借鉴意义。在冯友兰先生看来,"照着讲"是哲学史家的学术方式,"接着讲"是哲学家的学术理想,由此可以说,证明古代有什么或是什么是史家的任务,论证在历史基础上还应该有什么则是思想家的重任。建构当代生态批评理论,无疑需要系统挖掘中国古代生态资源,目前的挖掘也仍然需要进一步系统化和拓展。但是,梳理、分析古代有什么生态资源仅仅是理论建构的第一步,更重要的步骤应当是对于古代生态资源的理论升华,是在对古代生态资源解读、分析的基础上树立具有当代意义的生态观念,凝练具有实践意义的生态批评原则和方法,建立中国的生态批评话语体系。

第三,吸收精华和剔除糟粕的不平衡。吸收精华,剔除糟粕,去粗取精,去伪存真,是批判继承古代文化的理论原则和理想化路径,但中国近代以来的文化发展史表明,这样的理想化状态很少出现,经常出现的则是,对于古代文化,要么全盘吸收,匍匐于传统文化,要么全面颠覆,仰息于西方文明。事实上,像"五四"新文化运动那样全面颠覆传统文化今天看来应该说存在着文化变革的武断,但如果一味讴歌传统拥抱古人恐怕也不是一种正确的历史态度。对于古代生态资源的美学阐释而言,我们不能否认并且在极大程度上推崇中国古代文化所富含的生态观念,也憧憬着东方文明在生态文明时代再度辉煌,但是,目前研究中存在的吸收精华和剔除糟粕的不平衡现象则是阻碍中国生态文化因子创新发展的不容忽视的因素。所谓吸收精华和剔除糟粕的不平衡,主要表现为目前对于古代生态资源较多关注于具有生态蕴涵的思想挖掘和言论阐释,较少关注这些言论和思想背后消极因素的分析。事实上,以儒家为主流,以儒道释互补为特点的中国古代文化是一个丰富复杂的多维系统,其间毫无疑问蕴含着许多具有当代意义的生态观念,也不可否认地存在着需要超越的消极观念。中国传统文化"天人合一"的思想基础、崇尚自然的审美态度、诗性直观的思维方式决定了其符合现代生态价值的基本构成,但其中的神秘色彩、玄想成分也意味着仅仅停留在对于其已有理论的赞赏是不能发挥其现代意义的。易经云:"变则通,通则久",这里所谓的"变",实际上就是强调变革、变化、超越,这里的"久",也就是继承、延续、发展,没有批判就没有继承,没有变革就没有发展,文化的传承和延续就是在变革和超越中得以实现的。儒家文化作为中国绵延几千年的传统主流文化,其传承历程同样印证了"变则通,通则久"的发展规律。孔子是儒家学说的奠基人,孔子思想的核心观念是"仁",其学说的根本目的,是通过追求美好的人生境界进而追求理想的社会秩序,但是,假设孔子之后的儒家人物都仅仅停留在孔子的思想范畴之内,儒家学说便不可能得以逐步系统化、完善并承继、发展,儒家学说便可以永远称之为孔子学说。实际的发展情况倒是,孟子由孔子的"仁",提出了自己的"义",并将"仁""义"并举,以之作为对个人德行进行道德评价的标准,同时遵循"推己及人"、"由内圣而外王"的思路,主张"民贵"、"君轻",发展了孔子的德治思想,孔子学说由此发展为"孔孟之道"。其后,董仲舒将儒学神学化,并促使儒学官方化;王充则将董仲舒的"天人感应"还原到"天道自然",展示了儒学的朴素的唯物成分;程朱理学援佛入儒,将儒学体系化,将"理"本体化;陆王心学则反对朱熹"理在事先"、"去人欲,存天理",主张"心外无物,心外无理"。可以说,儒学的发展史就是"变""通"史,其间的更替充满了变革、变化乃至修正、批判,而正是在变革、修正乃至批判的过程中,儒家学说才得以发展、完善、承继、绵延。近代以后,儒家学说失去了中国主流文化的地位,但从传统儒学到现代新儒家,儒学的薪火仍然得以不灭,其中的原因不在于梁漱溟、熊十力以及钱穆、方东美、唐君毅、徐复观、牟宗三等对于传统儒学的抱守,而在于这些文化守望者在传承薪火的过程中围绕救国济世的时代需要对于传统儒学进行的"返本开新、贯通古今、融恰中西"的变革。当然,"返本开新、贯通古今、融恰中西"的变革之中,推动文化发展的更多的是站在时代的高度或者根据现实的需要所进行的创新,从这个角度看,"变则通"的论证似乎应当更贴切地应用于上述第二个问题,但是,"变则通"之中也必然包括对于落后于时代需要的因素的批判和摒弃,并且这种批判和摒弃是进行创新的基础和前提。回到古代生态美学资源的解读与阐释的论域内,目前存在的问题正在于,对于蕴含着生态意识和智慧的古典资源,挖掘和解读其正面意义的论著时有刊发和出版,但少见对于古代生态意识或智慧的系统反思和全面剖析,似乎中国古代生态资源可以直接应用于现代生态文化建设之中,这显然是不符合文化事实的。对此,理论界应当有清醒的认识,中国生态美学、生态文艺学理论建构离不开对于古典生态智慧的挖掘、阐释和继承,但准确的认知、系统的剖析、正面价值和反面启示的客观评估是继承的基础,尤其是对于古代生态资源的历史局限,需要站在时代的高度予以提升和超越,否则,古代生态资源只能是僵死的资料,只能是难以转换为支撑当代生态理论的古典元素。例如,老子的"小国寡民"思想,站在生态的立场上,"小国寡民"自然不能简单地理解为消极、倒退,老子所谓的"小国寡民"体现的是一种社会回归,其目的是为了平均社会财富,恢复人的朴素天性,提高人的道德水准,进而保持社会的稳定;

但是,可以肯定地说,理论动机的合理并不意味着理论结果的正确,作为当时的一种社会改革方案,老子的"小国寡民"只是一种理想化的设计,而不具备历史性的实践意义。"形而上者谓之道,形而下者谓之器",从今天的生态视角看,老子思想对于当代生态理论建构的意义更多地表现为一种"形而上"层次上的融合和交会,但在"形而下"层次上,"小国寡民"的策略则是不可能实现的,因而也是需要摒弃和超越的。关于中国文化与人文精神的继承问题,蒙培元先生提出"消解与重建"的理念,对于这里所说的生态资源现代转换中的问题的解决富有借鉴意义。蒙培元先生讲:"就人的内在性而言,中国文化虽然有丰富资源,但也有其严重不足。这倒不是因为它缺乏超越性,而是因为它有现实层面的缺陷。人不仅是'万物之灵',他还是万物中之一物,这一点中国文化也是承认的。但是在现实层面,人如何实现自己的独立人格,如何实现人的自由,这方面中国文化并没有提供足够的经验与资源。在社会现实层面上,儒家提倡群体精神,在个人权利方面缺乏考虑,充其量不过是'独善其身';道家则提倡个人的精神自由,对于现实命运,却'知其不可奈何而安之若命'(《庄子·人间世》)。作为自然的人,生物的人,他还有最底层的需要和能量,这是西方文化特别是现代文化所关心的,在这方面,中国文化更倾向于宗教文化,而不是世俗文化。但它不同于西方宗教,毋宁说是一种人文主义宗教。他有终极性追求,又要在现实人生中实现,既缺乏清教式的禁欲,又缺乏世俗化的动力和工具理性的支持,形成一种单向度的发展。"[①]在这里,蒙培元先生并非倡导世俗文化或者工具理性,而是质疑这种文化策略在现实层面的可行性。对于类似的问题,目前的生态美学阐释需要借鉴哲学研究的成果,对于中国古代具有生态意义的观念、范畴和命题等,要有辩证的学理考释,不仅要使其中蕴涵的精华实现现代转换,而且要对其中的历史局限有清醒的认识和必要的扬弃。

二、中国古代生态资源现代转换的策略

作为中国生态批评理论建构的一个重要组成部分,中国古代生态资源的现代阐释尚处于进行时态,对于其中存在问题的剖析乃至解决是建构中国生态批评理论不可回避的任务。目前,这方面的研究成果多属于古代资源的生态解读和阐释,从方法论上直接探讨古代生态资源现代转换的策略的研究尚属罕见。但是,中国生态美学和生态文艺学作为中国当代文论的构成部分,中国古代生态资源作为古代文化尤其是古代文论精髓的一个方面,学术界关于

---

① 蒙培元:《心灵超越与境界》,人民出版社1998年版,第442–443页。

古代文论的现代转换问题的讨论,倒可以为生态资源的现代转换提供一定的启示和借鉴。

关于中国古代文论的现代转换的学术讨论是中国文艺理论界自20世纪90年代中期开始并持续至今的一个具有重要意义的研究潮流。1996年,中国中外文艺理论学会等单位联合在西安召开"中国古代文论的现代转换"学术讨论会,正式拉开了"古代文论现代转换"的研究序幕。其后,《文学评论》开设"古代文论的现代转化"学术专栏,中国古代文艺理论学会的一些重要学术会议多次涉及古代文论的现代转换论题,有力推进了这一论题的理论探讨。①在这场富有建设意义的学术讨论中,季羡林、钱中文、童庆炳、曹顺庆、蒋述卓、蔡仲翔、顾祖钊、杨曾宪、袁济喜、代迅、李思屈等先生就古代文论现代转换的文化土壤、学术背景、转换原则、学术进路、具体方法等诸多方面进行了深入讨论和实践,取得了令人瞩目的成绩。其中,关于古代文论现代转换学术背景的分析与中国古代生态资源现代阐释的出场原因具有某种相似性,关于古代文论现代转换的原则方法的探讨亦或可成为中国古代生态资源现代阐释的理论策略。

从学术背景上看,古代文论的现代转换既有中国当代文论学术自主性追求的驱策,更有现实和文化层面现代性反思的推动,前者是这场学术讨论兴起的直接动因,后者则是其深层原因的实质所在。在直接原因上,曹顺庆先生对于中国"文论失语症与文化病态"的分析可谓概括全面、辨析精准;在现实文化层面,钱中文先生和童庆炳先生关于现代性和现实文化状况的解析则透视更深。就古代文论现代转换与中国古代生态资源现代阐释的同一性而言,现实和文化层面的现代性反思作为二者的学术背景,具有更明显的普适性。钱先生认为:"从现代性的历史进程来看,现代性是一种被赋予历史具体性的现代意识精神,一种历史性的指向。"②"现代性在中国,一方面出现了照抄西方,以西方现代性为指归的偏颇;另一方面又出现了以后现代主义的'现代性终结论'思潮来取消现代性的偏颇。在新的历史条件下,中国现代文论的现代性建设过程中,如何克服旧的现代性非此即彼、二元对立的弊端,意义至关重大。"③所以,中国当代文论应当走向一种"新理性精神"和"交往与对话的精神"。如果说钱先生的论述较多地表现为学理层次,童庆炳先生的论述则更具有现实性。童庆炳先生认为,"90年代中国人完全是在新的历史条件下产

---

① 王泽庆:《"中国古代文论的现代转换"十年巡礼》,《东方丛刊》2007年第1期。
② 钱中文:《文学理论现代性问题》,《文学评论》1999年第2期。
③ 转引自陶水平:《中国文论现代性的反思与重构》,《东方丛刊》2007年第1期。

生对传统的'眷念',与五四新文化运动对古老传统的批判看似完全不同,实则有相通之处。换言之,五四的'反传统主义'和当代的'传统主义'都以反对平庸、虚伪、俗气、浅薄为指归,都以人的精神现代化为指归,'五四'的'反传统'是要以西方的科学与民主,来摆脱传统文化那种无生气的麻木的僵死的东西,以实现人的精神的现代化;今天我们承继传统文化,是要以传统文化中的人文伦理精神来摆脱现今流行的拜金主义、拜物主义和极端个人主义等,其目的也是促进人的精神的现代化。因此,在建设人的精神的现代性上,它们似乎是相同的。"①通过对于"五四"新文化运动的"反传统"与九十年代"国学热"的对比,童庆炳先生在看似迥然不同的思潮中看到了其间的相通性,那就是人的精神的现代性,不过,需要指出的是,两个时代的人的精神现代性之间,精神的维度是同一的,精神的内涵却存在着不同,相比较而言,后者更具生态内涵,对此,童庆炳先生曾有更直接的表达。在童庆炳先生看来,90年代的社会现实中出现了拜金主义、拜物主义的泛滥,这面人人高扬的旗帜引来了人类精神的萎缩,出于对这种状况的批评和纠正,"有思想的人"将目光投向了传统文化,"他们扭过头看自己的祖先所创造的文明,并从那'仁者爱人'的伦理中,从'己所不欲,勿施于人'的道德警句中,从'小人喻于利,君子喻于义'的教导中,从'天地之性,人为贵'的人文理想中,从'四海之内皆兄弟'的亲和中,从'民贵君轻'的政治思想中,从'无为无不为'的辩证思想中,从'与天地万物相往来'的自然观中,从风、雅、颂、赋、比、兴的诗性智慧中,看到儒雅而纯正的背影,看到顺应自然的境界,他们连忙往回走,试图看到背影的正面,去领略那阔大恢弘的中华古典文化的气象、精神、诗情和韵味。于是,我们重新发现孔子入世之道,重新发现庄子出世之道,重新发现汉学的古朴之道,重新发现玄学的思辨之道……神往古代传统是人们试图摆脱现代社会俗气所做的一切努力。"②在这里,童庆炳先生所表达的应当说是一种具有生态意义的精神境界的提升,它与"五四"时期倡导的精神现代化的内涵实质上是完全不同的。由此可见,虽然钱先生和童先生都没有直接论及生态问题,但自然生态的人文根源便是人的精神问题,人的精神生态也是生态问题的一部分,现代性的反思很大程度上也是生态的反思,这样的学界共识自然将他们关于古代文论现代转换的现代性原因追问和中国古代生态资源的现代阐释关联起来。所以,学界认为"进入20世纪90年代以后,对于现代性的反思已经成为中国学

---

① 童庆炳:《"五四"时期的"反传统"与九十年代的"国学热"》,《光明日报》2000年12月14日,转引自陶水平:《中国文论现代性的反思与重构》,《东方丛刊》2007年第1期。
② 童庆炳:《中华古代文论研究的现代视野》,《东方丛刊》2002年第1期。

界一个新的普遍性的话题。当代中国文论发展经历了从现代性渴望、现代性冲动、现代性追求、现代性焦虑向现代性反思、现代性质疑、现代性追问、现代性重构的转变,这种现代性反思的转向才是这场'古代文论现代转换'学术讨论兴起的深层的文化背景"①,其结论中很显然不自觉地暗含了生态的维度,因为生态问题反思的重要指向就是现代性反思。当然,中国生态理论的产生有其更直接的全球性生态危机的现实原因,但是,在文化维度上,中国古代生态资源的现代阐释只能是对于生态危机人文根源挖掘剖析后中国人文知识分子最自然、最合理与优势所在的反应和实践。

从现代性反思的角度看,中国古代生态资源的现代阐释与古代文论的现代转换之间存在着问题同源、精神同质、内涵同构的关系,从学科涵盖面来看,它们实际上类似一个大小不同的同心圆,这样的关联也就自然决定了古代文论现代转换的原则方法对于中国古代生态资源现代阐释具有更为切近的借鉴意义。

对于古代文论现代转换的原则方法,刘名琪、代迅等基于对中国一百多年来古代文论现代转换的历史回顾,基于对王国维、蔡元培、朱光潜、钱锺书、宗白华、陈钟凡、郭绍虞、罗根泽、朱东润、叶维廉、刘若愚等人理论贡献的分析,基于对马克思主义文艺理论中国化内在逻辑、苏联文论和西方思潮与中国当代文论话语构建历程的梳理,提出了许多建设性的观点。② 王元化、童庆炳、钱中文、顾祖钊等则通过具体的古代文论阐释和当代文论建设实践,熔铸出了一些富有指导意义的实践原则方法。③ 对于这些观点和实践原则方法,王泽庆、陶水平等曾做了具体的梳理和概括,④这里拟作一些生态视域下的挪用、借鉴和补充,以此作为中国古代生态资源现代转换的理论与实践策略。按照陶水平已有的梳理和生态视域下的借鉴,古代文论现代转换的原则方法或曰中国古代生态资源现代转换的理论与实践策略主要应遵循以下几点。

第一,"综合研究法"。综合研究法是王元化先生在研究《文心雕龙》过程中提出并运用的古代文论现代转换方法。在王元化先生看来,综合研究主要

---

① 陶水平:《中国文论现代性的反思与重构》,《东方丛刊》2007年第1期。
② 参见刘名琪:《学术良知与中国特色当代文论的建设》,《人文杂志》1998年第2期;代迅:《断裂与延续——中国古代文论现代转换的历史回顾》,西南师范大学出版社2002年版。
③ 参见王元化:《〈文心雕龙〉创作论》,上海古籍出版社1984年版;童庆炳:《中国古代文论的现代意义》,北京师范大学出版社2001年版;钱中文:《新理性精神文学论》,华中师范大学出版社2002年版;顾祖钊:《中西文艺理论融合的尝试——兼及中国古代文论的现代转换研究》,人民文学出版社2005年版。
④ 参见王泽庆:《"中国古代文论的现代转换"十年巡礼》,《东方丛刊》2007年第1期;陶水平:《中国文论现代性的反思与重构》,《东方丛刊》2007年第1期。

体现在三个结合,即"古今结合"、"中外结合"、"文史哲结合"。所谓古今结合,就是要把古代文论中的理论命题与当代文艺理论的现实问题联系起来,站在现实的角度促进对古代理论命题的思考,赋予古代文论命题以新的现实意义;所谓中外结合,就是要用中外比较的视野,对古代文论观点和西方文论理念作比较分析,在异同辨析中透视中外文艺理论的相通性或互补性,揭示和凸显中国古代文论的特点或不足;所谓文史哲结合,就是阐释古代文论概念,既要有历史的眼光,又要有哲学的根基,要将具体的文论置于历史文化语境和哲学视野之中来考察,探讨文论观点的历史渊源和哲学支撑,达到形而上的理论提升。王元化先生倡导的这种研究方法,为古代文论的现代转换开辟了明晰的路径,同样也为中国古代生态资源现代转换作出了研究的示范。按照"古今结合"、"中外结合"、"文史哲结合"的基本思路,中国古代很多具有不自觉的生态意识的概念命题都可以作出更为准确、全面、深入的当代阐释,就可纠正目前古代资源生态阐释中解读视角单一、视野宏观但阐释肤浅、只见价值不论根源等片面化倾向。

第二,"宏观研究法"。宏观研究法是童庆炳先生近年来在研究中国古代文论现代意义这一命题时所倡导和坚持的研究方法。在童庆炳先生看来,中国古代文论遗产丰富深邃,不仅体现着东方文化独有的思维方式和民族特色,而且体现着一些世界文学共有的艺术规律,若能对其进行现代阐释和转化,其中一些独特精深的见解必然可以与西方文论形成互补互动,成为世界文论的重要组成部分。中国古代文论要适应时代要求,就不能仅仅停留在微观研究和历史研究,而应在微观研究和历史研究的基础上加强宏观研究,即对古代文论加以整体研究和把握,并通过整体的把握揭示其具有世界意义的普遍规律。在他看来,当前古代文论研究存在着两种不可取的倾向,一是把古代文论当做与现实的文论建设无关的对象,停留在训诂的层次,二是把古代文论的民族文化个性消解在西方文论的逻辑框架中,使中国古代文论成为论证西方文论的资料,为纠正这样的倾向,应采取的学术策略是历史优先原则、对话原则和逻辑自洽原则,以摆脱古代文论历史本真的探寻与现代价值的阐释之间、民族特色的凸显与文论共有价值的构建之间存在的两难处境。其中,历史优先原则和对话原则同样可以成为古典资源生态阐释方法的有效补充。所谓历史优先原则,就是"把中国古代文论资料放回到产生它的文化、历史的语境中去考量,力图揭示它原来的本真面目,其中包括作者论点的原意、与前代思想的承继关系、背景因素、现实针对性等"。通过历史的还原,"激活古文论,使它在(古今)对话中能作为一个活的、有生命的主体出现。"所谓古今互为主体的对话原则,就是把古人和今人都作为一个对话主体,既不用今人的思想随意曲解古人的思想,也不是给古人穿上今人的服装,"而是在这反复的交流、沟通、碰撞中,实现古今的融合,引发出新的思想与结论,使文艺理论新形态的建设能在古今交汇中逐步完成。"①历史优先原则和对话原则对于中国古典资源生态阐释中存在的寻章摘句、简单比附等倾向无疑具有导引和修正作用。

第三,"历史的整体联系法"。历史的整体联系法是钱中文先生倡导的古代文论现代转换方法。何谓"历史的整体联系法"?钱中文先生的解释是:"原有进步的现象,可能在与多种其他现象的联系中,由于消除了一时一事的孤立性,显出历史整体的敞亮而发现其中的消极因素,甚至可能见到其走向反面的原因;某些一直被认作是消极的历史现象,同样可能由于消除了一时一事的孤立性,在整体的相互联系中,因历史面貌的敞亮而可以发现其积极因素。这种现象,我想可以叫做历史整体的去敝现象。"②所以,我们在推动古代文论的现代转换或者对于古代生态资源进行现代阐释时,不可囿于一时一事,而应当在历史的整体联系中了解所要解读、阐释的对象,从而形成一种整体性的评价。实际上,历史的整体联系法强调的仍然是历史眼光基础上的现代阐释,所谓不可"囿于一时一事",就是要突破历史的局限,站在时代的高度,运用全新的阐释理论,对于古代资源作出新的评价。这种阐释策略对于具有颠覆意义的生态立场而言,应当说具有更大的运用空间,因为生态观念的确立,意味着全球文明观念的整体变革,其间带来的对于传统文化资源的再解读和再阐释将是全方位、全覆盖的。

第四,"中西融合法"。中西融合法是顾祖钊先生十余年来倾心研究古代文论的现代转换过程中秉持和实践的一种方法。在顾祖钊先生看来,"中国学人参与人类文艺理论重建的主要形式是中西文论的融合,主要工作是古代文论的现代转换。"但"古代文论的现代转换既非转换成现有西方文论,也非复原固有的传统文论,而是中西文论的融合,其结果是建构一种更具人类性和世界性的超越性文论。"如何实现中西文论的融合?顾祖钊先生在《中西文艺理论融合的尝试》(人民文学出版社2005年版)中总结并实践了五种模式,即"共通性融合、互补性融合、对接式融合、辨伪式融合和重构性融合"。③ 从顾祖钊先生的中西文艺理论融合实践模式看,中国古代生态资源的现代阐释尤其需要倡导中西的融合,尤其是互补性融合、辨伪式融合和重构性融合,在西方后现代与中国古代之间存在着生态理念的互补性阐释对象,在西方传统理

---

① 童庆炳:《中国古代文论的现代意义》,北京师范大学出版社2001年版,第1—3页。
② 转引自陶水平:《中国文论现代性的反思与重构》,《东方丛刊》2007年第1期。
③ 顾祖钊:《中西文艺理论融合的尝试·前言》,人民文学出版社2005年版,第2—3页。

论和中国近代理论之间存在着许多需要进一步辨伪论证的命题,中西整个文艺理论体系则存在着重构性融合的巨大空间。

第五,"语境法"与"超语境法"。语境法与超语境法是陶水平在梳理分析上述四种方法之后,借用新历史主义的语境法、吉登斯的脱域法以及皮亚杰的结构转换法等思想,引申出的一种古代文论现代转换方法。在陶水平看来,"所谓'语境法',指我们今人在对古代文论作出现代阐释时,一定要首先进入古代文论当时的具体历史语境,以期对古代文论有真切之了解和深切之同情。所谓'超语境法',亦可表述为'去语境法'或'换语境法',指的是,今人在研究古代文论时,还应当超越古人或古代文论所处的特定历史语境,将某一特定的具体的古代文论范畴、命题和理论体系置于更大范围更大时段的中国历史语境,甚至是置于世界文论的语境来审视。尤其是要注意转换为我们今天所处的语境,这样,我们就能发现古代文论在中国整个文论的历史长河中,在与西方文论的比较中,在我们今天的文学批评实践中,一言以蔽之,在新的语境中,可能具有什么现代性价值。"因为,"没有'语境法',古代文论的现代阐释就没有依据、缘由和对象,也就会失去学术研究的客观性;没有'超语境法',古代文论的历史局限性和普遍性价值也都无从显现。"①从释义上看,"语境法"与"超语境法"也可以看作是王元化先生"古今结合、中西结合和文史哲结合"的另一种表述。

繁琐引证上述关于中国古代文论现代转换的实践方法,看似游离了关于中国古典理论生态阐释的论域之外,实际上,这里需要说明的引证逻辑是,由于中国古典理论资源的生态阐释尚处于初始的进行状态,尚没有提出完善的实践策略,而古典资源的生态阐释与古代文论的现代转换之间存在着问题同源、精神同质、内涵同构的关系,所以,业已较为完善的古代文论现代转换的实践方法无疑可以成为古典资源生态阐释的实践策略。当然,概括对比而言,上述五种方法之间并不存在包容或递进的关系,而是不同研究者在古代文论现代转换中所操持的近似的实践原则。就中国古代生态资源的现代阐释来说,目前的研究状况和存在的问题需要我们扩大生态解读的文献对象,拓展生态阐释的理论视野,同时更需要加强生态阐释方法的研究,在这个层次上,古代文论现代转换的上述实践原则和方法无疑是一个相近领域的参照。

---

① 陶水平:《中国文论现代性的反思与重构》,《东方丛刊》2007年第1期。

第三章 生态学视野下的文学批评实践

毋庸讳言,不论面对任何危机,作家总是最为敏感的群体之一。就全球性生态危机的拯救而言,生态文学仍然担当了先锋的角色。无论西方还是中国,正是富有警示、前瞻意义的生态文学发出了关注生态的最初的声音。虽然全球性生态危机是生态批评发生的最为直接和内在的原因,但正是那些对于生态问题较早觉醒的作家们为生态批评提供了重要的基础文本。就中国生态批评理论的发生发展来看,对于生态文学作品的推介、评论与研究,构成了生态批评理论系统的实践维度和重要组成部分。所以,研究生态视野下的文学评论实践无疑是中国生态批评理论形态之生成研究的题中之义和重要构成。

第一节 中国生态文学批评溯源

溯源和扫描是检视研究对象的基础,明确研究对象的内涵是溯源和扫描的前提。所以,进入正题之前,为避免不必要的歧义,需要作如下说明:首先,中国生态文学批评不仅是指关于中国作家创作的生态文学作品的评论,也还包括中国的理论家、批评家关于西方生态文学的研究。其次,本文所谓生态文学批评指的是文学的生态批评实践,其中主要包括四个层次:狭义生态文学作品评论;生态视角下广义生态文学作品评论;所有文学包括反生态文学作品的生态学批评;用生态学的方法对于文学现象的宏观研究。

中国生态文学研究开始于什么时间,迄今为止并没有一个明确的定论;中国生态文学评论出现的标志是什么,理论界也是莫衷一是。在我看来,这种状况的存在,并非理论本身的复杂和难解,而是生态批评和其他文学潮流一样,也有一个萌生、规范、应用的发展过程,而对于萌生状态的生态文学评论来说,明确的判断往往是困难的。

一、中国生态文学评论的萌生

从广义上讲,生态文学和生态文学评论古已有之。王先霈先生在《中国古代文学中的"绿色"观念》一文中曾经指出:"'绿色'意识并不是现代人的新发现新创造,更不是环境科学的专门术语,文学家和文学的研究者,有着对'绿色'的职业的亲近与敏感,文学作品和文学理论,饱含'绿色'思想的资源。"① 王先霈先生对于中国古代诗文和古代文论中绿色观念、生态意识的指陈和关于这种生态意识的哲学基础的分析,应当说理据详实。其关于"中国古代文化传统整体上是主张人与自然的互养互惠""道家向往的自然,是自然的本体;儒家赞赏的自然,是人化的自然"等观点以及中国古代文论中感应与移情、虚静与境界等学说与生态意识的关联展示也可谓富有洞见。如果拓展分析一下,钟嵘关于陶渊明诗歌的品评,司空图关于唐代山水诗的品注,严羽关于诗文兴趣的感悟,王国维关于诗歌境界的阐释,以及历代出世文人对于老庄诗文的推崇阐发,都可谓广义的生态文学评论,其中虽然没有"生态"等明晰的概念,但却蕴含着丰厚的生态意识。

但是,作为一个具有思潮意义的评论的出现,中国生态文学评论萌生于20世纪80年代。据鲁枢元先生考证,当代中国较为明确的生态文学创作与生态文学批评的开展,开始于20世纪70年代的台湾地区。以刘克襄、马以工、韩韩、心岱、洪素丽为首的一批"自然书写"者的生态文学作品和陈映真、罗门、蒋勋等著名作家、诗人、学者撰写的生态文学批评文章,在社会上产生显著的影响。中国大陆文学理论界对于生态批评、生态文艺学的关注,稍晚于台湾。20世纪80年代,一些报刊刊发了一些生态文学评论和生态文艺学理论文章,如赵鑫珊:《生态学与文学艺术》(《读书》1983年第4期),王蒙:《漫评1983年短篇小说》(《文艺研究》1984年第2期),李庆西:《大自然的人格主题:关于近年小说创作中的人类生态学意识与一种美学情致》(《上海文学》1985年第11期),於可训:《关于人的生态、心态及其他》(《奔流》1986年第5期),司马云杰:《论文艺生态学研究》(《文学评论家》1986年第3期),张松魁:《文艺生态学——门孕育中的新学科》(《艺术广角》1987年第4期),夏中义:《文学生态最优化的逻辑起点》(《艺术广角》1988年第1期),高翔:《刘勰的文艺生态学思想》(《沈阳师范学院学报》1989年第4期)、《黑格尔的文艺生态学思想初探》(《宁夏社会科学》1989年第6期)等。② 其中,生态意识较

---

① 王先霈:《中国古代文学中的"绿色"观念》,《文学评论》1999年第6期。
② 参见鲁枢元:《20世纪中国生态文艺学研究概况》,《文艺理论研究》2008年第6期。

为明显的文学评论文章的是李庆西的《大自然的人格主题:关于近年小说创作中的人类生态学意识与一种美学情致》。李庆西在文中指出:"近年,愈来愈多的作家表现出对生态学的浓厚兴趣。有这样一些作品,如陈放的《白与绿》、孔捷生的《大林莽》、袁和平的《白蝙蝠》等等,相率提出'人如何对待大自然'这一现实的生态问题。"同时,"一个作家是否具有人类生态学意识,不在于他在多大程度上触及了生态问题,也不仅反映为对于大自然的科学认识或道德态度。当今更有代表性的无疑是侧重从文化背景方面入手的一部分作品。它们从生存环境与生存方式的同一关系中揭示了人与大自然的精神联系。""在人与自然的审美关系中,生态意识的渗透将改变许多既定的东西。因为面对大自然的伟力,人们最容易反省自己生存斗争的能力。"从李庆西的文章中可以看出,处于萌生期的初具生态批评意识的文学研究文章,尚没有明晰的生态批评指向,他们在对文学现象的描述中,展露出了人与自然的同一关系。应当说,这一时期的中国生态文学评论虽然操持着"生态"等话语,但指涉和展示的重点并不全是生态危机与生态批判,但富有启示意义的是,李庆西从新时期文学现象中看到了环境、自然与人类原本非对立的精神联系,而这恰恰就是其后生态批评的一个原则之一。

和李庆西相似,曹文轩也是一位较早关注新时期文学中自然问题的批评家。在写就于1987年的《中国八十年代文学现象研究》一书中,曹文轩系统分析了20世纪80年代中国文坛出现的大自然崇拜、原始主义倾向和浪漫主义回归等文学现象。在曹文轩看来,20世纪80年代的表现大自然崇拜的作品,大都围绕着"重建人与大自然的关系""表示人对大自然的爱慕之情"等主题展开,而在思考人与大自然的关系、反省人类过失时,作家们"纯粹是一种文学家的富于感情色彩的思考,而绝非自然科学家那种冷峻的生态学思考"。这里,曹文轩涉及到了文学创作中反映的生态问题,但明确拒绝了生态学的称谓。关于出现这种文学现象的原因,曹文轩分析了四个方面:其一,现实主义精神的贯彻屡屡受挫,于是发生转移现象;其二,一种沉睡的审美意识的苏醒;其三,日益现代化的生活带来的紧张所引起的心理不适,从而渴望回到宁静的大自然;其四,对道德秩序混乱、人际关系虚伪的失望,从而缅怀原始状态下的大自然以及在这种自然状态里的朴素、真挚的原始道德观念。① 在曹文轩对1980年代文学作品中出现的大自然崇拜现象的原因分析中,走向荒野、回归田园、崇尚大自然、反思现代化等生态的理念、生态的视角已经非常明显。

鲁枢元是较早关注生态批评的学者,和曹文轩等相比,鲁枢元虽然具有更

---

① 曹文轩:《中国八十年代文学现象研究》,作家出版社2003年版,第159-173页。

为自觉明确的生态理念和生态批评指向,但此时的他仍然试图在文艺心理学的框架内阐释和解决业已明显的生态问题。1989年夏天,鲁枢元在张家界全国第二届文艺心理学研讨会上的总结发言中指出:"文艺心理学的学科建设必须重视人的生存状态,包括人的'自然生态'和'精神生态',尤其是人的'精神生态',这些应当作为学科研究和学科建设的背景。我时时忧虑,这些年来,中国人的'精神生态'正在恶化,这种恶化是由于严重的生态失衡造成的。在生存的天平上,重经济而轻文化、重物质而轻精神、重技术而轻感情,部分中国人的生态境况发生了可怕的倾斜,导致了文化的滑坡、精神的堕落、情感的冷漠和人格的沦丧。社会生活中仿佛有许多股互不相容而又互相纠缠的力量,无情地扭曲着当代中国人的精神和心灵。真正的文学艺术、真正的文学艺术家都在艰难困窘中挣扎。有人说这是社会改革必然承受的痛苦,必然经过的阶段,我不完全相信。我更倾向于认为社会在价值导向上出了偏差,这已经给中国的社会生活带来了某种危机,文学艺术以及文学艺术的研究不可能无视生活中的这种危机,而生存危机必然给坚持探索的文学艺术、心理学提供丰富的、生动的对象物。真正理论建树和学科建设恐怕也正植根于研究者对于时代生活的切身感受、体验、分析、归纳之中。我的意思不外乎:文艺心理学作为一种人文精神非常突出的学科,不要忽视了当代中国人真实存在着的生存大背景。"①在这里,鲁枢元着意凸显了"精神生态"的独特地位,因为精神生态本就应是文艺心理学关照的重要内容。同时,他认为人类精神生态出现的危机,诸如"文化的滑坡、精神的堕落、情感的冷漠和人格的沦丧",其原因也是因现代社会发展出现的偏颇所引发,因为现代社会过于注重"技术、经济、物质"的发展,忽视了人类精神性的存在,形成社会生产力飞速提高,精神却并没有随之发展的失衡现象,造成了精神生态危机。而无论是自然生态或是精神生态出现的问题,都标志着人类的生存出现了问题,作为关注人的生存、人的发展的"人学",文学艺术不可能无视人类的生存危机,应该对危机作出积极的应对。在这个总结讲话中,鲁枢元表现出了关于生态问题的前瞻意识和开放思维,但作为一种基于文艺心理学的生态言说,这也应当只能被看作是鲁枢元将文艺心理学研究自觉转向生态批评的一个路标。

从李庆西、曹文轩、鲁枢元等人的文章来看,处于萌生期的大多数生态文学评论虽然已经有了明晰的生态概念,但仍然是在传统的文艺社会学或者文艺心理学的框架内言说生态问题。

需要特别指出的是,据纪秀明的研究,中国评论界"最早提出生态文学概

---

① 鲁枢元:《来路与前程》,《文艺报》1989年9月5日。

念的是许贤绪1987年在《中国俄语教学》上发表的论文《当代苏联生态文学》,这是严格意义上的生态研究的开始。"①在许贤绪的文章中,作者介绍了当代苏联生态文学的三大特点、三大成就和两种偏向。许贤绪指出:苏联"当代生态文学及时地向人和自然关系方面的一些传统观念提出了异议",如"与自然作斗争","征服自然","人是自然之王"等等,"当代生态文学成功地把保护自然与善恶斗争结合起来,与传统的道德题材挂起了钩","当代生态文学继续从正面表现人和自然和谐一致,把自然美和心灵美结合起来"。② 因而取得了相当的成就。同时,张韧的《环境意识与环境文学》(《中国环境报》1987年1月17日),稍后,黄文华的《呼唤绿色文学》(《文学评论》1990年第5期)、陈辽的《钟肇正的生态小说〈白翎鸶之歌〉》(《当代文坛》1991年第1期)、张韧的《环境文学与思维的变革》(《天津文学》1994年第4期)、陈晓明的《人欲与环境——评哲夫的〈天猎〉》(《新闻出版交流》1995年第1期)同样表现出了自觉的生态批评意识和国际化的视野。

但是,直到1995年左右,中国生态文学评论仍然应当处于萌生期。这一判断来自两方面的原因。其一,1995年以前,中国生态文学评论数量很少,据纪秀明的统计,1979-1995年,有关生态文学的文章不到50篇;其二,尽管已经出现了许贤绪、张韧、黄文华、陈辽、陈晓明等人的规范的生态批评,但生态文学、生态小说等的指称还相当混乱,例如,邵建的《关于"生态小说"》(《文艺研究》1990年第2期)、张达的《读赵德发的"生态小说"》(《山东文学》1990年第8期)等文章,尽管富有见地,但他们所谓的生态小说,指称的主要是新写实小说,与今天内涵明晰的生态小说并非一致。指出这一现象并非贬抑两篇文章,当时把新写实小说尝试性地称为生态小说,应当说相当准确,因为新写实小说的核心是展示人物的本真生存状态,相反,"新写实"的提法倒是存在许多歧义。指出这一现象所要说明的是,在1995年以前,生态文学的概念和指称尚不明确,理论界对于生态文学概念的应用还不十分一致,中国生态文学评论尚处在萌生探索之中。

二、中国生态文学评论的发展

1995年至2005年,中国生态文学评论进入奠基发展期。这一时期,中国生态文学评论奠基发展的标志表现在以下几个方面:

---

① 纪秀明:《近三十年中国生态文学研究综述——兼论生态文学与批评在中国的演进》,《辽宁大学学报》2009年第1期。

② 许贤绪:《苏联当代生态文学》,《中学俄语教学》1987年第1期。

其一,生态文学评论的刊发数量大幅度增加。据纪秀明统计,国内发表的生态文学研究文章1995－2000年有99篇;2000－2005年有445篇。① 十年间,论文发表数量从每年20篇左右增加到了每年近百篇。虽然论文数量并不能作为衡量一个研究领域的水平和质量的重要尺度,但是,论文数量的大幅度增加,至少说明关注生态文学的学者队伍在逐步扩大。

其二,关于生态文学研究的基本概念、基本原则、发展渊源、哲学基础等得以初步确立。1995年以后,特别是新世纪之初,国内文艺理论和外国文学界推出了一批具有奠基意义的理论文章,如鲁枢元的《走进生态学领域的文学艺术》(《文艺研究》2000年第5期)、《生态批评的原则》(《学术月刊》2001年第1期)、《生态批评的知识空间》(《文艺研究》2002年第5期),王诺的《生态批评:发展与渊源》(《文艺研究》2002年第2期)、《雷切尔·卡逊的生态文学成就和生态哲学思想》(《国外文学》2002年第2期),韦清琦的《方兴未艾的绿色文学研究——生态批评》(《外国文学》2002年第3期)、《生态批评:完成对逻各斯中心主义的最后合围》(《外国文学研究》2003年第4期),朱新福的《美国生态文学批评述略》(《当代外国文学》2003年第1期),马凌的《征服与回归:近代生态思想的文学渊源》(《外国文学研究》2003年第1期),罗宗宇的《对生态危机的艺术报告——新时期以来的生态报告文学简论》(《文艺理论与批评》2002年第6期)、胡志红的《生态文学的跨文明阐发与全球化生态文化构建》(《求索》2004年第3期)、杨剑龙的《生态危机、生态文学与生态批评》(《文汇报》2004年6月6日)等。这些文章,不论是关于经典生态文学的阐发,还是关于生态文学评论的原则建构,都具有初始的开创意义,其学术影响力相当深远。其后,不论是生态文学评论的拓展,还是生态批评范畴方法的完善,都是基于这一时期创立的中国生态批评的理论起点,可以说,正是它们构建了整个中国生态文学研究的理论基础。

另外,一个值得提及的现象是,从生态批评的角度宏观审视中国现代文学的生态文学评论专著开始出现,一些富有学术潜力的博士生开始关注生态文学。2002年,皇甫积庆的《20世纪中国文学生态意识透视》由武汉出版社出版,这是第一部以中国文学作品为对象的生态批评专著。2004年,数篇以生态文学为研究对象或从生态学的视角研究文学的博士论文通过答辩,如韦清琦的《走向一种绿色经典——新时期文学的生态学研究》(北京语言大学2004年博士论文)、余晓明的《文学生态学研究》(南京师范大学2004年博士论

---

① 纪秀明:《近三十年中国生态文学研究综述——兼论生态文学与批评在中国的演进》,《辽宁大学学报》2009年第1期。

文)、吴笛的《人文精神与生态意识——中西诗歌自然意象研究》(浙江大学2004年博士论文)、汪树东的《中国现代文学中的自然精神研究》(武汉大学2004年博士论文)、于明清的《阿斯塔菲耶夫——俄罗斯生态文学的守望者》(中国社会科学院研究生院2004年博士论文)等。其中,韦清琦的论文较为系统地论及了生态文学的一些基本问题,如生态文学的精神资源,新时期生态文学的发展概况,生态文学评论中的一些有争议的问题,新时期生态文学的代表作家等,这些论述虽然比较宏观,但基本涵盖了生态文学评论的主要领域,为之后的生态文学研究提供了可资借鉴的系统资料和启示。吴笛和汪树东则从生态学的视角,分别具体论述了中西诗歌中的自然意象和中国现代文学中的自然精神,这种具体的生态文学评论实践,为探讨生态文学和生态批评中的重要范畴——自然,提供了较为深刻的研究示例。

尤其值得特别指出的是,王诺于2003年由北京大学出版社推出的《欧美生态文学》,就生态文学评论这一维度而言,可以说具有里程碑式的意义。这部著作关于生态文学的概念界定、特征归纳、思想溯源和内涵挖掘等,迄今为止仍然是生态文学评论者藉以引用的重要文献。其中,王诺就生态文学的思想内涵提出了六个方面的内容,即征服统治自然批判、工业与科技批判、欲望批判、生态责任、生态自然观、重返与自然的和谐,为生态批评的实践应用提供了最初的原则和切入点。

在推动中国生态批评发展的历程中,学术平台建设和学术交流扮演了重要的角色。1999年,海南省社会科学联合会与海南大学精神生态研究所创办、鲁枢元先生主编的《精神生态通讯》正式发刊,这份直至2010年停刊仍是内部刊号但也是唯一一份关于"精神生态"的刊物,发表了一系列探讨精神生态和精神家园建设、生态批评理论构建方面的文章,在中国生态批评的发展进程中发挥了很大的作用。2001年3月,华中师范大学召开了"建构生态文艺学"学术座谈会,标志着"生态文艺学"的概念已经引起学界的关注。其后,2001年11月,全国青年美学研究会、陕西师范大学环境发展研究中心、陕西师范大学文学院共同主办的"首届全国生态美学学术研讨会"在西安召开;2002年6月,苏州大学主办的"中国首届生态文艺学学科建设研讨会"在苏州召开;2003年10月,全国青年美学研究会主办的生态美学学术交流会在贵阳召开;2004年10月,全国青年美学研究会主办的生态美学学术交流会在南宁召开;2005年8月,山东大学文艺美学研究中心主办的"人与自然:当代生态文明视野中的美学与文学"国际学术研讨会在青岛召开;2006年12月,苏州大学、海南大学、学林出版社联合举办的"生态时代与文学艺术"田野考察暨学术交流会在海南岛举行;2008年5月,中国诗刊社等单位主办的"生态与诗歌国际研讨会"在广东清远召开;2008年10月,清华大学主办的"超越梭罗:对自然的文学反应国际研讨会"在北京召开;2008年11月,华中师范大学主办的"文学与环境国际学术研讨会"在武汉召开;2009年10月山东大学文艺美学研究中心主办的"全球视野中生态美学与环境美学国际学术研讨会"在济南召开;2011年10月,厦门大学主办的"首届海峡两岸生态文学研讨会"在厦门召开。这些学术会议汇聚了学术队伍,引起了学术关注,围绕生态问题探讨了文学理论的生态转向等前沿问题,极大地促进了中国生态文学评论的发展。

三、中国生态文学评论的繁荣

2005年,中国生态文学评论进入繁荣期。这一划界可能过于绝对和明晰,其时也没有标志性的事件或文献,但自2005年开始,中国生态文学评论的确表现出了更快的发展速度,推出了更多的研究成果,展示了更为一致的社会共识。

2005年起,生态文学评论的繁荣体现在几个方面:其一,生态文学评论的文本视域大幅度拓展,从生态视角论述文学作品的文章不仅涵盖了狭义的生态文学,而且拓展到了广义的生态文学,甚至涉及了反生态文学作品,生态批评实践了"一切文学作品都可以用生态理论重新阐释"的生态批评理想。同时,生态文学评论也从初期的主要论述生态报告文学拓展到了所有的题材领域。在这方面,可以引证的资料可谓俯拾皆是。其中,较有影响且系统的生态文学论著如:朱新福的《美国生态文学研究》(苏州大学2005年博士论文)、孙燕华的《当代台湾自然写作初探》(复旦大学2005年博士论文)、苗福光的《生态批评视角下的劳伦斯》(山东大学2006年博士论文)、王静的《人与自然:中国当代少数民族作家生态文学创作研究》(中央民族大学2006年博士论文)、吴景明的《走向和谐:人与自然的双重变奏——中国生态文学发展论纲》(东北师范大学2007年博士论文)、王军宁的《生态视野下的新时期文学研究》(浙江大学2007年博士论文)、张晓琴的《中国当代生态文学研究》(兰州大学2008年博士论文)、雷鸣的《危机寻根:现代性反思的潜性主调——中国当代生态小说研究》(山东师范大学2009年博士论文)、龙娟的《环境文学研究》(湖南师范大学出版社2005年出版)、覃新菊的《与自然为邻——生态批评与沈从文研究》(湖南师范大学出版社2006年12月出版)、杨素梅和闫吉青的《俄罗斯生态文学论》(人民文学出版社2006年出版)、王诺的《生态与心态——当代欧美文学研究》(南京大学出版社2007年4月出版)、王志清的《盛唐生态诗学》(北京大学出版社2007年4月出版)、李美华的《英国生态文学》(学林出版社2008年8月出版)、汪树东的《生态意识与中国当代文学》(中国社会科学出版社2008年12月出版)、丁晓原的《文化生态视镜中的中国报告文学》(复旦大学出版社2008年12月出版)、吴秀明的《新世纪文学现象与文化生态环境研究》(浙江工商大学出版社2010年12月出版)。另外，各类报刊发表了大量关于具体作家作品的生态批评文章，据纪秀明的统计，每年平均约有300篇左右，其中既有国内外经典生态作家作品的阐释，也有传统经典作品的生态再解读，内容涵盖了生态文学的各个方面。①

其二，生态意识逐步成为社会共识，形成了较好的生态文化氛围。随着全球性生态危机的日趋严峻，生态问题已经不仅仅是知识精英和敏锐的思想家们关注的话题，生态问题的生活化（个人生活中处处可以感受到生态问题的侵扰）、具体化（生态问题已经不是需要论证的宏观存在，而成为随时出现的一个个具体的事件）和现代发达媒体对于生态事件的快速广泛传播，使得各层次民众的生态意识大大增强，这客观上为生态文学创作和生态批评提供了丰厚的土壤。就我国而言，尽管经济发展和生态建设的矛盾依然突出，但2003年"科学发展观"的提出和2007年党的十七大提出加强生态文明建设，为发展经济与环境保护的激烈争论和严重冲突画上了一个休止符。作为一个前现代、现代和后现代并存的国度，发展与生态的矛盾必然是一个长期的严峻的存在，即便是可能大力促进经济发展的生态违法行为，也将不得不在生态的名义掩盖下进行，这里体现的是意识形态的力量，也体现的是生态已成为社会共识的力量。在国家意识形态的导引和全社会生态共识的影响下，2005年以来的生态文学及其评论一改此前迟疑、犹豫的创作姿态，显示了更为理性、更为坚定的立场，这既是生态文学及其评论繁荣的基础，也是生态文学及其评论繁荣的表现。

其三，生态文学评论藉以开展的生态批评理论逐步完善。生态批评理论是生态文学评论的理论指导，生态文学评论是生态批评理论的具体实践，生态文学评论的水平一定程度上依赖于生态批评理论的发展水平。2005年以前，鲁枢元的《生态文艺学》（陕西人民教育出版社2000年出版）、曾永成的《文艺的绿色之思——文艺生态学引论》（人民文学出版社2000年出版）等已初步建构了中国生态批评理论的基本形态，这些著作无疑在生态批评的学科建设方面具有开拓性的创新意义。但是，由于生态批评的一些基本问题尚没有探讨清楚，生态批评的哲学基础和基本原则尚存在许多争议，生态文学评论的开展因而也受到制约并表现出思想的苍白和方法的单一。2005年起，随着中西生态批评界交流的加深，一批生态批评论著亮相文坛，为生态文学评论增添了

---

① 参见纪秀明：《近三十年中国生态文学研究综述——兼论生态文学与批评在中国的演进》，《辽宁大学学报》2009年第1期。

理论活力。在这方面,有影响的理论著作有:鲁枢元的《生态批评的空间》(华东师范大学出版社 2006 年出版)、胡志红的《西方生态批评研究》(中国社会科学出版社 2006 年出版)、王诺的《欧美生态批评——生态文学研究概论》(学林出版社 2008 年出版)、刘文良的《范畴与方法:生态批评论》(人民出版社 2009 年出版)、曾繁仁的《生态美学导论》(商务印书馆 2010 年出版)等。其中,王诺的《欧美生态批评——生态文学研究概论》,继承了其《欧美生态文学》的学术风格,注重对于生态文学研究的指导,其提出的生态文学研究的九个切入点,对于我国学者的生态文学研究和生态视角的文学研究中存在的雷同、单调、哲学基础贫乏的问题,具有一定的纠偏作用。

  需要指出的是,刘文良的《范畴与方法:生态批评论》对于生态文学研究的范畴拓展和方法丰富作出了不容忽视的贡献。其论著的突出特点在于敢于正视理论"准盲区",凸显理论指导实践的应用性,尤其是他对于生态文学研究方法的探讨,富有问题意识。他认为:"作为一种文艺(文化)批评,生态批评具有非常突出的实践性,因此,探讨生态批评科学、实用的批评方法是生态批评研究必须高度重视的课题。关于生态批评方法的研究,现有的研究也主要还只是停留在宏观层面上的原则性探讨,宏观指导下的微观研究相对来说还显得很薄弱,这也直接影响了生态批评的'批评功能'的发挥。……当前的生态批评……往往只是通过对作品进行扫描、复述来简单地诠释生态文艺作品的主题,以支撑起几个'生态'观念。批评的视角和方法往往显得比较单一、单调,缺乏活力,得出的结论也就难免千篇一律。作为一种学科性跨越非常突出的批评样式,相对于其他文艺批评来说,生态批评具有更大的延广性和张力。研究生态批评的方法,同样应该将其置于多层面多角度来考察。"[①]基于此,刘文良在"学科方法"和"具体操作方法"两个层面作出了自己的思考,应当说,尽管刘文良提出的"'文化诗学'与多重跨越"、"'生态女性'与视界融合"、"'经典阐释'与生态优先"以及"'正面发掘'与诗意追寻"、"'缺席审问'与降值性批判"、"'叙事剖析'与感染功效"等方法仍然显得粗略,但作为初始性的建构,对于拓展批评空间,提高批评的有效性具有相当大的指导意义。

第二节 中国生态文学批评的本源性文献评估

  研究某个学科或理论的发展进程,离不开关于该学科或理论的文献梳理,

---

① 刘文良:《范畴与方法:生态批评论》,人民出版社 2009 年版,第 14 页。

而任何学科或理论的发生发展,都存在着本源性文献和继发性文献。所谓本源性文献,指的是关于一个学科或理论的居于开拓地位、富有创新意义的文献;继发性文献则往往是本源性文献的应用、阐释和借鉴。当然,本源性与继发性的划分,可能有其不准确的地方,从字面上看,二者的区分好像在于发表时间的先后。这里需要指出的是,我们所谓本源性和继发性文献的区分标准,主要不在时间的先后,而在于文献的开拓性、创新性和对于学科或理论的引导性、支撑性。对于一个学科或理论来说,先发的文献随着时间的推移,可能会因为初发的不完善而失去意义,后发的文献也可能因其自身的创新而逐步成为经典。同时,本源性文献也不能等同于经典,因为有些文献居于开创地位但并不一定完美,有些文献引发了理论争鸣是因为存在争议,这些难以成为经典的因素并不妨碍它对于一个学科或理论争鸣的本源性。

本源性文献的确认和评估是研究一个学科或理论发展进程的基本前提和重要方法。确认了一个学科或理论的本源性文献,就可以看出这个学科或理论的基本框架和脉络关系;对一个学科或理论本源性文献做出了科学的评估,就可以基本确定这个学科或理论的发展水平。

就中国生态文学研究这一领域而言,尽管文献数量不少,但由于生态文学研究远未臻于成熟,真正可以称为典范的论著尚属凤毛麟角。但是,作为一个进行中的研究领域,从论著对于领域内研究层次的涵盖方面考虑,可以称其为本源性文献主要有:许贤绪的《苏联当代生态文学》(《中学俄语教学》1987年第1期)、鲁枢元的《走进生态学领域的文学艺术》(《文艺研究》2000年第5期)、《生态批评的知识空间》(《文艺研究》2002年第5期)、王诺的《生态批评:发展与渊源》(《文艺研究》2002年第2期)、《欧美生态文学》(北京大学出版社2003年出版)、韦清琦的《走向一种绿色经典——新时期文学的生态学研究》(北京语言大学2004年博士论文)、朱新福的《美国生态文学研究》(苏州大学2005年博士论文)、吴景明的《走向和谐:人与自然的双重变奏——中国生态文学发展论纲》(东北师范大学2007年博士论文)、汪树东的《生态意识与中国当代文学》(中国社会科学出版社2008年12月出版)、雷鸣的《危机寻根:现代性反思的潜性主调——中国当代生态小说研究》(山东师范大学2009年博士论文)、吴秀明的《新世纪文学现象与文化生态环境研究》(浙江工商大学出版社2010年12月出版)等。

根据文献的不同侧重,拟就王诺的《欧美生态文学》、雷鸣的《危机寻根:现代性反思的潜性主调——中国当代生态小说研究》、吴秀明的《新世纪文学现象与文化生态环境研究》做一简要评估,以期蠡测中国生态文学批评实践维度的概貌与成就。

一、中国开展生态文学研究的滥觞——《欧美生态文学》评估

《欧美生态文学》是国内第一部研究欧美生态文学的专著。在该部专著中,王诺历史性地考察和评价了西方生态思想和欧美生态文学的发展过程和主要成就,在此基础上,对生态文学的定义和特征进行了深入论述,对生态文学的思想内涵进行了系统研究。就生态文学评论维度而言,王诺的《欧美生态文学》具有举足轻重的地位。《欧美生态文学》的重要性体现在,它对于中国生态文学评论的开展具有开拓、引导和支撑等本源意义。王诺对于中国生态文学评论的开拓、引导作用主要表现在其关于生态文学的概念辨析、特征界定和内涵把握上。从众多生态文学评论的继发性文献中可以看出,他关于生态文学的定义、特征和思想内涵的结论成为了其后众多评论实践者选取对象的框架和切入评论的基点。

首先,关于生态文学的概念辨析。王诺认为:"生态文学是以生态整体主义为思想基础,以生态系统整体利益为最高价值的考察和表现自然与人之关系和探寻生态危机之社会根源的文学。生态责任、文明批判、生态理想和生态预警是其突出特点。"[①]作为一种年轻的文学样式,与生态文学称谓相近、内涵相似的命名用得比较多的还有"环境文学(Environmental Literature)"和"自然书写(Nature Writing)"等,究竟使用哪种名称更为合理,王诺将"生态文学"与"环境文学"、"自然书写"进行比较后认为"环境文学"这一术语的最大问题在于隐藏在它下面的思想,它的逻辑起点不是生态整体观或生态中心主义,而是人类中心主义的自然观。而生态思想的核心是生态系统观、整体观和联系观,生态思想以生态系统的平衡、稳定和整体利益为出发点和终极标准,而不是以人类或任何一个物种、任何一个局部的利益为价值判断的最高标准。"如果将生态整体主义而不是人类中心主义作为生态文学的思想基础,就不应当使用'环境文学'这个术语来称呼反人类中心主义的生态文学。"[②]而"自然书写"这一术语则对写作对象的限制过于狭窄,因为生态文学并不仅仅是单纯地描写自然的文学,它主要探讨和揭示的是自然与人的关系。同时,"自然书写"这一术语在思想上和体裁上涵盖面又太宽,因为无论作者对自然持什么观点和态度,只要写的是自然,其作品都可以算作自然书写,甚至包括非生态甚至反生态的作品。"使用'自然书写'无法将生态文学与一般的描写自

---

① 王诺:《欧美生态文学》,北京大学出版社2003年版,第11页。
② 王诺:《欧美生态文学》,北京大学出版社2003年版,第5页。

然的文学区别开来,无法将生态文学最突出的特点和主要使命显示出来。"①
王诺之后,张丽军、张晓琴、张艳梅、吴景明等也对生态文学的概念作过辨析和界定,但对比之后,我们不得不说,这些界定尽管表述各异,都没有超出王诺的基本思路。鉴于本文导论中已有详细引述,这里不再作详细对比。这里需要指出的是,在中国生态文学评论界,《欧美生态文学》出版后,关于生态文学的不同名称诸如绿色文学、自然书写、环境文学、大自然文学、自然取向的文学、大地文学、公害文学等等,除张韧等少数批评家仍然坚持环境文学的提法外,基本归于生态文学。同时,狭义的生态文学、广义的生态文学或曰具有生态意识的文学和与之相应的生态文学批评、生态视角下的文学批评,其间的联系与区别逐渐明晰,这不能不说与王诺所作的深入的概念辨析有一定关系。

其次,关于生态文学特征的界定。概念和特征是相互联系的本质属性,王诺关于生态文学概念的科学辨析,是建立在关于生态文学特征的科学界定之上的。《欧美生态文学》的开拓性同样表现在王诺在系统阅读了欧美生态文学作品后首先科学地归纳出了生态文学的特征。

王诺将生态文学的主要特征概述为以下五个方面:

"第一,生态文学是以生态整体主义为指导思想、以生态系统的整体利益为最高价值的文学,而不是以人类中心主义为理论基础、以人类利益为价值判断的终极尺度的文学";"第二,生态文学是考察和表现自然与人的关系的文学。生态责任是生态文学的突出特点";"第三,生态文学是探寻生态危机的社会根源的文学。文化批判是许多生态文学作品的突出特点";"第四,生态文学是热衷于表达人类与万物和谐相处的理想、预测地球与人类未来的文学。生态理想和生态预警是许多生态文学作品的突出特点";"第五,生态文学是进行并表现独特的生态审美的文学。自然性原则、整体性原则和交融性原则是生态文学进行生态审美的主要原则。"②

可以说,尽管关于生态文学的生态整体主义思想基础还有争议,但迄今为止,王诺关于生态文学的特征界定仍然是生态文学评论实践的主要参照。考察生态文学评论界的诸多论著,尽管有的论著在生态文学特征的某一方面有进一步的深入与完善,如雷鸣的《危机寻根:现代性反思的潜性主调——中国当代生态小说研究》关于生态文学对于现代性反思的研究,但像王诺这样全面论及生态文学诸多特征的原创性成果尚不多见。

第三,关于生态文学思想内涵的挖掘。王诺就生态文学的思想内涵提出

---

① 王诺:《欧美生态文学》,北京大学出版社2003年版,第6页。
② 王诺:《欧美生态文学》,北京大学出版社2011年修订版,第24—27页。

了六个方面的内容,即征服统治自然批判、工业与科技批判、欲望批判、生态责任、生态自然观、重返与自然的和谐。在修订版中,王诺将生态文学的思想内涵修正为八个方面,即人类中心主义批判、征服与控制自然观批判、欲望动力论批判、唯发展主义批判、科技至上观批判、消费文化批判、生态整体观、简单生活观。这些思想内涵的挖掘和归纳,为其后的生态批评的实践应用提供了最初的原则和切入点。可以说,在生态批评实践维度,王诺关于生态文学思想内涵的归纳,为奠基期无所依傍的评论者提供了"评什么"的标本,也为生态批评成为新的思想文化批评派别注入了思想资源、奠定了思想基础。

具有学科支撑意义的是,王诺在总结归纳欧美生态文学的思想特征时,回应了关于生态文学和批评一系列有争议的基本问题并作出了有力详实的辨析。其中,一些辨析迄今为止仍然是生态批评不能回避的基本问题,王诺的结论也仍然是可以藉以论析的主要观点。例如,关于人类中心主义。王诺认为:"生态文学家所反对的人类中心主义并不等同于人本主义。人本主义的价值观包括两个方面:一是主张在人类社会里的以人为本,另一是在人与自然的关系上主张以人为本、为中心、为主宰。后者才是人类中心主义。生态思想家要批判的绝非人类社会里的以人为本,而是在人类与自然关系方面的以人为本。生态思想家赞成在处理社会问题时坚持人本主义原则,尊重人、维护人权、捍卫公平正义;他们所反对的只是在处理人与自然关系时人的自大狂妄,反对人类自诩为世界的中心、万物的灵长、自然的随意掠夺者和统治者,反对人以征服自然、践踏自然的方式来证明自我、实现自我、弘扬自身价值。""认识论上的人类局限并不等于价值论上的人类中心。严格区分认识论上的人类中心和价值论上的人类中心是十分必要的。生态文学家承认、也不可能反对认识论上的人类中心倾向,他们反对的只是以人类为中心、以人类利益为尺度确定人与其他自然物的价值。""反人类中心主义并不是反人类,也不是主张牺牲人类的基本需求,更不是否定人类的生存权。这也是需要弄清楚的基本问题。事实上,生态整体主义绝非要求人类无度地自我牺牲,而只是要求人类有限度地利用和干扰自然。"[①]再比如,关于征服和控制自然观的批判、关于欲望动力观的批判、关于科技至上观的批判和消费文化观的批判,王诺不仅指出了这种观念的表现和生态危害,而且挖掘了其文化、心理原因,尤其是站在现代化后发国家的立场上,剖析了这些观念与"男权中心"、"欧洲中心"、"白人中心"等观念的文化关联,可谓视野开阔,据理翔实。

总之,《欧美生态文学》对于中国生态文学评论发展进程的重要性,不仅

---

① 转引自刘青汉主编:《生态文学》,待出版,第49—51页。

在于它系统展示了欧美生态文学的概貌,开启了中国学者了解欧美生态文学发展状况的一个窗口,更重要的是,王诺在系统研究欧美生态文学的过程中,辨析了一系列对于生态文学评论来说属于评论藉以开展的基本问题。所以,尽管王诺关于欧美生态文学发展进程的描述尚显粗疏,但是,《欧美生态文学》称得上生态文学评论的基础理论样本。《欧美生态文学》的重要性不仅在于向读者告知了欧美生态文学"怎么样",更在于向学界展示了"如何评论生态文学",这正是称《欧美生态文学》为"中国开展生态文学研究的滥觞"的核心所在。

二、狭义生态文学的现代性反思——《危机寻根:现代性反思的潜性主调——中国当代生态小说研究》评估

关于新时期生态文学的研究和新时期文学的生态学研究,已有的文献相对而言数量较多,仅已通过答辩的博士论文就有韦清琦的《走向一种绿色经典——新时期文学的生态学研究》(北京语言大学2004年博士论文)、吴景明的《走向和谐:人与自然的双重变奏——中国生态文学发展论纲》(东北师范大学2007年博士论文)、王军宁的《生态视野下的新时期文学研究》(浙江大学2007年博士论文)、张晓琴的《中国当代生态文学研究》(兰州大学2008年博士论文)、雷鸣的《危机寻根:现代性反思的潜性主调——中国当代生态小说研究》(山东师范大学2009年博士论文)等,可以说,这些论文代表了新时期生态文学研究的最高水平。

在这些文献中,选取《危机寻根:现代性反思的潜性主调——中国当代生态小说研究》作为中国生态文学评论的本源性文献,应当说颇费思量。因为,韦清琦的论文较早对新时期文学作出生态学的观照,其外国文学的学术背景也使他的论文更具比较研究的视野;吴景明的论文体量宏大,资料丰厚,既有生态文学发展成就描述,更有生态文学现状不足分析,从中可以看出他对中国生态文学的发展态势和具体作品的把握相当准确;王军宁的论文体例完善,论证规范,其"背景透视"、"思想回溯"、"文化省思"、"经典重构"的章节布局,非常契合生态批评的方法论典范;张晓琴的论文从作家作品个案入手,梳理出了清晰的生态文学代表作家和典型文本,其在"人学"原则和生态学原则既矛盾又融合的关系中对典型文本的阐释也颇有创新之处。但是,韦清琦的文章对于新时期生态文学的宏观把握由于外国文学的研究背景显得尚不全面,其对新时期生态文学发展状况的概述尤其是所谓"深绿色"阶段的描述语焉不详,而关于"非典"写作则似乎游离于文章整体之外,对于作家个案的分析因其更关注于"非虚构"文学而忽视了更多的具有生态意识的重要作家作品。

吴景明、王军宁、张晓琴等人的论著显示了对于中国当代生态文学(吴景明的论域延及了现代文学)的熟谙,但是,他们关于生态文学的现实背景、生态文学的思想资源、生态文学的发展状况、具体生态文学作品中的生态意蕴等论证思路和逻辑,依然没有超越关于生态文学研究的惯性思维,关于生态文学的现实背景和思想资源的阐述也大同小异。经过对文献的深入对比研究,以下因素使我将《危机寻根:现代性反思的潜性主调——中国当代生态小说研究》置于中国生态文学评论的本源性文献的地位。

首先,现代性反思与批判突破了生态批评仅仅从作品中挖掘生态意蕴的惯性思维。雷鸣从对安东尼·吉登斯、大卫·雷·格里芬、戴斯·贾丁斯等著名思想家的研究引述和前现代社会与现代社会的对比中认为,人类所面临的空前的生态危机,其深层基底在于西方文艺复兴和启蒙运动所开创的现代性,海德格尔、米歇尔·福柯、马尔库塞等著名哲学家、思想家对于思想史的主要贡献也在于现代性反思与批判。关于现代性反思,中国思想界存在着比西方更为复杂的研究境遇和表现,作为一个前现代、现代和后现代共存的国度,现代性批判在中国学术界自然存在着更多的争议和矛盾。揭示生态危机的现代性人文根源,关注生态文学与现代性反思的勾连,是很多生态文学研究者业已涉及的论域,但是,以现代性反思作为生态文学研究的基点,把中国当代生态小说定位于现代性反思话语,雷鸣的研究则具有开拓意义。以现代性反思切入生态文学研究,扭转了生态批评单一的生态学视角,也拓宽和加深了生态批评往往从作品中挖掘生态意蕴的因袭性路径和惯常思维,更容易清楚地揭示中国当代生态文学所产生的特定历史语境和社会运行机制,更容易触摸到生态危机产生的深层基底。

其次,现代性反思的基点使生态文学研究形成了与当代文学整体研究的呼应。20世纪90年代以来,受西方后现代理论的启示,中国的现代性研究一度成为哲学界、思想界、文化界、文学界的热点。其中,启蒙现代性或社会现代性与审美现代性或文化现代性之间,始终处于一种张力状态,正如鲍曼所言:"现代性的历史就是社会存在与其文化紧张的历史,现代存在迫使它的文化站在自己的对立面。这种不和谐正是现代性所需要的和谐。"[1]启蒙现代性与审美现代性的张力状态,在新时期中后期的文学创作中表现突出,陈晓明、周宪、王一川、张光芒等学者的研究明显地昭示了这一点。同样,从现代性反思的角度观照中国当代生态文学,可以发现,其对于人的主体性的审视,对于工业化手段的怀疑,对于城市文明的矛盾心态,对于科技文明的忧虑等,与当代

---

[1] 周宪:《审美现代性批判》,商务印书馆2005年版,第137页。

文学的整体研究形成了合力和呼应。从这个角度上看,雷鸣的研究不仅是生态文学研究的拓展,也是文学现代性研究的丰富。

第三,从审美的角度对生态文学作品缺憾的分析,对于生态文学的丰富与超越具有启示意义。面对日益繁盛的中国当代生态文学,雷鸣通过详尽的分析展示了创作界业已取得的成就。在雷鸣看来,正是出于共同的生态焦虑,中国当代生态小说发挥了中国文学惯有的参与功能,以触手可及的强烈忧患意识,表现着共同的生态焦虑母题,这种直接切入到中国当下现实问题的参与路径,产生了快速的社会轰动效应,对启迪民众的生态环保意识具有重要的作用。但是,中国当代生态文学明确的表意焦虑遮覆了更高的美学追求,急切的救赎愿望降解了文学的审美内涵,雷鸣将其表述为"命定的尴尬"。① 对于所谓"命定的尴尬",雷鸣进行了深入的分析。在他看来,这种"命定的尴尬"具体表现为"真实的执著与想象的偏枯"、"形象塑造的趋同与普泛的悲剧程式"、"问题意识的制导与文化意蕴的稀薄"、"宣传视域的规训与训导语言的编码"。② 对于生态文学的这种尴尬,雷鸣具体分析了其生成的历史和现实原因。其中,对于中国文学历来重视与现实的对应关系等文化基因的揭示、对于中国作家哲学思想贫血的分析、对于作家主体创作动机的激愤和趋同的呐喊的指摘、对于关注问题表象而不挖掘表象后的文化勾连的浮躁、对于注重直白训导式言说而忽视文本的多义与张力的态势等,都具有相当的针对性和一定的穿透力。值得肯定的是,雷鸣并没有在此停止脚步,而是对此提出了建议和呼吁。他认为,生态小说要得到升华,"生态小说在表达尖锐的生态现状的同时,要艺术地省思我们中国复杂暧昧的文化境遇与生态危机的勾连,即深入体察当下中国在全球化的语境下,中国社会文化因素与中国生态现实的关联,彻底反思人类中心主义和消费主义的西方文化内核,并融渗西方现代生态思想,去发现和重铸东方文化的生态精神。"同时,生态小说要改变生态话语的表述方式,"让生态理念的创作意图进行审美中介转换,建构意蕴丰盈的价值系统,这是生态小说最大限度地凸显自我的功能价值和提高艺术品格的最佳途程。"③

总之,从现代性反思的角度来分析中国当代生态小说,就迄今为止中国生态文学批评实践维度而言,雷鸣的研究可以说一定程度上具有了冯友兰先生

---

① 雷鸣:《危机寻根:现代性反思的潜性主调——中国当代生态小说研究》,山东师范大学博士论文 2009 年,第 128 页。
② 雷鸣:《危机寻根:现代性反思的潜性主调——中国当代生态小说研究》,山东师范大学博士论文 2009 年,第 129-145 页。
③ 雷鸣:《危机寻根:现代性反思的潜性主调——中国当代生态小说研究》,山东师范大学博士论文 2009 年,第 145 页、151 页。

所谓的"接着说"的意识和味道。当然,现代性是一个复杂的论题,尤其是在中国这个前现代、现代和后现代交错并置的现实语境中,中国生态文学要寻求思想深度的突破,必须平衡审慎地处理好自然神性与科学理性、自然伦理与人文精神、后现代的理想热望和中国前现代的大量遗存等方面的关系,"只有深刻领会人与自然、人与人、人与自我相互关系在中国的社会基础和历史复杂性,才有可能在文本中提出有现实效用的瑰丽想象,从而使生态小说能够负责任地面向未来。"①

三、文学生态研究的新成果——《新世纪文学现象与文化生态环境研究》评估

在生态文学研究的四个层次中,关于文学现象的生态学宏观研究,论者关注较少,成果不多,吴秀明等人撰写的《新世纪文学现象与文化生态环境研究》可谓个中翘楚。本书是吴秀明主编的"文化现代化和生态文学前沿丛书"中的核心著作,历时十载,可谓艰辛。尽管属于合作撰著,各章风格水平不一,但其对于新世纪文学的内外文化生态的检视,因其共时和亲历,体验可谓准确。和狭义的生态文学评论相比,《新世纪文学现象与文化生态环境研究》的研究对象不仅仅是生态文学,而主要是 20 世纪 90 年代以降的文学现象,应当说,称其为文学生态研究更为准确。从价值和意义的角度看,比起生态文学评论一味在作品中挖掘生态内涵的单一模式来,吴秀明对于一个时期文学现象的生态考察,更具学科价值和建设意义。

从生态文学研究 20 余年的大系统上来看,《新世纪文学现象与文化生态环境研究》的本源性文献价值体现在以下几个方面:

第一,问题意识明确,消弭了生态文学研究的一些激越和浮躁。

生态文学产生的直接动因是日益严峻的全球性生态危机,多数生态文学评论也主要通过生态文学进而关注生态危机的拯救,对于文学自身的生态问题,则很少有论者去作详尽的剖析。《新世纪文学现象与文化生态环境研究》则正是在众多论者激昂的生态拯救呐喊中,理性地关注到了激昂之余文学生态研究的盲区。吴秀明关于生态文学研究现状及对存在问题的反思,虽然声音不及具体的生态文学评论者激昂和高亢,但低沉的声音道出的是更沉重的问题。

在吴秀明看来,从生态文学创作和研究的深层内涵及其发展前景来看,目前的研究在诸多方面需要反思。首先,"在讲文学生态整体系统时要正视其

---

① 雷鸣:《危机寻根:现代性反思的潜性主调——中国当代生态小说研究》,山东师范大学博士论文 2009 年,第 158 页。

内部构成各因子或要素之间的差异,不能把斗争竞争与和谐协调绝对对立起来",因为"对于中国这样一个后发型现代化国家来说,它的良性互动、可持续发展的文学场的营造,不仅需要在中外文化尤其是中西文化这样的不同文化体系之间,以及精英文化、主流意识形态文化、大众文化这样同一文化系统中的不同层次之间的'互容共存',而且也需要它们彼此之间的相反相成、相克相生、相互竞争、互为补充的'互补共生'。"①但是,在全球化的今天,中西文化间的交流并不是彼此平等的,由于历史和现实的原因,中国及许多第三世界国家,在自然、社会和文化等方面并没有取得与西方国家同等的生态权利,中西方之间的文化交往更多的表现为西方国家对中国的文化倾销和文化霸权。所以,中国学界对于西方文化价值观包括生态价值观应有质疑、批判和否定的勇气,价值生态的平衡,不可能是不同文化体系间的无原则的和谐共处,而应是建立在生态正义基础之上的互补共生。其次,"在讲文学生态主客平等、物我一体的本体关系时,要正视人的主体的能动实践作用,特别是协调沟通主客关系的作用,不能将主体间性简单等同为非主体性或无主体性。"②很多生态批评理论家都认为,生态文学从根本上讲是对现代性的反思和批评,但现代性反思和批判中对于人的主体性的颠覆却是需要审慎对待的,对现代性负面因素尤其是其中的市场拜物主义、工具理性盛行等的批判,有助于文学生态的优化,但是其中批判的主体仍然是能动的人的实践。由此,吴秀明认为,生态文学研究中出现的颠覆人类主体的倾向,与"非人类中心主义"的思想主张密切相关,而"非人类中心主义"是一个存在不少悖论的尚需质疑的概念。第三,"在讲文学生态对生态学原则借鉴时,要注意后者毕竟属于自然科学的范畴,在目的、功能、手段上与文学有着根本的区别,因此有必要引进一个中介环节进行转换。这也是文学领域的所有跨学科研究特别是跨自然科学研究必须要解决的一个问题。"这个中介环节,吴秀明表述为哲学抽象化和艺术特殊化两个阶段。"生态学的研究方法应用到文学中来,首先要把其所蕴含的具有普遍意义的原则、思路、观点提升到哲学思维的高度,使之成为具有普遍指导意义的哲学方法,然后才能用来指导生态文学的研究。""哲学可以指导生态文学研究,但不能解决具体的生态文学问题,更不能替代生态文学研究本身。所以,还须从一般的哲学中介进入审美中介。"③在此基础上,吴秀明认为生态文学的价值主要不在于写了什么样的生态,而在于如何写生态,生态的内容必须

---

① 吴秀明:《新世纪文学现象与文化生态环境研究》,浙江工商大学出版社2010年版,第12－13页。
② 吴秀明:《新世纪文学现象与文化生态环境研究》,浙江工商大学出版社2010年版,第14页。
③ 吴秀明:《新世纪文学现象与文化生态环境研究》,浙江工商大学出版社2010年版,第18－19页。

具有情感化、形象化的审美内涵,才能具有美感和魅力,真正的生态文学不仅应是生态的,更应是审美的。

吴秀明对于生态文学研究的上述反思,尽管有些观点在哲学层面上仍然存在争议,引述他的观点也不意味着完全认同他的看法,但是,作为反思生态文学研究的一个角度,他的问题意识对于生态文学研究的进一步深入一定是有所裨益的。

第二,研究对象宏阔,拓展了生态文学评论的单一模式。

基于对生态文学研究的反思,吴秀明的《新世纪文学现象与文化生态环境研究》一改从生态文学作品中挖掘和诠释生态意蕴的因袭式单一模式,而是将研究的对象拓展到了文学现象和文学思潮,因为在他看来,既是生态的又是审美的生态文学作品其实很少,要促进生态文学的发展、丰富与完善,就应当借鉴生态学的原理和思维方法,对中国当代文学进行整体的分析和把握,找出影响文学生态和谐的基因和元素,促进文学生态的完善。这种研究,从实质上看,属于一种文学生态研究,比起具体的生态文学研究来,他的对象已不是文学作品以及文学作品中的生态蕴含,他的目的也不是通过文学作品最终指向自然的、社会的和人类精神的生态危机的改善。他的研究对象首先是与作家创作密切关联的文学生态环境,目的是如何促使作家创作出优秀的文学作品包括生态文学作品。所以,多数生态文学研究的路径是从文学到生态,吴秀明的研究则是从生态到文学。前者如果可以归之为生态研究,后者则是典型的文学研究。

值得指出的是,吴秀明在分析新世纪文学现象的现实语境和文学资源时,对于中国文学置身其中的全球化浪潮和后现代主义思想都有审慎深入的分析,其中既有全球化语境中关于本土文化两难境遇的担心,也有东方文化在与西方文化此消彼长中创造性转换的信心;既有对于科技时代工具理性压迫下文化生态失衡的忧虑,也有对于文学审美回归和文化生态可持续发展的展望;既有对于文学中民间资源开拓的功绩铭记,也有对沉溺民间放弃审美立场的创作的审慎批评。这样的研究在生态的理念下进行,的确比单纯的生态意蕴挖掘更贴合文学研究的本源。

无论生态文学研究,还是文学生态研究,在中国生态文学尚不完善的今天,在生态危机愈来愈严峻的现实境遇下,其研究价值都是毋庸置疑的。但是,相对而言,吴秀明的文学生态研究的特点更在于,面对浮躁激越的生态文学研究潮流,《新世纪文学现象与文化生态环境研究》展示了更审慎的态度、更纯粹的文学性和更具建设性的文学生态优化方案。

第三,内外生态兼析,凸显了文学生态研究的价值和意义。

从研究目标上看,吴秀明在《新世纪文学现象与文化生态环境研究》中所要达到的是试图通过对于新世纪文学生态失衡原因的剖析,探究建设和优化文学生态的可能性方案。其研究价值在于,摒弃了当下生态文学研究的惯性思路,较为全面地列举并分析了文学生态系统的内源性和外源性因素,通过对构成文学生态系统的精神主体、政府调控、媒体影响、批评功能和读者市场的剖析,建构了内外机制协调、完善文学生态的可能性理论框架。其中,对于新世纪以来因文学创作主体精神退守而引起文学萧条的分析,比起将文学危机简单地比附于生态恶化的结论来,更具说服力,也更有完善的可能性。在吴秀明看来,"从创作主体来寻找文学生态危机的原因,使我们注意到作家心态的失衡,而作家心态的培养却有赖于一个良好的生态环境。这个生态环境既可以大到是作家生存其间的社会文化生态,也可以小到是某个具体的创作和批评圈。如果把前者看作是文学的外部生态的话,那么后者主要指创作主体与文学内部其他因素的相互关联。它们共同影响了作家的创作心态和立场,甚至决定了特定时期文学作品的主导形态。"[①]对于20世纪90年代以来中国作家心态的分析,吴秀明既回顾了政治意识形态对作家的钳制,也指出了一切以经济为旨归的"新意识形态"对作家的侵蚀,面对前者,作家的心态表现为无奈,面对后者,作家的心态则表现为无措。同时,全球化带来的中国知识界普遍表现出的布罗姆所谓的"影响的焦虑",市场经济推动下的消费文化的泛滥,社会转型引起的作家的边缘化,使中国作家在无根的迷茫、物欲的诱惑和错位的不适中,表现出了前所未有的焦虑和浮躁。这种状况,正如吴秀明所说:"这样,在社会转型期的文学界就出现了两种奇妙的作家心态,一种是被赶出中心地位的失落和茫然悲观的情绪,另一种则是以边缘人自居的自负又绝望怨怼的情绪。焦虑则是它们共同的底色,一个为失去的地位焦虑不安,一个为不曾得到的地位焦躁不满。"[②]这种不满继而时时表现为中国作家从本应坚守的精神阵地全线退却,陈晓明所谓"表意的焦虑"实际上应当说就是作家心态焦虑的写照,王晓明所谓"旷野上的废墟"则是精神退却的标志。所以,文学的危机,首先是精神主体的危机,完善文学生态,首先须钙化作家这个内源性生态元素的心态。

当然,文学的外源性生态因素诸如政府调控、媒体影响、批评功能和读者市场等,也是影响文学生态的重要因素,在这些方面,《新世纪文学现象与文化生态环境研究》也提供了具有开创意义的诠释。尤其是关于媒体的传播属

---

① 吴秀明:《新世纪文学现象与文化生态环境研究》,浙江工商大学出版社2010年版,第18—19页。
② 吴秀明:《新世纪文学现象与文化生态环境研究》,浙江工商大学出版社2010年版,第130页。

性对文学大众化转型的推动、媒体的商业属性对文学消费化转型的强迫、影像霸权对文学生存空间的挤压、图像文化对文学深度的消弭以及文学批评的预警、净化和导引等生态功能的弱化等分析,都具有在生态文学研究维度上的创新点。正是这些创新点支撑了《新世纪文学现象与文化生态环境研究》的文献价值。

第三节 中国生态文学批评的偏误与修正

基于日益严峻的全球性生态危机的驱迫,面对逐步丰富的生态文学创作,作为生态文艺理论的实践形式,中国生态文学批评走过了20余年的探索之路。应当说,经过20余年的发展和积淀,中国生态文学批评取得了令人瞩目的成就。尽管中国生态文学批评之路尚在起步或曰途中,但阶段性的成果作为起步时的风景已经让人流连。

20余年来,中国生态文学研究的成就表现在诸多方面。首先,对于生态文学作品的评论和研究已经涉及到了文学作品的各个体裁,生态小说、生态散文、生态诗歌、生态戏剧等文学样式和重要作品都有相应的推介、评析和批评。成绩突出者诸如陈晓明、王兆胜、雷鸣、杨剑龙等关于生态小说,丁晓原、罗宗宇、龚举善等关于报告文学,徐治平、汪树东等关于生态散文,吴笛、田皓、西敏等关于生态诗歌,佘爱春、付治鹏、龚丽娟、刘永杰等关于生态戏剧,其中很多个案研究或可成为各自领域的本源性文献。其次,从生态学的角度考察文学作品的生态蕴涵的论著更是涵盖了古今中外文学领域的许多方面,引人瞩目的诸如王诺关于欧美生态文学的宏观考察,朱新福关于美国生态文学的梳理,李美华关于英国生态文学的评述,杨素梅和闫吉青关于俄罗斯生态文学的论析,汪树东、吴景明关于中国现当代生态文学和韦清琦、王军宁、张晓琴、雷鸣关于新时期生态文学的梳理与评析,王先霈、王志清、陈玉兰等关于中国古典文学的生态意蕴的挖掘,苗福光关于劳伦斯作品的重新阐释,陈茂林关于海明威作品的生态解析,覃新菊关于沈从文作品的生态观照等都达到了一定的高度。第三,生态文学研究突破了作品评论的单一路向,出现了关于文学现象、文学环境的生态研究,成绩突出者如吴秀明关于新世纪文学现象的生态研究。第四,支撑开展生态文学批评的基本概念和理论原则逐步明晰,曾繁仁、鲁枢元、曾永成、王诺、刘文良等的探索展示了这方面的主要成就。

总之,在中国生态文学批评这个维度上,无论是狭义生态文学评论,还是生态视角下广义生态文学甚至是非生态文学的生态学观照,抑或是关于文学现象、文学环境的生态研究,20余年的努力应当说已经基本具备了从史论的角度来观照的空间。

但是，作为理论的应用，作为生态批评最活跃的部分，中国生态文学评论还存在一些需要梳理、分析和修正的问题。

第一，精神资源的庞杂和批评话语的空泛。

生态文学批评是在全球性生态危机的现实驱迫下关于生态文学作品的研究，其目的是通过文学作品的解读，揭示生态危机的人文根源，唤醒人们的生态意识。生态批评的精神资源既有中国古代关于天地自然的冥冥玄思，如"天人合一"、"道法自然"等视人类为自然界一部分的朴素理念，更有创立于20世纪的对于中世纪之后启蒙文化反思和批判的西方生态伦理学。这些精神资源产生于中西不同的文化系统，有着不同的时代背景和现实需要，其中的各种观点丰富庞杂、交叉矛盾，必须辩证历史地加以辨析、吸收和利用，简单的继承和移植必然会因时空的变换、面对问题的不同而古今不符或食洋不化。

就中国古代生态精神而言，"天人合一"、"道法自然"是中国古代儒道哲学重要的基础范畴，也是当下生态批评者借鉴最多的两个概念。"天人"关系，实际上就是自然与人的关系。何谓"天人合一"，张岱年先生曾讲："中国哲学之天人关系论中所谓天人合一，有两意义：一天人相通，二天人相类。天人相通的观念，发端于孟子，大成于宋代道学。天人相类，则是汉代董仲舒的思想。"[①]同时，张岱年先生还曾讲："讲天人合一，于是重视人与自然的调谐与平衡，这有利于保持生态平衡，但比较忽略改造自然的努力。讲知行合一，而所谓行主要是道德履践，于是所谓知也就主要是道德认识，从而忽视对于自然界的探索。"[②]在这里，张岱年先生既讲到了"天人合一"观念的生态意义，也涉及到了中国科学落后于西方的文化基因。那么，如果追溯一下"天人合一"思想产生的历史根源，应当说，它主要体现了人类文明早期对于自然的恐惧、敬畏和顺应的普遍社会心理。这种心理今天看来契合了生态整体主义的理念，但是，如果简单地以此作为生态批评的准则，恐怕还有值得讨论的地方，其中最可悬疑的就是如何看待科学与生态的问题。生态批评反对科学工具理性，反对科学至上观，这些无益都是正确的，但是，如果因为科学至上带来的生态危害而反对科学，则一定会招来合理的质疑，因为在我们这个现代化后发国家，民主、科学的现代性吁求还是一个未竟的艰巨工程。

相对而言，"道法自然"比起"天人合一"来，生态意义更为直接。在先秦道家看来，天地人是一个紧密相连的有机整体，人和天地万物一样，有着一个

---

① 张岱年：《中国哲学大纲》，中国社会科学出版社1982年版，第173页。
② 张岱年：《中国文化与中国哲学》，东方出版社1986年版，第7页。

共同的本源,这就是道家哲学的核心范畴"道"。在"道"和天地人之间,它们的关联顺序是"人法地,地法天,天法道,道法自然",这里的自然,既有万物本源的含义,也有"自然而然"的准则的含义。英国科学史家李约瑟对于道家哲学之"道"曾有过清晰地诠释,他指出:"对道家来说,'道'(或道路)不是人类社会中正确的生活之道,而是指宇宙的运行之道,换言之,即大自然的秩序。"①由此推论,"道法自然"实际上表达了这样一个观念,那就是"自然"有其自在的、自然而然的、先于天地人而存在的规则和秩序,天地人只有遵循这些规则和秩序,包含天、地、人、道的自然才能平衡和谐。但是,这个"自然的秩序"是什么?道家哲学没有也不可能给出清晰的答案。同时,如何才能做到"道法自然",道家的途径是清净、无为、退隐、出世。那么,在今天这个全球化境遇中,道家的"法自然"的生态观念在何种程度上具有借鉴意义,恐怕也是一个需要讨论的问题。我觉得,道家哲学几千年来尽管很少成为统治集团的主流思想,但还是薪火不灭、得以传承,其原因在于其清净、出世的思想实际上为士大夫阶层提供了一个仕途不畅、精神压抑时精神超越的理论支撑,提供了一个保全精神的逃遁途径。思想史告诉我们,能够做到退隐、出世、清净、无为的文人志士,其心路历程基本上是先进后退,先入后出,先喧后静,先为后无为,一句话,道家的追求是有条件和境界的,贩夫走卒无所谓退隐出世、清静无为,因为在思想史上他们本身就是沉默者。由此可见,生态批评在道家哲学中挖掘的生态思想,实际上是一种精神理想,一种超越意识,而不是一种可以完全照搬的实践途径。不错,生态批评所推崇的梭罗的瓦尔登湖之旅是一个倡导简朴生活的生存实验,陶渊明的归隐则是保全独立人格的精神升华,他们的生态意义在于让后人看到了精神超越物质的境界,这是精神倡导,也是行为示范,而不是简单的逃遁或避世,"道法自然"的生态精神要求知识分子既要清静也要有为,知识分子的彻底退隐带来的将是更为严峻的精神危机。

所以,"天人合一"、"道法自然"等中国古代哲学思想是古人对强大的自然体验和思考的结晶,其中体现了古人对于自然的敬畏和顺应,也显示了富有启示意义的生态精神,作为生态批评的重要资源,我们必须在此基础上使其成为可以作为评论基点的理论支撑,而不是人云亦云的盲目引用,以免对生态文学的评论陷入空泛。

再看西方生态伦理学。一般而言,西方生态伦理学的主要理论包括史怀泽提出的"敬畏生命",利奥波德提出的"大地伦理",罗尔斯顿提出的"哲学走向荒野",奈斯的提出"深层生态学",辛格和黑根提出的"动物解放与权利"

---

① 李约瑟:《中国科学技术史》第二卷,科学出版社1990年版,第178页。

等。毫无疑问,这些理论家及其理论在生态思想史上具有不可替代的重要地位,他们对于生态文学创作和生态批评的开展起到了极其重要的启示和推动作用。但是,就中国生态文学研究而言,借鉴这些理论不能不关注的一个问题是这些理论产生的文化系统和这些理论言说的现实语境。具体地说,这些理论的基本核心是倡导生态中心主义,产生的土壤是西方人本主义和科学主义两大主流支撑下的文化传统,质疑和批判的直接对象是在西方具有统治地位的人类中心主义和科学至上观,产生的背景是西方发达国家高度现代化的现实语境,希望达到的目的是试图拯救伴随现代化而来的生态危机。理论的有效性取决于理论与现实问题的契合程度,对于生态危机同样严峻的中国而言,以试图拯救生态危机为旨归的西方生态伦理学,直观的感觉也应是可以疗救中国问题的良药。但是,面对中国这个前现代与现代以及后现代并存、人本主义和科学意识尚且淡薄的国度,虽然不能因前现代的存在而鼓吹不顾生态的现代化、因人本思想的淡薄而鼓吹人类中心主义,但借鉴和倡导西方生态理念需要注意理论的本土化,而不能简单照搬,否则,本来就处于边缘状态的生态话语就会被"先发展后治理"等土壤丰厚的言论所淹没。

关于生态文学批评的精神资源和理论基点,一些学者已作出了清醒的辨析,如刘文良就提出了"相对人类中心主义"[①]的观点,王诺等人也将生态中心主义改称为生态整体论。而在生态文学评论领域,对于此类关涉理论基点的问题重视不够、研究不深。目前,一些生态文学创作和评论者基于对生态问题紧迫性的感触,往往随着西方激进的生态主义者发出一些激越的呐喊,高亢地倡导回归荒野、守望大地、动物平等、敬畏生命,作为一种精神导向,这些评论有其合理的因素,但是,许多评论文章仅仅停留在从舶来的生态理念出发,到作品中寻找相应的对应元素,以此蠡测文学作品中蕴含的生态意识,评估文学作品的生态价值,这样的套路和结论显示的激越和高亢掩盖不了价值指向的空泛,所以,真正的富有建设意义的生态文学评论不仅应当回答作品中表现了什么样的生态意识,而且应当分析这些生态意识产生的文化基因和现实价值,应当分析这些生态意识在生态思想发展链条上的位置和作用,应当鞭笞生态背后中国当下更严峻的经济中心、权力中心、唯长官意志等现象并提出生态疗救方案。

第二,哲学根基的薄弱和终极追问的乏力。

哲学问题是人类面临的最本源的问题,哲学的结论也是人类最高智慧的

---

① 刘文良:《范畴与方法:生态批评论》,人民出版社2009年版,第14—22页。

结晶。就哲学与其他学科的关系而言,可以说,任何学科都离不开哲学的指导,任何学科发展的最高境界也往往会归为哲学性的结论。就生态批评而言,其思想基础同样与哲学密切相关。王诺曾经指出:"生态批评不是生态学这门自然科学与文学批评的简单相加,不是套用自然科学的批评。生态批评主要吸收的并非自然科学的具体研究成果和研究方法,它吸取的是生态学的基本思想——主要是整体观、联系观、和谐观等。生态批评最主要的思想资源不是来自生态学,而是来自生态哲学。生态批评是在生态哲学思想指导下的文学批评。"[1]在生态学与生态批评的关联中,生态哲学是一个不可忽略的中介,这个中介吴秀明将其称为"哲学抽象化"。吴秀明指出:"生态学的研究方法应用到文学中来,首先要把其所蕴含的具有普遍意义的原则、思路、观点提升到哲学思维的高度,使之成为具有普遍指导意义的哲学方法,然后才能用来指导生态文学的研究。"[2]简单地说,王诺所谓生态哲学对于生态批评的指导,侧重于认识论范畴,吴秀明所谓"哲学抽象化"侧重于方法论范畴。在这里,我们无意对于生态批评的哲学思想基础作系统的梳理,学界在这方面已经有相当多的结论,以上引述想要说明的是,无论是内容还是方法,研究生态文学或曰开展生态批评决不能忽视哲学的维度。

反观中国生态文学评论,激越、空泛、单一的生态意识发掘式的评论文章很少涉及生态问题的哲学反思,即便有一些对于自然与人类的终极性的生态追问,也因哲学根基的薄弱而显得浅表乏力。也许大家都承认,"生态文学从根本上讲是对现代性的反思和批判,这种反思和批判不是要解构现代性,'而是要超越现代性,并试图通过对现代前提和传统观念的修正,来构建一种后现代世界观'。"[3]但是,现代性是一个歧义丛生、争议不断的命题,在哈贝马斯看来,现代性是一个未竟的现代化方案和事业;在福柯看来,现代性则是一个值得质疑的态度;利奥塔则把现代性看成是需要彻底批判的"宏大叙事"。同时,作为一种价值取向和思想活动,现代性在不同领域又表现为启蒙现代性和审美现代性,且二者之间常常处于对立的紧张关系之中。那么,生态批评所要反思和批判的是哪一个层面的现代性,并且,现代性的主要特征同样表现为反思性、批判性和变革意识,那么,生态批评如何看待现代性的这些特征,这些都有进一步追问的必要。在西方,作为现代性的主要代表,启蒙现代性的主要思想倾向是人文主义,但是,进入现代以后,"启蒙现代性裂变

---

[1] 王诺:《欧美生态批评》,学林出版社2008年版,第59页。
[2] 吴秀明:《新世纪文学现象与文化生态环境研究》,浙江工商大学出版社2010年版,第18页。
[3] 吴秀明:《新世纪文学现象与文化生态环境研究》,浙江工商大学出版社2010年版,第15页。

产物之一的资产阶级现代性所关切的主要目标已经不再是人文主义或人本主义,而是资本、市场和利润——这一点在卡琳内斯库《现代性的五副面孔》一书中得到了清楚的揭示。"所以,"主宰当今世界的并不是启蒙现代性所承诺的人文—人本主义,而是从资产阶级现代性观念中衍生出来的市场中心主义(正是后者导致了日益严峻的环境灾难)。"①对于张旭春的观点,虽然需要警惕其由此引发的为人类中心主义的张目,但其对资产阶级现代性观念背后的市场中心主义的审慎态度倒是值得借鉴。在中国,现代性的问题更是一个众说纷纭的论域。作为一个现代化后发国家,现代化的诱惑至今还令国人孜孜以求,作为现代化的伴生物和结果,现代性更是一个进行中的话题,只是全球性的生态危机使得这一话题显得更加复杂和沉重。处于现代化的诱惑、儒道等传统文化的浸润和生态危机的折磨等三重文化张力中的中国,任何简单的舶来理论都需要科学的审视,"在中国思考现代性问题,有必要强调两点:一方面是保持清醒的'中国现代性问题意识',另一方面又必须确立一个广阔的跨文化视界。"②所以,无论西方还是中国,对于现代性反思这一生态文学主题的研究,都要潜入问题的底层,都要结合各自的现实语境,都要呼应关于现代性的哲学反思,只有这样,才可能发出更有力量的终极性追问。

第三,批评方法的单调和切入路径的因袭。

从文艺理论发展规律和西方文艺理论思潮发展更替来看,生态批评是对形式主义批评、语言学批评、结构主义批评等所谓内部批评的反拨;作为对全球性生态危机的直接回应,生态批评是一种倾向于关注文学作品思想内容的外部批评。同时,作为一种对于自然科学思维方式的借鉴,生态批评与20世纪80年代的新方法论有着某种目的和方式的相似。"所不同的是,新方法论致力向自然科学寻求借鉴,停留在批评的思维和方法本身,是一场方法论的革命;而生态批评则超越了自然科学、人文科学的范围,进入了开放开阔的'自然—社会—文化'的大系统,从本质上讲是一场思想革命,是一种意识形态的批评。它不仅是对文学的反思,同时也是对文明的反思,体现了人文工作者的强烈的'类关怀'和文化忧患意识,在层次境界上大大超出了方法论,已明显嵌入了全球化的思维观念,与当下盛行的文化批评形成了'共生互补'的关系。"③在中国,生态批评的产生还有一种疗救批评"失语症"的学术努力,它所

---

① 张旭春:《生态法西斯主义:生态批评的尴尬》,《外国文学研究》2007年第2期。
② 周宪、许钧:现代性研究译丛·总序,《现代性的五副面孔》,商务印书馆2002年版,第2页。
③ 吴秀明:《新世纪文学现象与文化生态环境研究》,浙江工商大学出版社2010年版,第11页。

负载的时代精神、社会责任和知识分子的担当意识,与20世纪90年代的"人文精神"讨论有着学术追求的相似,尽管其思想核心已经迥然不同。同时,"这次文学批评理论的'转移',是一次基于'人类文明知识系统'大转移之上的'时代性转移'。……人们甚至还可以期待,日益萎顿的文学精神将获得新生,时代的转移将为历史悠久的文学艺术提供一次'重建宏大叙事,再造深度模式'的机遇。"①

但是,不论生态批评被如何表达和希冀,作为一种方兴未艾的思想性文化批评,尽管被寄予了开放的姿态和"多元共生"的思维原则,在批评方法上,生态批评还没有成熟批评所应有的、评论者所可遵循的研究方法。"关于生态批评方法的研究,现有的研究也主要还只是停留在宏观层面上的原则性探讨,宏观指导下的微观研究相对来说还显得很薄弱,这也直接限制了生态批评'批评功能'的发挥。生态批评一方面要揭示生态文艺(文化)中表现了什么样的自然、人与自然的关系、生态危机及其根源,另一方面,又应该分析这种自然、生态危机等是通过什么样的艺术方式表现出来的。但当前的生态批评却常常忽视了后者,往往只是通过对作品进行扫描、复述来简单地诠释生态文艺作品的主题,以支撑起几个'生态'观念。批评的视角和方法往往显得比较单一、单调,缺乏活力,得出的结论也就难免千篇一律。"②为什么出现这样的状况? 有两方面的因素不应忽视:其一,生态批评从本质上说是一种思想型外部批评,这与我国传统的社会学批评有着外在的形似,二者之间存在着某种程度的"异质同构"。尽管新时期以来中国文学批评已经得到了空前的丰富和发展,经过新时期"方法论"洗礼的批评家们已经很少操持社会学批评话语,但是,经验的、惯性的思维方式还有着强大的力量,在"文以载道"的传统文学观念浸润下的中国文学批评者,任何时候都更容易在文本中发现作者所载之"道"的蕴涵,这样做最容易、最简便、最自然也最难避免。所以,尽管生态批评在文本中挖掘的生态意蕴已经和社会学批评所要追溯的思想内涵完全不同,但追溯文本所载之"道"的批评方法却异曲同工。其二,已有的生态批评理论形态的确很少方法论的指导,生态批评实践依傍的本源性文献所探讨和提供的多是批评的思想性原则。王诺的《欧美生态文学》和《欧美生态批评》是多数生态文学批评者难以绕开的理论文本,其中所阐述的生态文学的思想内涵或曰生态文学研究的切入点,阐述的都是生态文学文本中已有的生态思想或者应该在生态文本中挖掘的生态思想。对于生态批评具有开拓意义的鲁

---

① 鲁枢元:《生态批评的空间》,华东师大出版社2006年版,第2页。
② 刘文良:《范畴与方法:生态批评论》,人民出版社2009年版,第14页。

枢元的《生态文艺学》，提出了"作为开展生态文艺批评的可资参考前提"的著名的十项原则，①其中也多为思想内涵界定和思想原则倡导。应当说，刘文良的《范畴与方法：生态批评论》在这方面有着创新性的建构意义，但是，它所借助的"文化诗学"、"生态女性"、"经典阐释"等也还是偏重思想内涵的批评方法。所以，理论形态的有待完善带来了批评实践方法的单一，进而也使生态文学评论表现出方法路径上的雷同因袭。相对于传统的文学批评来说，生态文学批评的变化是所借助的理念由阶级、社会、历史、人性、审美等依次递补为"生态"，批评的方式和效果并没有质的超越，如果说"新方法论"是"新瓶装了旧酒"，生态文学批评则可以说是"新酒装入了旧瓶"，这是生态批评的现状，也是生态批评进一步提升的预留空间。

第四，文本细读的不足和审美体验的隔膜。

作为一个诞生于全球性生态危机驱迫下的创作潮流，生态文学具有鲜明的政治色彩和伦理色彩；作为用生态学的理念和方法挖掘古今中外文学作品中蕴含的生态意识，探究导致生态危机的深层思想文化根源的生态批评，同样显示出政治和伦理方面鲜明的批判性和深刻的反思性。正由于此，生态批评往往表现出关注生态问题的急切和审美体验上的隔膜，不少以"生态"为着眼点的文本解读，"往往停留在对显在的'生态题材文本'进行'主题批评'的层面，概括文本中体现的'生态思想'，泛化地总结出其'生态主题'，难以体现一种文学批评特定的批评视角和广阔解读空间。"②纵观目前生态文学批评的各个层面，之所以表现出方法简单、路径单一、叙述和结论千篇一律的发展状况，一个重要的原因是缺乏对于文学文本的精读、细读和美学意义上的品鉴阐释。作为生态理论的具体实践，详尽的文本解读既是生态理论的应用，也是完善理论建构的新的来源，对于实践性很强的生态批评来说，如果忽略对于大量文本的品鉴阐释，所谓的评论和以此为基础的生态理论建构便是无源之水、无基之塔。王诺曾经指出："与生态美学和生态文艺学有所不同，生态批评是批评实践，其主要任务不是建构学科体系，而是通过大量、具体、细致的文本解读和评论，为文学史重写、生态文艺学和生态美学理论的逐渐丰富完善进行学术储备，并通过这种解读和评论挖掘生态危机的思想文化根源……"③文本细读的不普遍、不深入，也带来了更多的违背文学规律、降解生态文学美学内涵的批评现象，诸如先入为主地在文本中挖掘生态理念，从理念出发在

---

① 鲁枢元：《生态文艺学》，陕西人民教育出版社2000年版，第386－388页。
② 刘蓓：《西方生态批评的特色和启示》，转引自曾繁仁主编《全球视野中的生态美学与环境美学》，长春出版社2011年版，第296页。
③ 王诺、宋丽丽、韦清琦：《生态批评三人谈》，《三峡大学学报》2006年第3期。

作品中寻找作者的生态意识和由此体现出的生态责任等,这种所谓生态视角的浮光掠影的主题思想概括式批评,其结果常常造成文本与理论的游离,很难触摸到文学的美学内核,最终带来的不仅是生态批评的庸俗化,而且可能是接受者对于生态文学和生态批评的逆反,进而影响到生态文学研究的终极目标。

对此,从生态文学创作的角度看,作家应当避免因寄寓生态思想、表现生态理念而出现理念排斥诗性的弊端,防止创作中对于文学审美价值这一本质特性的忽视,防止使文学作品成为生态说教的媒介的不良结果。"生态文学不同于一般的哲学,它引进生态学而又要保持文学自身的特点,还要经过艺术特殊化——也就是美学的特殊中介这样一个环节。这里所谓的审美中介,就作家的创作主体来说,就是情,即主体情感;通过情感这样一个内在的中介,来融涵和统摄主体与客体、作家与读者之间的关系,寄托自己的忧生意识和创生思维。""对于生态文学来说,它的主要价值不在写了什么样的生态而是怎样写生态,即怎样根据自己对现实生态的切身体验和感受,通过写情和写人的审美中介,将其纳入富有意味的创作机制中给予美的造型。真正的生态文学,它的所有有关生态的思维理念都被充分地情感化、形象化了,因而它的生态叙事既是生态的,更是审美的,具备了文学作为人学应有的情感和美感、温暖和魅力。"①从生态文学批评的角度看,生态批评虽然属于一种思想文化批评,其基本任务是挖掘文学作品中蕴含的生态思想以及导致生态危机的深层思想文化根源,但也要时刻警惕不能忽视批评的审美原则,防止出现重视思想内容而背离文学诗性本质追求的类似社会历史批评的简单化、庸俗化倾向,"理想的生态文学批评应当寻求文化性和审美性之间的和谐统一,将生态文学作品视为文化的审美凝结,不剥离文化的审美蕴涵,从而使文学批评摆脱过度的文化哲学的观念思辨模式,在一定程度上恢复其文学性读解的审美精神和诗性维度,这样才可以避免空洞的文化说教。"②

第五,典型文本的稀缺和批评视野的狭窄。

不可否认,尽管生态文学发展迅速,堪称文学园地的奇葩;尽管生态文学批评已逐步摆脱边缘化的尴尬地位,几成新世纪文学研究的显学;但是,相对于积淀深厚的文学传统和文学批评历史,相对于强大的主流文学批评话语,生态文学和生态文学批评仍然处于边缘地带,欧美如此,中国更如此。在欧美,

---

① 吴秀明:《我们需要什么样的生态文学——关于当下生态文学创作和研究的几点思考》,《理论与创作》2006年第1期。
② 刘文良:《范畴与方法:生态批评论》,人民出版社2009年版,第111–112页。

尽管"那个在我初入环境批评领域时困扰我的问题——'有谁听我说话?'已经让位于'我怎么才能跟得上这项新事业的前进步伐?'"但"迅速成长未必是成熟或成功。'生态批评'这个最为常见的、对一个成分日渐复杂的运动进行总括的术语,还没有赢得和性别批评或后殖民批评或种族批评等研究同等的身份。"①"在当今西方文论界纷乱的话语角逐中,生态批评作为一种新出现的话语,仅仅只是开始引起注意而已,还没有能够获得当代西方批评话语的主导权,更谈不上引导当代批评理论完成从语言论到生态论的'绿色转向'。"因为,"生态批评目前还主要局限在英美两国,并没有掀起席卷整个西方批评界的浪潮","即使在英美两国,从事生态批评的学者大部分都还处于比较边缘的学术地位,要成为英美批评界的理论主流恐怕还要假以时日。"②在中国,尽管生态文学创作已经有了近三十年的历史,但是引起较大反响的仍然主要是凭借一幅幅灾难性图景和一串串触目惊心的数字进而表达直白的生态理念的纪实性作品,如果从历史感与美学性和谐统一、思想性与形象性完美结合、批判性与情感性水乳交融的高度来看,真正称得上经典的生态文学作品实在不多。与之相应,生态文学批评尽管文章数量不少,但程式化、浅表化的主题思想式文章很多,可资阐释的经典作品和可资抽象理论形态的批评文章尚属少数。

当然,生态文学批评的文本视野没有仅仅限于狭义的生态文学,也正是众多的从生态视角下对于具有生态意识的文学作品乃至反生态的作品的评论充实和繁荣了生态批评的实践园地。但是,需要指出的一个重要现象是,中国很多所谓生态视野下的文学批评文章,仅仅因为作品描写了所谓自然、田园等意象,就据此认为其中蕴含了深刻的生态思想,其实论证了一些假象。相对于美国、俄罗斯等20世纪60年代以来的经典生态文学创作,"中国生态文学家对自然赞美性的描绘、对田园生活不再的怀旧性感伤,大多是因由作家的文人情趣和文人理想。他们不是为了自然而赞美自然,他们并非真正为自然界的伤痛而哭泣。他们的立足点仍然是人。因此,他们很少有真正意义上的生态思想思索和生态文学描写。"③这样的作品在中国文学史上绵延流布,有其深厚的文化基因,需要认真地加以分析和甄别。事实上,作为原始社会和农业社会的产物,中国古代悠久的传统文化,的确显示了生态意识,但是,古代很多关于

---

① [美]劳伦斯·布依尔:《环境批评的未来:环境危机与文学想象》,刘蓓译,北京大学出版社2010年版,第1页。
② 张旭春:《生态法西斯主义:生态批评的尴尬》,《外国文学研究》2007年第2期。
③ 纪秀明:《近三十年中国生态文学研究综述——兼论生态文学与批评在中国的演进》,《辽宁大学学报》2009年第1期。

自然的观念是人们出于对自然威力或者天高地阔的敬畏,有些属于神秘想象,有些属于图腾崇拜,并非完全现代意义上自觉的生态思维。古代文学作品中许多山水诗、田园诗,表现的多是文人失意后的寄情自然,对此的生态评价应当是"蕴涵了生态意识"而非"表达了生态意识","蕴涵"和"表达"之间,实际上存在着一个作家是否存在自觉的生态思想问题。如果仅仅凭借自然、家园等字眼,不去作更深入的生态思想分析和生命意义上的追问而仅仅作浅表性的结论,损害的必然是生态文学批评的品位和地位。

第六,批评主流的漠视与批评力量的不足。

生态文学批评影响的大小、水平的高下,既与它所关注的问题的重要程度有关,也与研究的对象即生态文学的丰富性有关,但是,最根本的决定因素仍然是批评主体的整体力量和个体素养。对于创作主体的研究,理论界曾经给予了热情的关注,创作主体心理、创作主体素养等曾经是文艺心理学的重要组成部分,创作主体的精神生态分析也已经成为文艺生态研究的关注点。但是,对于批评主体,文艺心理学的研究浅尝辄止,文艺生态研究则尚未引起重视。

回到关于目前中国生态批评实践成效的评估,可以说,上述关于生态文学批评存在的问题,其根本的原因最终必然不可避免地归结到批评主体。理论基点的奠定,精神资源的继承,哲学根基的构建,批评方法的借鉴,文本细读的实施,批评视野的拓展,无不指向批评主体。所以,所谓生态文学批评的问题,实际主要就是生态文学批评主体的问题。透视目前生态文学批评的发展实践,应当说,主流话语的漠视,整体力量的不足,批评个体素养有待完善等是制约生态文学批评健康发展的重要原因。

从整体上看,中国生态文学评论界和欧美情况类似,从事生态文学评论的大多尚处于学术界边缘,京沪重点学术机构并没有形成生态文学研究的中心,国内知名的评论家也较少将研究视野拓展到生态文学领域。即使在生态批评界内部,涉足较早、成就较大的学者也主要关注生态理论的构建,真正从事生态文学评论的多是一些初涉理论界的年轻学者。这个现象值得分析。在我看来,生态文学评论界存在的这一现象,一则与生态文学评论尚处于简单应用阶段,初涉者更容易由此积累学术根底,浮躁的学术评价机制也迫使年轻的学人更容易滑入追求事半功倍的学术轨道上。二则也是更重要的,这一现象的存在主要与评论家的代际特征有关。具体地说,新时期以来目前尚且活跃的评论家,从代际上大致可分为 50 年代前后出生、"文革"后蜚声评坛的老年一代评论家,60 年代出生、90 年代转型期中跨入学术界的中年一代评论家和新世纪前后崭露头角的年轻一代评论家。目前,操持评论界话语权的实际上主要是老年一代和中年一代评论家,而这两代评论家最突出的代际特征就是抱有浓重的"主体性情结"。感受了"五四"文化革命遗泽、经历了20世纪80年代文学辉煌的他们,面对中国近代以来一百多年的现代化努力,其内心深处最深的烙印应当是现代性精神,20世纪90年代"人文精神"大讨论实际就是他们在这一思想核心指导下的一次没有集结号的集结。可以说,"主体性情结"和现代性精神已经成为他们臧否人物、褒贬作品的心理基础和基本标准,成为他们评论创作中难以摆脱的思维定势。所以,面对以"后现代精神"为思想基础的生态文学及其批评,我更倾向认为,他们不是不明白生态危机的严峻和生态批评的必要,而是难以认可生态理论对于主体、人本、科学等理念的激越否定,难以找到他们认为最合理的拯救人类危机的理论途径。对于生态文学保持的沉默,潜藏的是他们对于后现代观念的立场游移,反证的则是生态问题的沉重。当然,同为这一代际领域的少数评论家已经成为生态文艺理论的领军人物,如曾繁仁、鲁枢元等,但仔细追溯一下他们的理论轨迹,可以发现,他们的代际特征只是得到了创造性转换,并没有被生态理论的后现代理念所完全更替(关于这一问题,将在后面章节分析论证)。

  从个体上看,由于主流话语的漠视,初涉学界的年轻学者支撑了生态文学评论的大半江山,而这些年轻学者尽管具有思维敏捷、较少思想羁绊、外语能力较强等优势,但浮躁的学术考评体制和急功近利学术研究风气,使得这一代学子潜心研究的精神已远不如老一代学者,其学术积淀也还需要假以时日。所以,观点激越、浮光掠影、理念为先、脱离文本成为很多生态文学评论的突出表征。

  批评主流的漠视和批评力量的弱小,造成了关于中国生态文学研究的两个悖反式结果:失语和喧哗。所谓失语,并非评论界完全没有关于生态文学的评判,而是评论家表现出了对于生态文学批评的理论基点、基本原则等重要问题在认知上的困惑和立场上的游移,其结果是经典性阐释文献的稀缺;所谓喧哗,则是评论界对于生态文学表现出了一定群体内的高度关注,但因为浮躁激越的态度,产生的评论成果很多是难以形成理论合力的无主调的众声喧哗之声。失语也好,喧哗也罢,对于生态文学的发展来说,一个共同的结果是,生态文学批评难以承担其阐释、预警、导引、净化等批评应有的功能。

  指出问题的存在,是为了希冀问题的解决。针对中国生态文学批评的现状,批评界、理论界应当进一步梳理研究中西方生态精神资源,确立符合中国发展实际的生态理论基点,摒弃"以人为本"和"生态为本"的悖论纠缠,注重传统生态智慧的现代性转换,拓展生态批评的国际化视野,凝炼具有中国特色的生态批评话语,高扬"中国文化的生态情怀,中国文艺的生态特色,中国诗学的生态倾向",促进人类与自然的和谐共荣,为建设人类生态文明作出生态文学及其批评的贡献。

　　对于中国生态文学批评来说,"道路崎岖"已在意料之中,"前途光明"也应是发展必然。

第四章　中国生态批评理论形态的建构

生态批评理论是生态文学批评实践的基础,其理论形态的完善与否,直接决定着生态文学批评实践的理论走向和发展层次。除自身具有的生态批判功能外,生态批评理论的重要作用是要讨论和完善指导生态文学批评实践的理论基点、精神资源、批评原则、批评方法等基本问题。同时,作为生态批评理论具体实践的生态文学评论,其实践成果又会不断促进生态批评理论的丰富和完善。二十余年来,具有创新意义的生态文艺学、文艺生态学、生态美学等生态批评理论形态成为中国生态批评发展进程中的一道靓丽的风景。可以说,对于生态批评理论形态的生成研究是中国生态批评发展进程研究的核心,对于其中重要理论维度的分析可以更明晰地看到中国生态批评与传统文艺理论的内在关联和继承,也可以由此彰显中国文艺理论工作者在生态视域下发展本土理论的渴求与内在逻辑。任何文化、任何理论产生都有其现实土壤,也有其发展渊源,而发展渊源的梳理和分析更有助于厘清理论的内在生长点或发展阻滞元素,这也是批评进程研究的目的之一。

第一节　中国生态批评理论形态的建构进程

从20世纪80年代末开始,伴随着生态文学的萌生和生态文学评论的出现,中国生态批评理论也开始萌芽。中国文艺理论工作者关于生态批评理论的最初探索,应当说是文艺学领域对于自然科学概念和方法的移植借鉴,明显带有"方法论热"的余温。中国生态批评理论形态的真正形成是在20世纪90年代以后,其标志是文艺生态学、生态文艺学、生态美学、审美生态学等概念的提出和曾永成《文艺的绿色之思——文艺生态学引论》、鲁枢元《生态文艺学》、徐恒醇《生态美学》、曾繁仁《生态存在论美学论稿》、袁鼎生《审美生态学》等一系列著作的出版。在中国生态批评理论形态的建构过程中,文艺生态学、生态文艺学、生态美学、审美生态学等各自有着不同的研究侧重和核心范畴,但考察人与自然的生态关系是其共同的阐释视角和理论标志,正是在这个意义上,它们共同构成了中国生态批评的理论形态。同时,从成就、影响和理论涵盖来看,生态文艺学和生态美学构成了中国生态批评的主要理论形态。

一、生态文艺学的建构轨迹

(一)文艺学对于生态学概念的移植

20世纪80年代后期,文艺学研究中已经出现了"生态"的概念,当时更多地表述为文艺生态学。据资料查证,国内较早介绍文艺生态学的文章是张松魁的《文艺生态学——一门孕育中的新学科》(《艺术广角》1987年第4期)。其后,理论界出现了一些移植文艺生态学概念研究文艺学或古典文学的文章,诸如高翔的系列文章《勃兰兑斯的文艺生态学思想》(《社会科学辑刊》1988年第6期)、《丹纳的文艺生态学思想》(《社会科学辑刊》1989年第5期)、《黑格尔的文艺生态学思想》(《宁夏社会科学》1989年第6期)、《〈淮南子〉文艺生态学思想述评》(《辽宁师范大学学报》1990年第5期)、《十九世纪欧洲文艺生态学思想概说》(《社会科学辑刊》1991年第4期)、《西方古代文艺生态学思想概说》(《学术界》1992年第1期)、《魏晋南北朝文艺生态学思想概说》(《辽宁大学学报》1992年第1期),范军的《中国古代文论中的地理环境论——中国古代文艺生态学思想研究》(《华中师范大学学报》1990年第3期)、《略论地理环境对文艺创作的影响——关于文艺生态学的一点思考》(《黄冈师范学院学报》1991年第1期)、《班固的文艺生态学思想初探》(《华中师范大学学报》1991年第5期)等。但是,这一时期的这类文章更多地关注的是地域、文化、政治等作为文学的环境因素对于文学发展的影响,从立论内核上看,其与传统的现实主义文艺理论强调现实生活对于文学影响的理论路径是一样的。据鲁枢元先生研究,中国当代文艺理论界较早借鉴生态学概念进行系统文艺学研究的学者是夏中义。在出版于1988年的《艺术链》一书中,夏中义专门设置了一章:"文学生态论",其立论的前提是把文学看成是一个类似生物界"食物链"的生态流程系统。夏中义指出:"我把艺术链看成是一个在心理美学水平上运行的,由作家造型、读者接受、专家批评所串联的长距文学流程。其中每一阶段如造型又由素材、想象、灵感、传达等环节依次衔接,环环相扣。这一功能性链式流程尽管简洁,却仍然蕴涵着某种有机系统的生命感,即只要任何一环被卡,整个艺术链旋即停止运转。于是,艺术链的畅通或淤塞,在一定意义上就成为衡量文学生态优化与否的美学尺度之一。"①在《艺术链》中,夏中义认为,决定文学事业兴衰成败的关键是需要优化文学生态,而文学生态优化的前提是必须不断改善"外部生态环境",健全"内在生命主体"。夏中义说:"文学繁荣所需的最佳生态,是以两大外因即文化转换与政治气候的历史际会为标记的";"人格结构是主体精神调节器,是人为了平衡主、客体关系而设置的自我安魂机制,它将有助于主体适应环境而使主体活在世上觉得安适自在。"②应当说,夏中义所谓的"文学生态论"实质上仍然是对于生态学概念的移植和借鉴,明显带有20世纪80年代中期"方法论热"的余温,其论述的目标是如何通过优化文学生态系统内部的各个组成部分进而促进文学的繁荣,立论基础尚没有关注生态危机的现实土壤,论证对象也不是针对明晰的生态文学,理论指向更不是倡导文学所应承担的生态使命和责任。同时,正如鲁枢元先生所言,"八十年代的中国文坛,正处于思想解放的高潮之中。刚刚从长期政治浩劫中走出来的一代青年学者,几乎把自己的全部精力都用在了对于中国现实社会问题的反思上,在他们这一时期的学术性写作中,政治意识显得特别浓重,政治责任感也表现得特别强烈,也许那时的学术问题本身就已经成了政治问题。夏中义的《艺术链》也不例外。"所以,"夏中义把他的文学生态系统的环境因素仅仅限定在社会政治方面,一是时代的变革以及由此引发的观念更新、文化转换;一是政治的改革以及由此带来的政策的宽松、管理者的宽容。他对'文革'式的文化专制、文化暴政的极端愤恨,使他强化了政治作为环境因素对于文学生态的作用;同时,大约也因为他对于法兰克福学派社会批判精神的赞赏,他更严厉地批评了意识形态钳制文学生态造下的灾难性恶果。""总的说来,夏中义这时面对的主要是中国的现实社会政治问题,还不是地球生物圈内的生态危机。这样,他对于文学生态的描述,就自然少了些生物方面、生态方面的内涵,使得他所谈的'生态'更多地只是拥有一种象征的意味。"③

值得指出的是,尽管20世纪80年代后期关于文艺生态的研究更多地属于概念的借用和方法的启示,但在一些文艺学辞书中已经出现了文艺生态学的概念。其一,文艺学家鲍昌主编的《文学艺术新术语词典》对于文艺生态学做出了明晰的界定:"文艺生态学是研究人类生存的自然环境、社会环境及其他各种因素同文学艺术进行交互作用的科学。它把人类看成是世界总生命网的一部分,人类同生存的自然环境、社会环境,在生物层上建立起来的文化层

---

① 夏中义:《艺术链》,上海文艺出版社1988版,第267页。
② 夏中义:《艺术链》上海文艺出版社1988版,第273、279页。
③ 鲁枢元:《生态文艺学》,陕西人民教育出版社2000年版,第65-66页。

之间,有着互相影响、互相作用的互生关系……文艺生态学的基本目的,是对于自然、社会、人类、文化等各种变量同艺术生产的关系进行分析研究,找出艺术发展、艺术分布、艺术消亡的各种规律,并找出文艺生态平衡的可行办法。"①其二,文艺学家古远清编写的《文艺新学科手册》对于文艺生态学作了更详细的阐述:"文艺生态学,是从人、自然、社会、文化等各种变量关系中,研究文艺的产生、分布以及发展规律的一门学科,是文化生态学的一个分支。""文艺家不仅要以社会的、文化的尺度,而且也要用自然的尺度去求真、善、美。""它强调文艺是在什么样的环境中产生和发展的,影响文艺生存、发展的都有哪些环境因素,这些因素之间存在什么样的关系。""关于自然环境因素对文艺的影响,文艺生态学从下列四个方面加以考察:一,文艺的产生和发展,同周围的自然生态质量有密切的关系。自然生态的变化,常常会引起文化的变迁和兴衰;二,文艺创作活动与其他生命活动一样,一开始也是以自然界为对象的。这种亲自然的倾向,至今还保留在创作活动中……三,自然环境因素对社区作家群的形成,对作家、艺术家的作品形成独特的艺术风格和风貌,有很大影响……四,自然环境对社会读者、观众的审美情绪和审美情趣也会发生影响。""孕育中的文艺生态学,就其研究方向来说,有两种主要发展趋势:一种是侧重研究文艺同自然生态的相互关系;一种是侧重运用生态学方法研究文艺。"②

对于两部文艺学辞书关于文艺生态学的概念界定,鲁枢元先生认为:"在我看来,'生态文艺学'与'文艺生态学'在侧重点上是多少有些不同的,前者的研究是落实在'文艺学'上,属于文艺学的一个分支学科;后者则落实在'生态学'上,属于生态学的一个分支学科。"生态文艺学与文艺生态学相比,"研究方向并无大的差别","只是文字的表述略有不同。"③对此,我倒觉得,20世纪80年代的文艺生态学概念与生态文艺学的区别,如果不拘泥于字面的理解,重要的不在于属于哪个学科分支,从立论基点上看,他们都是建立在文艺学的根基上,其实质性的区别在于文艺生态学是从借鉴生态学概念出发,落脚点止步于文艺问题,理论目标是如何促进文艺生态的优化进而促进文艺的繁荣;而生态文艺学则是触发于全球性自然、社会、精神危机的现实忧患,祈望繁荣文学并通过文学的精神力量承担拯救生态灾难的文学责任,前者是封闭的理论,后者则是循环的理论。所以,20世纪80年代的文艺生态学应当说是半

---

① 鲍昌主编:《文学艺术新术语词典》,百花文艺出版社1987版,第14页。
② 古远清编:《文艺新学科手册》,华中理工大学出版社1988年版,第50—52页。
③ 鲁枢元:《生态文艺学》,陕西人民教育出版社2000年版,第384页。

途上的生态文艺学。对于文艺生态学的渊源,鲁枢元先生认为,两部辞书"在行文中都把'文艺生态学'当作斯图尔德创建的'文化生态学'中的一个分支学科,并且与'文化生态学'同时兴起于20世纪40年代至50年代,那恐怕也是一种望文生义。生态文艺学至今仍处于艰苦的草创时期,而它从尼采、怀特海、贝塔朗菲、海德格尔、马尔库塞、梭罗、利奥波德这些哲学家、美学家、生态学家那里汲取的营养,要远远多于斯图尔德"。[①] 鲁枢元先生此言应当更为准确。

(二) 文艺生态学的学科建构努力

相对于20世纪80年代末文艺学对于生态学概念的外在移植,90年代末出现了一些具有学科意义的文艺生态学理论。其中,曾永成先生的《文艺的绿色之思——文艺生态学引论》是我国第一本对马克思主义进行生态阐释并以马克思主义的生态观为指导进而展开论述的文艺生态学论著。其后,宋丽丽的博士论文《文学生态学建构——生态批评的思考》在文学生态学的概念和模式辨析、文学生态学建构基础阐述、文学生态学阅读策略设计、文学生态学价值取向建构等方面作出了有意义的探索。余晓明的博士论文《文学生态学研究》则从生态学的角度对于文艺与"文艺的精神家族"其他要素诸如政治、经济、文化之间的关系做出了有意义的阐发。吴秀明先生的《新世纪文学现象与文化生态环境研究》作为典型的文艺生态学的应用成果,为文艺生态学的理论建构反馈了富有建设意义的实践标本,其对文化生态环境的构成元素设计及其关于现实语境、文学资源、精神主体、政府调控、媒体影响、批评功能、读者市场等元素对于文学生态的影响分析,从逆向上看,一定程度上即可以看作文学生态学的典型框架。

作为我国马克思主义文艺生态学的肇始之作,曾永成先生的《文艺的绿色之思——文艺生态学引论》在中国生态批评理论形态的演进过程中具有重要的意义。在曾永成先生看来,绿色是对生命的隐喻,绿色也正是文艺的本色,"认同绿色"即是"文艺的本色还原";"对文艺的绿色之思,就是对文艺的生命本色之思。它要在绿色的生命意蕴和生态内涵的引导之下,深入思考人类精神领域(不只是精神领域,而应说是整个生命领域)的这块绿色基地怎样在人的生命生态中生成它的绿色,又如何对人的生命存在和人性生成发挥其绿色的作用。"[②]作为一位马克思主义文艺学家,曾永成认为:"文艺生态问题与马克思主义之间的联系决不是人为的牵合与附会,而是由马克思主义及其美学和文艺学理论中含蕴的生态意识和生态智慧(一种生态世界观层次上的

[①] 鲁枢元:《生态文艺学》,陕西人民教育出版社2000年版,第386页。
[②] 曾永成:《文艺的绿色之思——文艺生态学引论》,人民文学出版社2000年版,第2-3页。

生态意识和生态智慧)这一事实决定的。""文艺的绿色之思,理应从马克思主义的生态观念中吸取智慧,为自己寻求最坚实也最具生命力的理论基础。"①在他看来,马克思在《1844年经济学-哲学手稿》中阐述的"整个所谓世界历史不外是人通过劳动而诞生的过程,是自然界对人说来的生成过程。历史本身是自然史的即自然界成为人这一过程的一个现实部分"亦即"自然向人生成"的观点是对人与自然关系的最高概括,是典型的人本主义生态观,这是马克思主义生态内涵的核心表现,也是马克思主义文艺生态学的理论基础。以此为起点,曾永成先生努力用艺术的生命本体论代替传统的意识形态本体论,把文艺的绿色之思,看成是对文艺问题的生态学思维,并将文艺生态学的主要目标概括为"认同绿色:文艺的本色还原"、"走向绿色:文艺的生命寻根"、"融入绿色:向自然吸取生存智慧"、"解析绿色:文艺生态思维的主要课题"、"培育绿色:文艺应有的生态功能"、"守护绿色:文艺对市场的生态守望"。② 曾永成先生从马克思主义文艺学的基本范畴出发,在对马克思主义文艺思想的阐释中突出了生态维度,在对文艺人学意蕴的终极探寻中,具体分析了文艺审美活动的生态本性和生态功能,剖析和界定了文艺生态思维的观念和范畴,并对文艺活动与自然生态的关系、社会主义市场经济条件下的文艺生态问题作出了严谨精彩的论述。通过对节律感应和节律形式的生态阐释,曾永成先生认为,人类的审美艺术活动,如果追溯其终极性根源,实际上就是人类生命本性的自然需要的显现,是人类通过具有生命意味的节律形式感悟生存意义的生态调节活动;"因此,审美应是人类生命存在和生成的本源性因素,是人类生命本质和水平的直接表征。'人类为什么会有文艺?'这并非是一个来自意识形态层面的形而上问题,而是一个直逼人类生命本性的终极性提问。"③以文艺的生态本性为前提,曾永成先生提出并分析了一系列具有创新意义的文艺生态学观念和范畴,诸如"生"、"和"、"合"、"进"的文艺生态学观念;"生态气象美"、"生态秩序美"、"生态功能美"等生态美的具体形态;文艺生态场、文艺生态位、文艺生态结构以及文艺主体生态系统、文艺本体生态系统、文艺功能生态系统等文艺生态学范畴。具有现实意义的是,曾永成先生认为,在自然生态危机已经成为关系着人类前途和命运的严重问题的今天,文艺学研究应当高扬生态意识,昭示和剖析自然与精神的象征关系,研究和彰显自然与文艺天然因缘,广泛深入地开掘自然生态中的审美资源和精神信息,进而优化人类的

---

① 曾永成:《文艺的绿色之思——文艺生态学引论》,人民文学出版社2000年版,第1页。
② 曾永成:《文艺的绿色之思——文艺生态学引论》,人民文学出版社2000年版前言。
③ 曹家治:《〈文艺生态学导论〉读后》,《当代文坛》2000年第5期。

生活方式,提升人类的精神境界,培育人类具有生态文明特征的生命精神。基于此,曾永成先生从价值论的角度对于中国传统诗学中"师法自然"等艺术精神和西方诗学中回归自然等浪漫思潮进行了生态学阐释,体现了知识分子在人类的层面上的承担意识,也一定程度上突破了文艺学从文艺到文艺的封闭研究思维和论证模式。

当然,作为马克思主义文艺学的一种当代形态,作者一味阐释经典的思维惯性,一定程度上限制了自身的思想视野,也削弱了生态批评理论应有的批判性和现实介入性。同时,曾永成先生基于"自然向人生成"的理论基点,认为在自然向人生成的生态进化运动中,人作为自然迄今为止所生成的最高成果即主体化的自然,理应是生态价值的主体;一切价值都产生于自然界生成为人的生态关联中,因此人也是审美价值的终极主体;从审美活动的生态本源看,人在生命节律活动上的生态需要所要求的尺度,也就是审美价值的生态尺度;这种把生态美学植根于人本生态观的理论,仍然存在着需要警惕的实质上基于人类中心主义的研究误区。

(三) 生态文艺学的理论指向和路径

相对于文艺生态学的理论建构,20世纪90年代后,生态文艺学也取得较大的进展。在生态文艺学的发展历程中,鲁枢元先生无疑是一位重要的代表人物。与曾永成先生等建构文艺生态学的学术努力不同,鲁枢元先生关于"生态文艺学"的系列成果显示了生态批评理论形态的另一种指向和路径。从20世纪90年代开始,鲁枢元先生就较早有意识地开始了生态理论研究,并相继推出了《中国现代化中的文学与精神生态》(《文汇报》1994年12月11日)、《文学丛林中的生态平衡》(《文学报》1995年11月30日)、《我们与它们——生态伦理学札记》(《上海文学》1996年第1期)、《文学批评的精神层面》(《文艺理论研究》1996年第3期)、《文学艺术与生态学时代——兼谈"地球生态圈"》(《学术月刊》1996年第5期)、《文学是人学的再探讨——在生态文艺学的语境中》(《文艺报》2000年10月24日)、《文化生态与文学艺术》(《光明日报》2000年10月26日)、《文学艺术中自然主体的衰变》(《文艺理论研究》2000年第5期)、《走进生态学领域的文学艺术——生态文艺学引言》(《文艺研究》2000年第5期)、《文学艺术批评的生态学视野》(《学术月刊》2001年第1期)、《开发精神生态资源——生态文艺学论稿》(《南方文坛》2001年第1期)、《生态批评的知识空间》(《文艺研究》2002年第5期)等阶段成果。鲁枢元先生关于生态文艺学的理论表述集中体现在出版于2000年的《生态文艺学》和出版于2006年的《生态批评的空间》等论著中。另外,鲁枢元先生主编的《自然与人文:生态批评学术资源库》,视域涵盖中外古今,资料洋洋百余万言,为推动生态批评的发展发挥了不可替代的基础作用;刘文良的《范畴与方法:生态批评论》对于生态批评范畴和生态文学研究方法的探讨,富有问题意识,凸显了理论指导实践的应用性,在生态批评理论形态建构进程中应当占有一席之地;一些富有新见的文章也论及了生态文艺学的理论建构问题,如刘锋杰的《"生态文艺学"的理论之路》(《安徽师范大学学报》2003年第6期)、彭松乔的《生态文艺学:视域、范式与文本》(《江汉大学学报》2002年第3期)等。

鲁枢元先生的《生态文艺学》在中国生态批评的理论生成进程中具有开拓性的意义。该论著首先从宏观上论述文学艺术在地球生态系统中的位置和意义,文学艺术与自然、社会、时代、人的精神性存在的关系,以及文学艺术在未来生态社会中可能发挥的重大作用。在此基础上,作者凭借生态学开放的视野,运用生态学的基本原则、基本理论、基本概念、基本知识对文学艺术中的一些重大问题——诸如"文学艺术家的个体发育"、"文艺创作的能量与动力"、"文学艺术活动中的信息交流"、"文艺作品中的人与自然主题"、"文学艺术的生态学价值"、"乡土文学、地方艺术的生境"、"文学艺术史中的生态演替"以及"文艺批评的尺度""文艺政策的协调平衡"等问题作出较为具体的阐发,并由此提出了自己关于"生态文艺学"建设的构想与创意。鲁枢元先生认为:"一门完整的'生态文艺学',应当面对人类全部的文学艺术活动做出解释。而作为人类重要精神活动之一的文学艺术活动,必然都和人类的生态状况有着密切的联系,优秀的文学艺术作品更是如此,因而都应当纳入生态文艺学的理论视野加以考察研究。"[1]鲁枢元先生建构生态文艺学的理论逻辑是,在地球生态系统中,不仅存在着自然生态系统、社会生态系统,也存在着精神生态系统,相应地,生态学也应当划分为"以相对独立的自然界为研究对象的'自然生态学'、以人类社会的政治、经济生活为研究对象的'社会生态学'、以人的内在的情感生活与精神生活为研究对象的'精神生态学'";[2]但是,从已有的研究成果看,自然生态学不可能涉及精神生态系统,社会生态学以人类社会经济生产活动中的物资、能源、人口、环境、技术为研究重心,也"有意无意地忽略了地球生态系统中人作为个体的、个性的、情感的、信仰的、潜隐性的以及超越性的,即人的心灵性的、精神性的存在";[3]所以,人类的文学艺术活动作为一个生长着的有机开放系统,作为整个地球生态系统中的一个"子系

---

[1] 鲁枢元:《生态文艺学》,陕西人民教育出版社2000年版,第28页。
[2] 鲁枢元:《生态文艺学》,陕西人民教育出版社2000年版,第146页。
[3] 鲁枢元:《生态文艺学》,陕西人民教育出版社2000年版,第42页。

统",作为精神生态系统的核心组成部分,存在着从生态角度重新审视和研究的必要,存在着追求精神生态和谐的巨大的研究的空间,这便是生态文艺学研究的理论基础和前提。

《生态文艺学》以作者一贯持有的散文笔法写就,很少理论著作常有的枯燥、刻板、晦涩,但并不失理论的创新和严谨,其关于精神生态学的界定及其研究,可以说富有建设意义和学科价值。鲁枢元先生认为,"精神不仅仅是'理性',也不仅仅是人的意识,它还是宇宙间一种形而上的真实存在,是自然的法则、生命的意向、人性中一心向着完善、完美、亲近、谐和的意绪和憧憬。精神生态是地球生态系统中的一个重要方面,人类的精神是地球生态系统中的一个重要的变量。"①精神生态学"是一门研究作为精神性存在主体(主要是人)与其生存的环境(包括自然环境、社会环境、文化环境)之间相互关系的学科。它一方面关涉到精神主体的健康成长,一方面还关涉到一个生态系统在精神变量协调下的平衡、稳定和演进"。②鲁枢元先生关于精神生态的剖析,其价值不仅在于凸显了一个被忽视的生态领域,而且在于他的理论指向和论证路径将生态危机的根源追溯到了人类自身的精神危机。在他看来,生态危机不仅发生在自然领域、社会领域,同时也发生在精神领域,人类精神世界中价值取向的褊狭,或许才是最终造成地球生态系统严重失调的根本原因。导致生态危机的人类精神世界中褊狭的价值取向,其思想文化根源是长期雄踞西方且已经"全球化"的人类中心主义,其具体表现主要是西方启蒙运动以来逐步强化的人与自然相分离的世界观以及技术思维、工具理性、经济发展至上等价值观念。对此,鲁枢元先生借用马克斯·舍勒关于"资本主义精神"的分析和海德格尔对于"技术的本质"的审视,进而对启蒙运动之后西方300年的现代化进程史作出了精彩的生态阐述。鲁枢元先生认为,自从牛顿的物理学世界观确立之后,整个世界进入了崭新的时代。"这个所谓的'崭新时代',显然就是目前我们仍然置身其中的'工业时代'","牛顿对这个时代做出的贡献在于,他给人们提供了一种不同于以往的、切实而又可靠的'宇宙观':自然、物质是外在于人的,世界是客观存在着的,人凭着自己的理性(科学知识、技术工具)可以有效地认识、控制、利用、改造这个世界。""就是在这样一种观念的支配下,在牛顿之后的300年里,人类的世界发生了天翻地覆的变化。300年间,人类凭借自己的理智,凭借自己发明创造的先进的科学技术手段,向自然进军,向自然索取,开发自然,改造自然,一心一意地

---

① 鲁枢元:《生态文艺学》,陕西人民教育出版社2000年版,第387页。
② 鲁枢元:《生态文艺学》,陕西人民教育出版社2000年版,第148页。

要为自己在地上建造起人间天堂。这条道路一直延续到今天,300年的历史,同时又被称作世界'现代化'的进程。"启蒙的进程,是科学日益强化的过程,是物质日益现代化的过程,也是马克斯·韦伯所谓的"世界的祛魅"过程,"在科学之光的照射下,天庭不再是万众仰望的上帝居所,而不过是由物质构成的广袤空间;地球不再是宇宙的中心,而只是银河系中一颗小小的行星;大地也不再是上帝的血肉之躯,而不过是可供工农业生产开发利用的资源;人类与其说是上帝的孩子不如说是猿猴的后代;上帝本人也已经被科学的实证追逼得无处藏身。"①

问题的复杂性更在于,在鲁枢元先生看来,为"人性"所规定的人类生活本来是拥有两重性的:一方面人类是万物之灵,拥有认识、改造自然的理性和手段;另一方面,人类又是地球生物圈生命网络中的一环,地球众多物种中的一员,注定要生活在相应的自然环境中。在过去的三个多世纪中,人类被征服自然的节节胜利冲昏了头脑,竟忘记了第二点,忘记了自己和自然血肉相连的关系,迷失了自己的本性,因此,几乎在人类取得胜利的所有方面人类都同时踏入了自然的陷阱。同时,现代化进程所造就的"仅仅依靠外力去征服其他的人和物,去征服自然和宇宙"的外向型、功利型的现代社会,也片面地培养造就了现代人"善于经济"、"精于算计"的人格。宗教般的神圣化、心灵化的境界遭到蔑视,个人的精神生活变得异常贫乏,人的"意志能量"不再"向上"仰望,而是"向下"、向着永远填不满的物欲之壑"猛扑过去"。这时,一心攻掠外物的"猛士",其实已经普遍沦为为外物拘禁的"奴隶"。在强大的技术力量统治下,社会的精神生活与情感生活被大大简化了,日渐富裕的时代却又成了一个日趋贫乏的时代。②

总之,从生态价值评估的角度看,现代化进程中表现出的"擅理智,役自然",以及物质的不断丰富与精神的逐渐贫乏,科学的极度张扬与艺术的不断退缩,这样的进程绝非是所谓直线的进步。怀特海认为,在人类的身上存在着两种性质不同而又密切相关的力量:一种表现为宗教的虔诚、道德的完善、审美的玄思、艺术的感悟;一种表现为精确的观察、逻辑的推理、严格的控制、有效的操作。科学的认知既不能包容更不能取代审美的感悟,"你理解了太阳、大气层和地球运转的一切问题,你仍然可能遗漏了太阳落山时的光辉","夕阳无限好",那该是一个审美的境界。而审美的境界总是与自然密切相关,"伟大的艺术就是处理环境,使它为灵魂创造生动的、转瞬即逝的

---

① 鲁枢元:《生态文艺学》,陕西人民教育出版社2000年版,第3-4页。
② 鲁枢元:《生态文艺学》,陕西人民教育出版社2000年版,第9-10页。

价值。"①所以,正是由于工业时代科技和物质文明的迅猛发展,怀特海所谓人的第二种力量被推向了极致,第一种力量则被冷落被忽视,其结果既破坏了人与自然的有机完整,也造成了文明的偏颇和人的生存状态的失衡。这种状况,法国文学家乔埃斯有一个形象的评价:"现代人征服了空间、征服了大地、征服了疾病、征服了愚昧,但是所有这些伟大的胜利,都只不过在精神的熔炉里化为一滴泪水!"②也正如贝塔朗菲所言:"简而言之,我们已经征服了世界,但是却在征途的某个地方失去了灵魂。"③

从生态危机的人文根源挖掘入手,鲁枢元先生的生态文艺学建构相对于曾永成等学者的文艺生态学研究就具有了更清晰的历史与文化批判的维度,显示了更为外向的理论指向和路径。在鲁枢元先生的生态文艺学架构中,生态危机存在的复杂的思想文化根源是其理论前提;对于以资本主义为主要形式的现代文明的反思与批判是其理论的出发点;展示和剖析文学艺术在地球生态系统中的位置和意义,文学艺术与自然、社会、时代、人的精神性存在的关系,以及文学艺术在未来生态社会中可能发挥的重大作用是其理论的主要内容;通过文艺促成生态精神的生成,促进人类对自身价值观念、生活方式、文明取向做出根本性调整是其理论的终极目标。鲁枢元先生这样的论证逻辑,使生态文艺学负载了更多的时代精神和社会责任,也期待着文明范式的变换将使日益萎顿的文学精神获得新生,将给承载着人类精神的文学艺术带来"重建宏大叙事,再造深度模式"的机遇。

二、生态美学的建构轨迹

(一) 生态美学的提出

20世纪90年代,伴随着生态危机日益严峻的现实和美学自身超越的内在需要,中国美学界提出了生态美学的概念。据党圣元研究,"较早提及'生态美学'一词的是台北学者杨英风于1991年第1期《建筑学报》上发表的文章《从中国古代生态美学瞻望中国的未来》。"④但是,杨英风的文章并没有对生态美学进行详细论述,而是通过对于中国先民智慧凝炼出的"顺物之情、应天之时,达天人合一共融的境界"等生活美学观的生态分析,倡导"自然、朴实、圆融、健康"的中国式建筑理念。学界认为,中国大陆正式刊出的第一篇论述生态美学的文章是俄罗斯学者 H. B. 曼科夫斯卡娅的《国外生态美学》,

---

① [英]A. N. 怀特海:《科学与近代世界》,商务印书馆1959年版,第191–193页。
② [法]詹姆斯·乔埃斯:《文艺复兴运动的普遍意义》,载《外国文学报道》1985年第6期。
③ [奥]贝塔朗菲:《人的系统观》,华夏出版社1989年版,第19页。
④ 党圣元主编:《生态批评与生态美学》,中国社会科学出版社2011年版,第13页。

该文由中国社会科学院情报研究所译审吴安迪(由之)翻译,刊于1992年《国外社会科学》。文章对于20世纪60年代以来欧美生态美学(环境美学)研究的历史源流和理论进展进行了详细介绍,认为欧美生态美学(环境美学)"已远远超出了就艺术中的自然问题进行传统研究的范围"。但是,这篇文章并没有引起中国学界的注意,中国生态美学研究的肇始更多地被看作是佘正荣的《关于生态美的哲学思考》(《自然辩证法研究》1994年第8期)和李欣复的《论生态美学》(《南京社会科学》1994年第12期)。

佘正荣的《关于生态美的哲学思考》具有了研究生态美学的自觉认识。佘文认为,"现代人类耽迷于占有日益增多的物质财富的疯狂欲望,误用科学技术的强大物质力量,洗劫整个地球,奴役所有生命,撕裂了人与自然万物原有的和睦关系,导致了人与自然的殊死对抗。"对抗的结果,带来了前所未有的全球生态危机,人类也遭受着生态破坏带来的自然界的报复。"生态美学正是研究地球生态系统之美的一门新崛起的学科。为了防止我们人类和所有生命物种所栖居的地球退化为一颗死寂的行星,为了恢复、维护和扩展自然美,我们不仅迫切需要研究人类生态学和生态伦理学,而且也迫切需要研究与之密切相关的生态美学。"在佘文中,作者并没有详细阐述生态美学的对象、范畴、原则等,但是其关于"从自然美到生态美"的研究必要,以及生态美的特征、生态美的深层义涵、生态美的意义等的论述,已经涉及了生态美学的基本研究对象和核心内容。其关于生态美的意义的阐述,实际上是对于当代社会广泛关注的生态问题的理论回应,凸显了中国生态美学产生之初强烈的参与性和现实批判意识。

相对而言,李欣复的《论生态美学》是一篇具有一定理论深度的生态美学专论。在李欣复看来,"生态美学同生态环境学、生态哲学、生态意识学等生态科学群落一样,是伴随着生态危机所激发起的全球环保和绿色运动而发展起来的一门新兴学科。它以研究地球生态环境美为主要任务与对象,是环境美学的核心组成部分,其构成内容包括自然生态、物质生产生态和精神文化生产生态三大层次系统,目前属草创时期,需要进行学科的基本建设。"基于这样的基本认知,作者在梳理原始时代、农业文明时代和工业文明时代"人与自然"关系的基础上,提出了生态美学的三大观念和三大原则方法。李欣复认为,"生态美学以研究地球生态环境平衡和谐发展所具有的审美价值为主要内容和任务",必须树立"生态价值是人类最高价值"、"生态平衡是最高价值美的观念"、"时空统一角度上追求自然万物的和谐协调发展美的观念"、"努力建设新的生态文明事业的美学观念";为达到建设生态文明社会的目标,在审美创造过程中应当遵循"道法自然的原则与方法"、"返璞归真的原则与方法"以及"适度节制的原则与方法"。同时,在对生态美学的性质和地位作了简要界定后,作者还提出了生态美学的内容构成,他认为,生态美学的内容应当包含两个部分,"一是基本原理部分,即阐明生态平衡对于人类具有最高美学价值的内涵、原因和形态表现。""二是主干理论部分,也就是物质生产与精神文化生产必须适应人天合一协调发展,以维护生态平衡,才能取得审美价值的道理与原因的科学论证。"今天来看,李欣复当时关于生态美学是环境美学的组成部分的界定和所谓基本观念、原则、任务的设计不乏矛盾和粗疏之处,但是,作为生态美学的开拓性研究,其价值和意义无疑值得肯定。并且,作者认为,"作为一门年轻的新兴学科,生态美学在知识理论内容构成上有自己独特的系统与标准及原则,尽管它目前尚没有定型成熟,但其蕴涵的科学性、先进性决定了它具有强大的生命力和发展前途,我们应该为它的诞生和建设欢呼,并贡献绵薄之力。"这样的认识和定位无疑也是清醒和富有召唤意义的。

(二) 生态美学研究的拓展与深化

尽管从20世纪90年代前期开始,中国生态美学研究已经初露端倪,但是,作为一个新兴学科,在经济发展仍然是国人第一要务的环境中,以反思现代化的负面影响为特征的生态美学并没有得到理论界更多的关注。直到2000年,中国生态美学研究才真正得到进一步拓展和深化,其初始标志是徐恒醇《生态美学》一书的出版。

徐恒醇的《生态美学》是我国第一部全面研究生态美学的论著。作为技术美学专家,徐恒醇以严谨的思维在《生态美学》中展示了较完备的体系建构意识和实践应用意向,也表现出了与西方环境美学相类似的意旨。在徐恒醇看来,生态美学是一门在当代生态观念的启迪下产生的新兴跨学科性的美学应用学科,生态美学研究应当具有深刻的理论意义和实践功能。基于这样的学科定位,徐恒醇提出了许多富有启示意义的初创性见解。徐恒醇认为,随着工业化进程的加快和生态危机全球化的到来,人与自然的关系成为当代的一个突出问题,它既是一个社会实践的难点,也成为文化理论中的一个热点。在回顾分析了原始时代、农业文明时代和工业文明时代等不同阶段人与自然关系的特点后,徐恒醇指出:"人类所经历的农业文明和工业文明,在一定意义上说,是以牺牲环境为代价去换取经济和社会的发展。然而,自然生态环境的破坏最终也将导致整个人类文明的衰败。""随着人类生态意识的觉醒和可持续发展方针的逐步落实,一种新的人类文明的曙光已经呈现,这便是人与自然和谐共生的生态文明时代。"[①]在这样的大背景下,徐恒醇首先界定了生态美

---

① 徐恒醇:《生态美学》,陕西人民教育出版社2000年版,第7页。

学的对象和理论前提:"生态美学是以现代生态观念对美学理论的完善和拓展。它克服了传统美学主客二分的思维模式,强调了审美主体的参与性和主体对生态环境的依存关系。它真正体现了审美境界的主客同一和物我交融。生态美学的产生是历史的必然。它既是以生态价值观为取向对审美现象和规律的再认识,又是以人的生态和生态系统为对象的研究。"①建立生态美学有两个理论前提,一个是人的生命意识,一个是生态审美观。关于生命意识和生态审美观,作者多有精彩阐述,"如果说生命是本体论意义上的'存在',那么这种生命关联和生命共感便是生态美的本体特性,它反映出整个地球生态系统是一个活生生的有机整体。中国美学曾经把美的蕴涵界定在对生命的体验中,那么生态美的底蕴便是对人与自然交融的生命体验,它来自天人一体,是天、地、性、心的合而化一";"生态审美观正是以生态观念为价值取向而形成的审美意识,它体现了人对自然的依存和人与自然的生命关联。生态审美反映了主体内在与外在自然的和谐统一性。生态审美意识不仅是对自身生命价值的体认,也不只是对外在自然美的发现,而且是生命的共感与欢歌。在这里,审美不是主体情感的外化或投射,而是审美主体的心灵与审美对象生命价值的融合。它超越了审美主体对自身生命的关爱,也超越了役使自然而为我所用的价值取向的狭隘,从而是审美主体将自身生命与对象的生命世界和谐交融。"②概言之,生态美学就是研究人与自然所能达到的和谐生命境界的美学。生态美学的核心范畴是生态美,对此,徐恒醇认为:"所谓生态美,并非自然美,因为自然美只是自然界自身具有的审美价值,而生态美却是人与自然生态关系和谐的产物,它是以人的生态过程和生态系统作为审美观照的对象。……它是人与大自然的生命和弦,而并非自然的独奏曲。"③这种既有理性概括,也有文学喻指的言说,显示了难得的接受推动力和理论张力。当然,相对于大多从文艺美学界走出的生态美学家,徐恒醇关于生态美学的论述具有更清晰和自觉的实践指向,这一特色体现在《生态美学》对于"生活环境的生态审美塑造"、"生态环境与城市景观"、"生活方式的生态审美追求"等内容的论述之中。如果说徐恒醇关于生态美学理论前提和生态美范畴等的论述为中国生态美学建构跨出了最初的探索步伐,那么其利用生态美学理论对于生活环境、城市景观和生活方式等提出的建设意见则为生态美学走出理论演绎、关注人类生存开启了积极的导向。

---

① 徐恒醇:《生态美学》,陕西人民教育出版社 2000 年版,第 10 页。
② 徐恒醇:《生态美学》,陕西人民教育出版社 2000 年版,第 137 页、第 9 页。
③ 徐恒醇:《生态美学》,陕西人民教育出版社 2000 年版,第 119 页。

其后,中国生态美学出现一个快速发展的时期,更多的学者出现在生态美学研究领域,全国生态美学专题研讨会相继在西安、贵州、南宁、武汉召开,《陕西师范大学学报》、《文艺理论与批评》等刊物还设立了生态美学研究、文艺与生态等专栏,推出了一大批颇具影响的研究成果。这一时期,较有影响的生态美学研究文章有:曾永成的《人本生态观与美学问题》(《西南民族学院学报》1999年第1期)、徐恒醇的《生态美放谈——生态美学论纲》(《理论与现代化》2000年第10期)、刘恒建的《论生态美学的本源性——生态美学:一种新视域》(《陕西师范大学学报》2001年第2期)、刘成纪的《从实践、生命走向生态——新时期中国美学的理论进程》(《陕西师范大学学报》2001年第2期)、陈望衡的《生态美学及其哲学基础》(《陕西师范大学学报》2001年第2期)、彭立勋的《生态美学:人与环境关系的审美视角》(《光明日报》2002年2月19日)、曾繁仁的《生态美学:后现代语境下崭新的生态存在论美学观》(《陕西师范大学学报》2002年第3期)、李西建的《美学的生态学时代:问题与意义》(《陕西师范大学学报》2002年第3期)、吴绍全的《生态美学——自然生态与文化生态的平衡》(《山东师范大学学报》2002年第4期)、曾繁仁的《试论生态美学》(《文艺研究》2002年第5期)、仪平策的《从现代人类学范式看生态美学研究》(《学术月刊》2003年第2期)、杨春时的《论生态美学的主体间性》(《贵州师范大学学报》2004年第1期)、万书元的《生态美学的性质和意义》(《江苏社会科学》2004年第2期)、曾繁仁的《当前生态美学研究中的几个重要问题》(《江苏社会科学》2004年第2期)、曾繁仁的《当代生态文明视野中的生态美学观》(《文学评论》2005年第4期)、曾永成的《人本生态美学的思维路向和学理框架》(《江汉大学学报》2005年第5期)、袁鼎生的《生态美的系统生成》(《文学评论》2006年第2期)等。同时,一批生态美学专著相继出版,推动了生态美学研究向系统化方向迈进的步伐。至2006年底,国内出版的有影响的生态美学著作有:袁鼎生的《审美生态学》(中国大百科全书出版社2002年版)、曾繁仁的《生态存在论美学论稿》(吉林人民出版社2003年版)、章海荣的《生态伦理与生态美学》(复旦大学出版社2005年版)、彭峰的《完美的自然——当代环境美学的哲学基础》(北京大学出版社2005年版)、张华的《生态美学及其在当代中国的建构》(中华书局2006年版)等。值得指出的是,2006年,当代国际著名环境美学家美国的阿诺德·柏林特的《环境美学》、芬兰的约·瑟帕玛的《环境之美》、加拿大的艾伦·卡尔松的《环境美学》分别在湖南科技出版社和四川人民出版社出版,这些著作的翻译出版,为中国生态美学研究提供了借鉴、研讨、交流和对话的西方最新资源。

（三）生态美学的新阶段

对于包括生态美学在内的生态理论建设进程而言，2007年具有重要的意义。2007年10月，中共中央在十七大报告中，将建设生态文明与建设社会主义物质文明、精神文明和政治文明一样列为建设社会主义和谐社会的重要目标。尽管政治家关于生态文明的内涵和建设路径与美学家的理解尚会有差异，但共同的生态理想使得生态美学研究获得了极大的研究空间和意识形态支撑，这意味着我国包括生态美学在内的生态理论研究具有了更迫切的现实需要，也意味着生态理论研究从边缘进入主流，迈入新的发展阶段。

与国家意识形态倡导生态文明建设的舆论政策相适应，2007年及其以后，中国生态美学研究也进入了一个稳定发展期。生态美学稳定发展的表现，在于其研究成果更具综合意识、反思精神和建设意义。这一时期，有影响的论著有：刘悦笛翻译出版的《环境与艺术：环境美学的多维视角》（阿诺德·柏林特主编，重庆出版集团2007年版），该书反映了国际著名美学家们有关环境美学的最新成果；陈望衡的《环境美学》（武汉大学出版社2007年版），该书为中国大陆第一部以环境美学为名的论著；曾繁仁的《转型期的中国美学》（商务印书馆2007年版）；王茜的《生态文化的审美之维》（上海世纪出版集团2007年版）；曾繁仁的《生态美学导论》（商务印书馆2010年版）等。

在中国生态美学的理论生成进程中，曾繁仁先生是一位富有建树的理论家。曾繁仁涉足生态美学研究的时间是2001年，这与1994年李欣复发表《论生态美学》的时间相比，已经滞后7年。但是，曾繁仁作为长期研究西方美学、文艺美学和美育等并期望推动中国美学研究转型的大家，其深厚的学力积淀自然促成了他对于生态美学研究的厚积薄发。当然，较晚涉足生态美学研究，并不意味着较晚关注生态问题，从一定意义上说，正是长期关注生态问题使曾繁仁先生找到了推动中国美学研究走向应用的又一个契合点。2001年后，曾繁仁先生发表了一系列有影响的生态美学论著，其标志性的成果是《生态存在论美学论稿》、《转型期的中国美学》和《生态美学导论》。相对于很多研究者而言，曾繁仁先生的生态美学研究显示了更为宏阔的融通性、更为明晰的应用性、更为清醒的学科建设意识。就融通性而言，曾繁仁先生不仅清醒地始终把马克思主义原典中蕴涵着但被长期忽视的生态意蕴作为理论指导，而且站在建设性后现代的立场上阐释融会了中西古今丰富的生态美学资源。就应用性而言，曾繁仁先生的生态美学理论建构始终以建设生态文明、倡导人类生存的审美化为旨归，体现出强烈的社会责任感和知识分子的担当意识。就学科建设而言，曾繁仁先生始终认为生态美学研究只是美学研究的一种形态，尚不具备完善的学科条件，体现了理论家学科意识的审慎和严谨。可以说，正是这些研究成果和特点使曾繁仁先生成为中国生态美学研究后来居上的领军人物。

作为曾繁仁先生近十年生态美学研究的集成,《生态美学导论》汇聚了作者关于生态美学研究的基本观点。概括地看,这些基本观点包括:关于生态美学产生背景的展示,关于作为生态美学指导理论的马克思主义生态理论的阐释,关于生态美学中西方思想资源的挖掘,关于生态美学哲学基础、研究对象与方法、基本范畴的界定与分析,关于生态文学作品的美学解读,关于生态美学学科建设的反思等。在曾繁仁先生看来,生态美学的产生有其经济与社会背景、哲学与文化背景以及文学发展背景。曾繁仁先生关于生态美学产生背景的分析可以简述为文明、文化、哲学的转型和生态文学的兴起;其论证逻辑是,从经济和社会的角度看,创造了高度丰富便利的物质生活的工业文明越来越显示出负面的效应,以科技理性为主导的现代工业时代给人类带来的最大危险就是日益严峻的全球化生态危机,所以,从20世纪中期开始,人类社会开始逐步由工业文明向生态文明转型;随着生态文明时代的到来,在文化、哲学思想领域逐步产生了由人类中心主义向生态整体以及由传统认识论向现代存在论的转型;生态文明时代的到来和人类中心主义的式微,为文学创作和文学批评提供了生态基础,而生态理论向文学的延伸无疑极大地推动了生态美学的产生和发展。当然,平淡的概述可能会掩盖理论的严谨与深邃,事实上,曾繁仁先生在论述生态美学产生的系列论文中,其关于扬弃人类中心主义所遇到的诘难的辨析、关于西方现代生态理论论争的评述、关于海德格尔存在论哲学的解读、关于生态批评原则的概括等,很多地方都显示出解析的独到和思想的闪光,这些都应是曾繁仁先生生态美学思想的重要内容。

富有指导意义的是,曾繁仁先生的生态美学建构始终坚持以马克思主义为指导,这种理论立场并非类似于意识形态笼罩一切的时代那样的被迫,而是出于对马克思主义的生态阐释。在曾繁仁先生看来,现代生态理论虽然产生于20世纪中期,但创立于19世纪的马克思主义理论中同样蕴含着丰富生态思想。通过对马克思《关于费尔巴哈的提纲》、《1844年经济学—哲学手稿》和恩格斯《自然辨证法》等马克思主义经典原著的研读阐释,曾繁仁先生将马克思主义生态思想概括为三个方面,即马克思恩格斯共同创立的唯物实践观具有浓郁的生态审美意识,马克思关于"异化的扬弃"的论述是人与自然和谐关系的重建,恩格斯创立的辩证唯物主义自然观体现了人与自然统一的哲学维度。[1] 这样的阐释,应当说富有开拓创新意义,它不仅是从生态的视角对于

---

[1] 曾繁仁:《生态美学导论》,商务印书馆2010年版,第120–132页。

马克思主义理论的当代解读,而且在某种程度上可以看作是对于马克思主义深邃内涵的丰富与发展。同时,曾繁仁先生的生态美学思想具有强烈的现实参与意识。在曾繁仁先生看来,生态美学研究既是美学学科建设的需要,也是全球化语境下弘扬中国传统文化的需要,更是现实的需要;而现实需要的直接表现是生态美学研究要为完善中国特色社会主义生态文明理论、建设生态和谐社会服务。对此,曾繁仁先生提出了自己对于中国特色社会主义生态文明理论的理解和解读,他认为,中国特色社会主义生态文明建设理论包括五个方面的内容:第一,一个反思,即建设生态文明要对传统发展模式进行反思;第二,两个立足点,即建设生态文明要以人民群众根本利益和中华民族的生存发展为立足点;第三,三个关系,即建设生态文明要处理好生态文明与经济发展、生态文明与科学技术、生态中国与生态世界的关系;第四,三项措施,即生态文明建设的落实要从法律政策、体制机制和工作责任制三个方面入手;第五,五个转变,即产业结构要从主要依靠资源消耗向依靠科技进步、劳动者素质提高和管理创新转变,增长方式要由盲目追求经济利益向"可持续"和"又好又快"转变,消费方式要由盲目追求物质需求、铺张浪费向节约、适度转变,理论理念上要使生态文明观念在全社会牢固树立,发展目标上要使我国成为生态环境良好的国家。① 从这里可以看出,曾繁仁生态思想不仅具有书斋里的革命意义,而且具有能够走出书斋、超越书斋的现实针对性。

从理论根基上看,曾繁仁生态美学的理论创新在于对生态存在论哲学的融通、创化和建构。曾繁仁先生认为:"生态美学有狭义和广义两种理解。狭义的生态美学仅研究人与自然处于生态平衡的审美状态,而广义的生态美学则研究人与自然以及人与社会和人与自身处于生态平衡的审美状态。"②生态美学"以人与自然的生态审美关系为基本出发点,包含人与自然、社会以及自身的生态审美关系,是一种包含着生态维度的当代存在论审美观。"③"这里的'生态维度'是与绝对'生态中心主义'有别的,是一种人与自然融为'生态整体'的新的生态人文主义,是一种生态存在论哲学和美学观。"④在这里,曾繁仁先生实际上指明了生态美学的哲学基础,那就是生态论存在观。对于生态论存在观,曾繁仁先生在对海德格尔和美国建设性后现代理论家大卫·雷·格里芬研究后认为,"生态论的存在观"是当代生态审美观的最基本的哲学支撑与文化立场,"这一哲学理念是对以海德格尔为代表的当代存在

---

① 曾繁仁:《生态美学导论》,商务印书馆2010年版,第133—134页。
② 曾繁仁:《试论生态美学》,《文艺研究》2002年第5期。
③ 曾繁仁:《当代生态文明视野中的生态美学观》,《文学评论》2005年第4期。
④ 曾繁仁:《生态美学导论》商务印书馆2010年版,第279页。

论哲学观的继承与发展","标志着当代哲学与美学由认识论到存在论、由人类中心向生态整体以及由对于自然的完全'祛魅'到部分'返魅'的过渡。"①"三个过渡"的分析和概述,凸显了曾繁仁先生对于西方现当代哲学发展进程的准确把握,其中也回答了生态美学建构进程中的一些基本问题和一些备受质疑的焦点问题,诸如认识论哲学与存在论哲学的更替,人类中心主义、生态中心主义以及生态整体主义的争议,自然祛魅与自然返魅的理解等。对此,曾繁仁先生认为,"认识论是一种'主客二分'的在世关系,在这种在世关系中人与自然从根本上来说是对立的,不可能达到统一协调。而当代存在论哲学则是一种'此在与世界'的在世关系,只有这种在世关系才提供了人与自然统一协调的可能与前提。""'人类中心主义'从工业革命以来成为思想哲学领域占统治地位的思想观念,……这是人对自然无限索取以及生态问题逐步严峻的重要原因之一。""工业革命以来,科技的发展极大地增强了人类认识自然与改造自然的能力,于是人类以为对于自然可以无所不知。这就是马克斯·韦伯所提出的借助于工具理性人类对于自然的'祛魅'。正是这种'祛魅'成为人类肆无忌惮地掠夺自然从而造成严重生态危机的重要原因之一。"②所以,从生态的角度讲,由认识论到存在论、由人类中心向生态整体以及由对于自然的完全'祛魅'到部分'复魅'的过渡是必然、必须的进程。当然,曾繁仁先生所倡导的过渡不是从一个极端走向另一个极端,他所谓的生态整体观既反对人类中心主义,也反对生态中心主义,是一种建立在主体间性之上的具有审美关联的生态整体。他认为:"绝对的生态主义主张自然生态的绝对价值,必然导致对于人的需求与价值的彻底否定,从而走向对于人的否定","而'人类中心主义'则将人的需求与价值加以无限制的扩大,从而造成对于自然生态的严重破坏",进而危及人类自身的利益,所以,他提出了综合和调和人类中心主义和生态中心主义的"生态人文主义";③他所谓的对自然的"复魅","绝不是回复到人类的蒙昧时期,也不是对于工业革命的全盘否定,而是在工业革命取得巨大成绩之后的当代对于自然的部分的'复魅',亦即部分地恢复自然的神圣性、神秘性与潜在的审美性。"④

从理论体系建构上看,曾繁仁生态美学的理论重心在于其对于生态美学研究对象和基本范畴的界定分析。在曾繁仁先生看来,由于长期受黑格尔美学思想的影响,现代美学的研究对象更多的局限于艺术领域,"从学科建设的

---

① 曾繁仁:《当代生态美学观的基本范畴》,《文艺研究》2007年第4期。
② 曾繁仁:《当代生态美学观的基本范畴》,《文艺研究》2007年第4期。
③ 曾繁仁:《生态美学导论》,商务印书馆2010年版,第65页。
④ 曾繁仁:《当代生态美学观的基本范畴》,《文艺研究》2007年第4期。

意义上说,生态美学就是对这种将美学局限于'艺术哲学'的片面倾向的一种纠正。"但是,曾繁仁先生也并没有简单地将"自然"当作生态美学研究的对象,他认为:"站在生态存在论审美观的立场之上,人与自然不是主客二分、相互对立的,而是与自然万物共同构成一个统一的整体、一个世界;而且,自然也不具有实体性的属性,不存在一种独立于人的'自然美'。所谓'美'都是存在于人与自然万物的统一整体中,存在于人类活动的时间长河中,存在于存在与真理逐步显现与敞开的过程中。所以,我们不能简单地将生态美学的研究对象看作是'自然',而是将其看作既包括自然万物,同时也包括人的整个'生态系统'。"①对于生态美学研究的对象,曾繁仁先生在分析批判吸收中外古今许多生态理论家思想的基础上,对其内涵做了更为明晰的界定,在他看来,为区别于"生态中心主义","生态系统的美包含自然但不是'自然全美'";为区别于"人类中心主义","生态系统的美包含着人的因素,但又不同于'移情论'、'人化的自然'和'如画风景论'。"②曾繁仁先生在阐释建构生态存在论美学观和研究对象时,也思考并初步论证了其生态存在论美学观的基本范畴。范畴是关于客观事物特性和关系的基本概念,在他看来,"作为当代美学新的延伸与新的发展的生态美学观的提出也必然意味着会相应地出现一些与以往有区别的新的美学范畴。"③由于当代生态美学属于一个发展建设中的美学观念,曾繁仁先生关于其基本范畴的论述也处在一个调整完善之中。作为一个阶段性的论证结果,曾繁仁先生关于生态存在论美学观的基本范畴有九个方面:生态审美本性论、"诗意地栖居"、四方游戏说、家园意识、场所意识、参与美学、生态文艺学、生态审美的两种形态——安康之美与自强之美、生态审美教育。这些范畴融通了马克思主义理论、西方当代存在哲学、西方当代生态思想和环境美学理论以及中国古代生态资源,其中虽然还有进一步论证的空间,但已经初步显现了构成生态美学学科的雏形。

第二节　中国生态批评理论形态的潜源剖析

任何文化、任何理论的产生都有其现实土壤,就中国生态文艺学和生态美学而言,其产生于 20 世纪 90 年代的直接现实土壤就是日益迫近我们每个人的全球性生态危机。同时,任何文化、任何理论的形成和发展也有其渊源和内

---

① 曾繁仁:《生态美学导论》商务印书馆 2010 年版,第 292 页。
② 曾繁仁:《生态美学导论》商务印书馆 2010 年版,第 293、297 页。
③ 曾繁仁:《当代生态美学观的基本范畴》,《文艺研究》2007 年第 4 期。

在促进因素,中国生态文艺学和生态美学的产生也毋庸置疑地存在着学科内部改造、发展、突破和超越的学科需要和努力。问题的复杂性还在于,生态文艺学和生态美学的产生发展除了上述现实需要和学科发展需要外,理论家自身的学术坚守也是一个重要因素。就生态批评理论形态的建构进程研究而言,描述历程固然必不可少,但对于其发展渊源和内在促进因素的分析可能更有助于厘清理论的内在生长点或者发展阻滞元素。就中国生态文艺学和生态美学的代表人物鲁枢元先生和曾繁仁先生而言,他们建构生态文艺学和生态美学的动力,除了对于生态危机严峻性的担忧和承担与对于发展各自学科的渴望和努力外,一个更具个体性的原因恐怕是生态文艺学和生态美学的研究指向本来就存在于他们的研究内核里。对此,鲁枢元先生曾将自己研究领域的延伸比喻为树的枝丫,遇春生发,自然而然。在我看来,分析并厘清这一点,对于生态批评理论形态的发展进程研究来说可能更为重要,因为从中我们可以看到推动中国生态批评理论形态发展进程的外在宏观诱因之外的一些内在微观因素。

一、从文艺心理到精神生态——生态文艺学的话语建构

从 20 世纪 70 年代末至今,中国文艺理论发生了巨大变化。其间既有居于话语中心的喧嚣,也有跻于话语边缘的冷寂。在喧嚣与冷寂的变换中,有的人在转移,有的人在退却,有的人在沉思,有的人在坚守。在坚守文学阵地、守望精神家园的理论家阵营中,鲁枢元先生是引人瞩目的一位。

从 1980 年代反对机械反映论的文艺心理学建构,经 1990 年代质疑结构主义简约化的文学言语学沉思,再到探究全球化生态危机人文根源的生态批评空间的开拓,鲁枢元先生面对不同的语境、从不同的向度、用不同的理论范式,作出了一系列关于文学诗性特质的思考,引发了连续的理论热点。回溯分析鲁枢元先生的理论路径,我们可以看到其一以贯之的理论基点和潜流,套用鲁枢元先生的一本随笔集的名字,那就是"精神守望"。在物欲拜金泛滥、环境危机加剧、社会道德失范、人文精神荒芜的现实境遇中,追问文学的诗性本质,守望文学的精神家园,可能不失为匡正抵御危机的一种努力。正是在这个层面上,分析彰显鲁枢元先生的理论坚守无疑有着不容忽视的现实意义。也正是在分析鲁枢元先生的理论坚守中,我们也能够看到文艺心理学中已经潜存的生态文艺学的精神因子。

众所周知,鲁枢元于 20 世纪 80 年代一跃成为文艺理论界的新星,得力于其在创作心理研究领域独树一帜的创造和重新建构文艺心理学的努力。夏中义曾说:"鲁枢元是以论集《创作心理研究》确立其学术地位的。《研究》所以

不同凡响,因为它几乎囊括创作论的全部基本命题,而在阐释每一命题时又想努力提炼出一个相应的、心理学美学色泽浓郁的独立概念",①这些概念诸如情绪记忆、艺术知觉、心理定势、创作心境等,对于长期以来被"形象反映生活"、"再现典型环境中的典型人物"等文学反映论话语笼罩的文艺理论界而言,不仅耳目一新,而且深得创作界的认同。同时,相对于金开诚先生等直接借用普通心理学概念来分析文艺现象的学术移植,鲁枢元的一系列文艺心理学概念更接近美学意义的创化。并且,诚如夏中义所言,"严格意义上的文艺心理学学科重建,主要是以概念的独立与体系框架的形成为标记的。因为学科作为理论体系,说到底是一种定律的演绎体系,而定律则是对概念所覆盖的事实关系即内涵与外延的必然关联的逻辑展开或证实,这样,新概念的创造就成了预示新科学能否诞生的生命印记。从这一角度看,金开诚、吕俊华、滕守尧的研究恐怕皆处于'前学科'阶段,而鲁枢元却有幸荣任当时学界公认的新潮代表。"②从生态文艺学对于文艺心理学的精神承继的角度看,尽管文艺心理学关于"人的回归"和"主体呼唤"是在认识论哲学基础上的文学倡导,渲染着人类中心主义的色彩,但鲁枢元先生对于文学的精神功用的鼓吹,对于发达的科技和先进的工业之于人类精神需求的无能和无力的揭示,和今天倡导的生态文艺学的指向无疑是相通的。正是在这个意义上,我们认为,鲁枢元生态文艺学的潜源实际上可以追溯到文艺心理学的理论吁求中。

20世纪80年代后期,伴随着中国社会的渐次转型,文学"失去了轰动效应",也逐渐退出了社会关注的中心,更失却了新时期以来盘踞十余年的精神高地。烘烤出"方法论热"的狂欢的理论家们,也度过了至今让参与者怀念回味的"精神青春期"。然而,和"思想家退场,学问家凸显"的中国理论界整体态势不同,比起80年代初期因总会处于争鸣的漩涡中而表现出来的小心翼翼,这一阶段的鲁枢元在坚守文学的精神维度方面反而更显示了青春的激情和挑战的激越,他冒着被学问家批评为缺乏严谨论证的风险,有时甚至用散文笔法,"似乎抛弃了一切顾忌,既理直气壮地声扬自己的种种见解,又踔厉风发地批判了许多权威的观点,立论之鲜明,述论之泼辣,颇见出几分跋涉者与进击者的气概",③显示这一气概的便是《超越语言——文学言语学刍议》。在我看来,《超越语言》的超越之处,不仅在于他从文学语言的心理机制入手,将文艺心理学研究从心理学层面推向了语言学范畴,而且更在于他从前期借鉴

---

① 夏中义:《文艺心理学的重建曲式》,《文学评论》1989年第2期。
② 夏中义:《文艺心理学的重建曲式》,《文学评论》1989年第2期。
③ 白烨:《一部充满创新精神的著作——评鲁枢元的〈超越语言〉》,《文艺争鸣》1991年第2期。

西方文论阐释创作现象,跨入了用心理学理论质疑颇为强大的西方文论主流——结构主义的阶段。鲁枢元认为,结构主义批评因过分崇尚逻辑实证的手段,在追求理论"科学性"的同时,失去了对于旨在表现人的精神丰富性的文学艺术研究的有效性。从对结构主义语言学的质疑开始,经由对裸体语言、场型语言等的阐述,再到对汉语言诗性资质的分析,鲁枢元操持的看似语言学的话语,传导和张扬的却是文学的精神、心灵和生命体验。在这一过程中,他反对的是主体退隐的科学语言,坚守的是精神灌注的文学言语。在《超越语言》中,鲁枢元质疑结构主义的核心是其理论简约化,而这种理论简约化只是结构主义崇尚的研究科学性的表现和结果,因而对于结构主义的质疑,实际上是对于文学研究中科学手段的质疑。同时,鲁枢元所秉持的质疑工具是文学精神的丰富性,而丰富的精神性也仍然是生态理论反抗物质性压迫和科技工具理性的重要工具。所以,《超越语言》仍然承继着鲁枢元在文艺心理学建构中业已存在的生态精神。

20世纪90年代以后,"生态"已成为政府、社会、知识界甚至普通民众频繁使用的关键词,生态问题也成为每个人都能时时感知、且难以回避的重大问题。如何解决这一问题,从政府官员到普通民众,从科学家到人文学者,都在思考并发出自己的声音。文学作为与社会生活和人类精神关系最直接、最敏感的领域,关注生态问题是职责所在、良心所驱,自然而然,不容回避。

作为高扬文学旗帜,展示启蒙勇气的人文学者,面对生态问题,鲁枢元同样表现出了悲天悯人的情怀和探究反思的努力。作为直接成果,自1990年代初,鲁枢元撰文著述,接连推出了《精神守望》、《猞猁言说》、《生态文艺学》、《精神生态与生态精神》、《生态批评的空间》、《自然与人文:生态批评学术资源库》、《心中的旷野》、《走进大林莽》、《文学与生态学》等著作。

与20世纪80年代建构文艺心理学以匡正长期以来笼罩文坛的机械反映论、80年代末提出文学言语学以质疑结构主义简约化的学术努力不同,鲁枢元关于生态问题的思考超越了文艺理论内部的争鸣和学科建构,具有了更为恢弘的人文情怀。虽然鲁枢元也有生态文艺学的建构努力并作出了开拓性的贡献,但是,面对全人类的生态问题,生态文艺学学科建构本身已经不具有终极意义,而只是一个过程、手段、工具或话语形式。同时,相比于同时期的许多生态批评学家,鲁枢元的生态思考更具入世的努力、更具实际的践行、更具终极意义的反思深度。曾永成在马克思主义经典中挖掘出了具有生态意义的"绿色之思",张皓在中国古代文艺思想中寻找到了丰富的生态资源,王诺借助欧美作品分析厘定了生态文学的基本概念,胡志红梳理呈现了西方生态批评的发展概貌,刘文良综述建构了生态批评的实践范畴和方法,这些成果具有非常重要的学科意义。鲁枢元则四路出击,撰写生态文论,创作生态随笔,编辑生态刊物,组织生态考察,举办生态会议,显示了更强烈的生态忧思和更具有实践性、超越性的拯救努力。

回溯鲁枢元1980年代的学术成就,追寻其八九十年代之交的学术努力,探究其自90年代中期至今的学术追求,一个显在的轨迹是,鲁枢元从文艺心理学、文学言语学,到生态批评和生态文艺学,其间看似进行了极大的跨越,实则是一个自然的延伸和承续。而支撑他完成这个延伸和承续的理论基点仍然是对文学精神力量的神往和坚守。

鲁枢元在谈到自己学术视点转移的原因时曾说:"我对于现代社会生态问题的关注,其实是从读 A. N. 怀特海的《科学与近代世界》、V. R. 贝塔朗菲的《人的系统观》两本书开始的。怀特海指出:'人类的审美直觉'与'科学机械论'之间充满矛盾与冲突,审美价值更多地依赖于自然,'艺术的创造性'与'环境的新鲜性'、'灵魂的持续性'是一致的。贝塔朗菲的一句话更使我感到震撼:'我们已经征服了世界,但却在征途的某个地方失去了灵魂!'一位佛教徒偶尔说出的一句话:生态解困在心而不在物,使我又联想起海德格尔的说法:重整破碎的自然与重建衰败的人类精神是一致的,拯救的一线希望在于让诗意重归大地。"①由此开始,鲁枢元将自然生态、人类精神、文学艺术一并纳入了他的研究视野;并且,作为一位在文艺理论界徜徉多年,对文学怀着神往、敬仰、赞颂心情的精神守望者,他所倡导"重建衰败的人文精神"的工具自然还是文学。尽管他深知,奢谈文学拯救往往会引来一片嘘声,但"即使所有的思想努力都是西绪弗斯式的徒劳,内心的火焰依然不灭"。②

实际上,早在1989年,鲁枢元对于生态问题的关注已经融合进文学的思考中。在全国第二届文艺心理学研讨会的总结发言中,鲁枢元曾讲:"近些年来,中国人的精神生态正在恶化,这种恶化是由于严重的生态失衡造成的。在生存的天平上,重经济而轻文化、重物质而轻精神、重技术而轻感情,部分中国人的生态境况发生了可怕的倾斜,遂导致文化的滑坡、精神的堕落、情感的冷漠和人格的沦丧。""文艺心理学的学科建设必须重视人的生存状态,包括人的'自然生态'和'精神生态',尤其是人的'精神生态',这些应当作为学科研究和学科建设的背景。"③由此可见,鲁枢元关于生态文艺学的思考是镶嵌在文艺心理学建构之中的,这是承续中的跨越,超越中的守望。之后,鲁枢元对

---

① 鲁枢元:《文学与生态学》,学林出版社2011年1月版,第1页。
② 南帆:《文学与生态学·序》,学林出版社2011年1月版,第7页。
③ 鲁枢元:《来路与前程》,《文艺报》1989年9月5日。

于生态与精神的关注成了他学术跋涉之途上的重心。1995年至今,出版《精神守望》,这可以说是一部人类历史上精神守望者的颂歌;坚持十年编印《精神生态通讯》,这是迄今为止国内唯一的精神生态刊物;出版《生态文艺学》,这是中国本土生态批评的第一次建构努力;主编《自然与人文:生态批评学术资源库》,这是目前生态批评方面最全面的工具书;出版《心中的旷野》,这是理论家少有的关于生态问题的文学创作。无须一一剖析鲁枢元诸多著作的精神吁求,让我们再在《鱼树禅机》中领悟一下鲁枢元学术轨迹中原本明亮的张扬文学精神的航标。他说:"从雅克·莫诺描绘的鱼对树的征服途径中可以得出这样的结论:生物有机体,要想改善自己的境遇,有两条途径,一条是改造外部的环境,一条是改变自身的习性。""自然环境的危机其实还是人类内在的心理危机,解救生态困境还是要靠人的革命,这一革命的实质便是'人类精神的再生'。人类走出生态危机的途径只能是高扬精神的旗帜,使已经发生发展数百万年的人类再来一次质的飞跃,一次精神的进化,就像当年由鱼到鸟的进化一般。"①而鲁枢元期望催化人类精神再生的催化剂,仍是张扬诗性和传导精神的文学。

从文艺心理学,经文学言语学,到生态文艺学和生态批评,鲁枢元在不同阶段,面对不同的时代主题,从不同的视角和路径,表达了自己对文学的理解,成就了具有开拓意义的理论建构。在这个争鸣、建构的过程中,鲁枢元的理论建树显示了难得的丰富性、开拓性、超越性、跨学科性。但是,梳理分析的目的不是昭示彰显鲁枢元理论的丰富结论和蜕变过程,而是要透视其理论核心的稳固与坚定。在跨时代、跨学科的理论结晶中,鲁枢元的理论从没有游离一个核心,那就是对文学的精神性、心灵性内涵的期盼、呼唤、张扬和坚守。正如南帆所言:鲁枢元"所有的跨界行动均会返回一个圆心——他始终不渝地注视着自己的思想主题",②这个思想主题是什么?南帆将其表述为具有哲学意味的"主体",我倒愿意更通俗地将其表述为"张扬文学诗性,守望文学精神"。关于这一点,王鸿生也有一个更为清晰的概括:"由文艺心理学发端,中经文学言语学,再达精神生态研究和生态批评,他的思想和学术之旅其实始终环绕或贯穿着一条由隐而显的绿色逻辑,虽几经跋涉、峰回路转,却从未离开过心灵的自然和自然的心灵。"③这种追溯,但愿不是为鲁枢元所拒斥的结构主义批评的简约化。

---

① 鲁枢元:《心中的旷野》,学林出版社2007年6月版,第374、375页。
② 南帆:《文学与生态学·序》,学林出版社2011年1月版,第4页。
③ 王鸿生:《憧憬人文与自然的统一》,《文汇报》2007年3月5日。

赫拉克利特说:"上坡路与下坡路是同一条路",但是,仅仅因为路向不同,同一条路便有了不同的起点和归途。我们在这里反复追溯鲁枢元文艺理论的核心与基点,就是为了明晰其理论发展的路向,昭示其理论主张的归宿。应当说,三十多年来,不论鲁枢元在哪个学科领域跋涉,他始终在回答一个关于文学的基本问题:文学是什么? 文学何为? 这既是本体论的追问,也是价值论的彰显。鲁枢元面对机械反映论的僵化、结构主义的简约和人类的生态危机,不懈地阐发着文学的精神内涵,昭示着文学的精神功用,传承着中国文学的诗性传统,张扬着文学的反思精神,所有这些恰恰正是今天的精神旷野上需要彰显的因子,这也正是鲁枢元文艺理论的价值和意义所在。

鲁枢元曾说:"文学不仅是一个'自足的文本'、一种'叙述的方式',文学还是良心,是同情,是关爱,是真诚","文学性就是诗性,那是人类原始生命的出发点,同时也是人类精神提升的制高点","当代文学艺术不应当完全听命于资本和市场的指使,而应当在自然与社会、物质与精神、资本与人性这种种'二元对立'的冲突中,发挥自己调节制衡的独特作用"。① 在文学日益边缘化的几天,这样的呼唤尽管微弱,但毕竟是纯正的文学声音。在精神的层面上,"知其不可而不为"是庸众们的态度,"知其不可而为之"才是进取者的选择。

二、从人的生存到生态存在——生态存在论美学观的理论生成

在中国新世纪以来的美学研究中,生态美学继实践美学、生命美学之后成为美学研究的又一个理论生长点,因其研究内容与大众生活的高度关联,甚至使美学这一形而上的玄思再次成为人们关注的热点。在这道靓丽的风景线上,曾繁仁先生以其强烈的现实参与性和富有超越意义的理论成果成为生态美学研究的领军人物。探究生态美学这一生态理论重要形态的理论生成,曾繁仁先生及其理论无疑是一个绝佳的个案。

回顾曾繁仁先生的美学研究历程,可以清晰地看出,从新时期初期的西方传统美学研究,到20世纪80年代中后期的文艺美学倡导,从20世纪90年代对于审美教育的大力推进,到新世纪对于生态美学的不懈探索,曾繁仁先生的美学研究经历了"从本质论到经验论"、"从思辨美学到人生美学"、"从传统的'人类中心主义'到生态整体观"等三大转型,"而上述这一系列转型都是当代美学由认识论美学到存在论美学转型的表现,是美学学科与时代同步的必然要求。"②

---

① 鲁枢元:《生态批评的空间》,华东师范大学出版社2006年9月版,第329、47、327页。
② 曾繁仁:《转型期的中国美学》,商务印书馆2007年版,第4页。

就生态美学理论生成进程研究而言,问题不在于指出曾繁仁先生美学研究的转型表现,而在于揭示其外在转型背后贯穿各领域研究的不变的对于美学研究现实目的性的强调。强调美学研究的目的性是曾繁仁先生始终坚持的核心理念,这种强调从本源上看是对传统认识论美学脱离现实进行形而上思辨的警惕和超越。纵观曾繁仁先生20世纪80年代中期以来的美学研究,这个不变的理念在文艺美学研究中表现为倡导人的审美化生存,在美育理论中表现为培育"生活艺术家",在生态美学理论中表现为对于包括人在内的生态存在的终极关怀。统摄传导这种不变的理念的美学范畴,姚文放先生将其概括为"存在论美学"。

的确如此,"存在论美学"之于曾繁仁先生就像"精神生态"之于鲁枢元先生一样,是理解其生态批评理论形态建构的关键性范畴,"正是这一'存在论美学'的理念,像灵魂一样流注在曾繁仁新世纪在基础理论研究、西方美学研究、美育研究、生态美学等领域所从事的研究工作之中,使之表现出一种不甘停顿、与时俱进的可贵的学术品格,也确立了其站在国内学术前沿,引领新世纪文艺学、美学发展的崇高地位。"①

围绕曾繁仁先生"存在论美学"这一学理主脉,分析"存在"在其文艺美学、美育和生态美学研究中的不同形态和表现,可以看到,这一主脉贯穿的是生态意识指导下的美学研究和关于生态问题的美学研究。

(一) 文艺美学人文化回归的生态内涵

众所周知,1949年以后的17年和"文革"期间,中国当代美学由于受前苏联理论模式和"极左"路线的影响,教条地、僵化地、一元地理解和运用马克思主义基本理论,致使自身的发展走过了一条不健康的道路。"新时期以来,实践美学以实践本体论超越了关于美在物还是在心的旷日持久的争论,这种超越使它成为中国50年代美学讨论的终结者,也成为中国美学走向现代化的肇始者。"②但是,实践美学将"美在物还是在心"的形而上讨论提升为美在"自然的人化"和"人的本质力量对象化",并没有使美学洗脱耽于思辨的色彩。从本质上看,过多的承继了西方古典美学遗产的实践美学关于美的阐释仍然属于认识论的范畴。"20世纪90年代,中国当代美学进入了一个新的发展时期。在实践美学之后,生存美学、生命美学、体验美学、超越美学等共同构成了新时期美学'二次启蒙'的景观。"应当承认,"生命本体论美学以个体化的感

---

① 姚文放:《面向新世纪的美学理论体系——试论曾繁仁的存在论美学》,《深圳大学学报》2005年第3期。

② 刘成纪:《从实践、生命走向生态——新时期中国美学的理论进程》,《陕西师范大学学报》2001年第2期。

性生命为基底,将实践美学执守的人的类本质转换成了充分个体化的审美体验,认为美在本源上是审美活动的产物,个体化的审美冲动是使审美活动成为可能的决定因素,对对象之物的感性体验和精神参与是获得审美愉悦的源泉。""生命本体论美学以生命这一更具本源性的范畴为人的审美活动注入了活力,以对实践这一物质性活动的超越切近了审美作为纯粹精神活动的实质,以审美活动的一元性超越了实践主体与实践对象的二元对立。"但是,"生命本体论美学虽然有很高的自我期许和自我定位,但它浓厚的乌托邦气质,它对审美自由和感性的滥用,却使它在'片面的深刻'中陷入新的困境。"①

作为新时期美学发展历程的亲历者,曾繁仁先生在中国美学的更替转型中,并没有一味纠缠于实践本体或生命本体的争论,而是在美学的目的性维度展开自己的思考。在他看来,面对不断加速的中国改革开放进程,面对不断变化的现实文化语境,面对不断涌现的艺术、审美和人生问题,阐释并回答现实、文艺、人生中的问题应当是美学研究的自然选择。所以,在新时期美学喧哗的转型期,曾繁仁先生的研究则走向了文艺美学和审美教育。

新时期文艺美学的学科构想是胡经之先生在 20 世纪 80 年代初期最先提出来的,曾繁仁先生积极响应并着力推进,不仅为文艺美学的出场做出了学理上的合理性论证,而且对于文艺美学的学科定位、研究对象与方法做了富有建设意义的论述。在曾繁仁先生看来,文艺美学的提出,不仅是美学研究挣脱传统认识论模式的需要,而且是弘扬中国传统美学中积淀的丰富的艺术审美经验的需要。就前者而言,美学研究不应当仅仅专注于"美是什么"的形而上思辨,而应当回答人类社会、现实生活尤其是文学艺术中具体的美学问题;就后者而言,中国古代诗话、词话、书论、画论、乐论中丰富的审美感悟,体现着古人对于客观与主观、感性与理性、自然与人文等元素之间的圆融合一的审美境界,在曾繁仁先生看来,这正是克服美学研究抽象化的可资凭借的资源。对于文艺美学的学科定位,曾繁仁先生的观点可以表述为人文化回归。在他看来,以自然科学和社会科学两大类来划分所有学科并将美学、文艺学等划分为社会科学是不合理的,这种学科划分方法忽视了美学、文艺学的人文特性。"其实,人文学科与社会科学是有着明显的区别的。人文学科是以人学理论为指导,以人性为研究对象,以人的灵魂铸造为其目的的,主要关注的是人的生存状态,属于存在论的范围。而社会科学则

---

① 刘成纪:《从实践、生命走向生态——新时期中国美学的理论进程》,《陕西师范大学学报》2001 年第 2 期。

是以客观的社会现象为研究对象,以本质与规律的揭示为其目的的,属于认识论的范围。"①强调美学、文艺学的人文学科性质,并不仅仅是一个简单的学科归属问题,其中的主要原因在于,人文学科不可能像社会科学一样,任何问题都有一个本质性或规律性的结论,因为其面临的言说对象存在一系列二律背反式的矛盾,这些矛盾,曾繁仁先生描述为言说对象的非智性和智性的矛盾、审美的个别性与共通性的矛盾、人性等的难以界说性与可界说性的矛盾。由此可见,美学作为人文学科,之所以不应以"科学"来归属,是因为它不宜从认识论的框架内做本质主义的界定,而应当在价值论的范畴内作多元的言说。

基于文艺美学的人文化倡导,曾繁仁先生把文艺美学的理论出发点和研究对象界定为文学艺术的审美经验,这一界定同样与西方和中国美学渐次发生的转型有关,其中也初步萌生了其后在美育研究和生态存在论美学观倡导中的生态蕴涵。众所周知,在西方哲学和美学领域,19世纪末以来发生了从思辨哲学到人生哲学、从美的本质主义探讨到具体审美经验研究的转型;在中国哲学和美学领域,虽然这种转型的影响也有显现,但是直到新时期初期,传统认识论的影响还相当强大。在传统认识论哲学的指导下,我国美学界将美学的基本对象和任务界定为探讨美的本质,这不仅忽视了美学人文特性,也遮蔽了审美是人的重要的存在方式的基本特点。在曾繁仁先生看来,把文艺美学的理论出发点界定为审美经验,既是对本质主义和认识论美学的反拨,也是文艺本源的一种回归,更是对当代美学的一种改造。重要的是,这种改造除了进行学科建设的目的之外,在曾繁仁先生看来,也是对于当代社会文化转型期中蓬勃兴起的大众文化的一种理论总结和提升。曾繁仁先生认为:"当代文艺美学的审美经验理论应对当代大众文化中审美的生活化和生活的审美化两个相关的部分起到指导作用。其实,审美的生活化与生活的审美化是两个紧密相连、可以成为统一体的两个部分,都是对资本主义工业文明以来艺术与生活分裂、走向异化的严重问题的试图克服。所谓审美的生活化,是解决艺术与生活的脱离、承认并正视审美所必然包含的快感内容与文艺所必然包含的生活内容,使艺术走向生活与万千大众,成为人们休闲娱乐的方式之一。""生活的审美化,也就是我们所说的审美经验不仅包含着原生态的生活,更要包含对这种生活的超越;不仅包含必不可少的感性快感,更要包含体现人类生存之精髓的意义。如果说审美的生活化是一种回归,那么生活的审美化则是一种提升。没有回归与提升结合,那么真正的审美与文学艺术都将不复存在,而只有

---

① 曾繁仁:《转型期的中国美学》,商务印书馆2007年版,第59页。

两者的统一才是审美与文学艺术要旨之所在。因为没有前者,审美与文艺必将脱离大众与当代文化现实,而没有后者则审美与文艺又不免陷入低俗与平庸。"①由此需要指出的是,曾繁仁先生强调美学人文化的回归,强调对本质主义认识论美学的超越,实质上体现了对于存在论美学的呼唤和张扬;把人与对象世界的审美关系和人的艺术审美活动以及审美经验作为文艺美学的理论出发点,并由此强调审美生活化与生活审美化的统一,也体现了他对于人的存在状态的关注和对于人类存在审美化的期许。可以说,期望和推动人的审美化生存是曾繁仁先生文艺美学建构的现实目的性的体现,正是这种明晰的目的性,昭示了他关注人的生存问题的一贯的学术个性。尽管曾繁仁先生在文艺美学理论体系中没有直接谈论生态问题,但人的审美化生存不能不说是一个通向生态论存在美学观的指向标。

(二) 审美教育目标的生态功用

重视美学研究的目的性维度是曾繁仁先生的研究特色,这一特色集中体现在他对于审美教育的重视和一系列美育研究成果上。在关注生态美学之前,曾繁仁先生对于审美教育倾注了大量的精力,审美教育研究及其成果应当是曾繁仁先生美学研究的重要组成部分。

曾繁仁先生是新时期以来中国美学界较早倡导和研究美育的学者之一,在实践美学、生命美学等在学界迭次掀起高潮而审美教育长期处于从属地位的中国美学界,能潜心关注审美教育,仍然和其更重视美学的现实目的性相关联。在曾繁仁先生看来,美学研究不应当仅仅是书斋里的知识和学问,不应是象牙塔中的玄思和考辩,而应须是敢于面向现实人生也能够面向现实人生发出具有指导意义话语的理论,而美学走向现实,走向人生从而实现其实践品格的途径便是美育。正是在这种观念指导下,曾繁仁先生在西方美学史研究的基础上,吸收中国古代美学精华,用马克思主义理论对中西美育资源加以改造,先后出版了《美育十讲》(山东教育出版社1985年版)、《审美教育新论》(北京大学出版社1997年版)、《走向二十一世纪的审美教育》(陕西师范大学出版社2000年版)、《现代美育理论》(河南人民出版社2006年版)等著作,提出了"美育中介论"、"和谐美育论"等著名论断,着力将长期处于德育从属地位和美学研究边缘的美育推向了社会和学科的前沿。

曾繁仁先生对于美育的研究和倡导首先是从分析美育的本质,批驳美育从属论、形象教育论等观念开始的。在曾繁仁先生看来,将美育看成是德育的从属,不仅从归属范畴上看行不通,而且对于美育实践十分有害。他认为:

---

① 曾繁仁:《转型期的中国美学》,商务印书馆2007年版,第45页。

"虽然在德育中辅以美学的手段,有时候会比干巴巴的说教更能引人入胜,但是,美育与德育正如审美与道德实践,是两个各自独立的范畴。固然,有时候美是道德的象征,甚至是道德的手段和工具,但是在更多的时候,艺术的目的就是艺术本身,审美本身就是目的。不仅如此,既然审美与道德是两个独立的范畴,那么,这两个范畴就有发生矛盾的时候。从艺术史上看,浪漫主义和现代主义的艺术许多都是以反道德、反文明的面目出现的。敢问,在审美与道德矛盾和背离的时候,你怎样使审美从属于道德、使美育从属于德育呢?"①同时,将美育等同于"形象教育论",就将美育局限于艺术教育领域,不仅遮蔽了自然美育和社会美育的应有内容,而且与从属论一样,否定了美育的独立地位和意义。所以,曾繁仁先生认为:"美育就是借助美的形象的手段(包括自然美、社会美和艺术美)达到培养人的崇高情感的目的。"②概括地说,这就是其建立在"情感教育论"基础上的"和谐美育论"。"和谐美育论"是曾繁仁先生美育理论体系中一个具有重要学术价值和现实意义的命题,它升华了自己在《美育十讲》中提出、在《审美教育论》中深化的"情感教育论",他认为:情感教育论的局限在于"只侧重于美育的对象与手段的特征,而对其整体特征缺乏更深层次的把握。于是,我们在'情育'论的基础上,吸收中国古典美学精华,提出了和谐美育论。也就是说,我们认为,美育的本质是通过培养协调和谐的情感,进而塑造和谐的人格,达到人与自然和社会的协调和谐"。③ 同时,曾繁仁先生认为,和谐美育论作为一种升华了的情感教育,其所谓情感不是一般意义上的情感,而是审美情感,具有"自由性"、"创造性"和"感性"等特征,这些特征使它区别于道德情感、认识情感而具有独立的地位和意义。

曾繁仁先生审美教育思想的生态蕴涵主要体现在他对于美育目的和意义的阐发上。曾繁仁先生曾讲:"事实证明,我们的审美教育,主要的目的不在于培养多少艺术家,也不仅仅在于培养人们的艺术欣赏能力,更重要的是培养人们以审美的态度对待现实,对待生活。有人说,美育的目的在与培养'生活的艺术家',这是十分恰当的。的确,如果我们每个人都具备了较强的审美力,成为了生活的艺术家,……我们的社会将会更加和谐、协调、美好。"④在这里,所谓"生活的艺术家",指的是相对于职业艺术家,不以艺术为职业但却能以艺术和审美的态度对待生活、社会和人生的审美化生存的人。对于这一美育目标来说,培养其健康的审美观念和较强的审美能力是基本要求,培养其审

---

① 曾繁仁:《审美教育新论》,北京大学出版社 1997 年版,第 92 页。
② 曾繁仁:《走向二十一世纪的审美教育》,陕西师范大学出版社 2002 年版,第 273 页。
③ 曾繁仁:《走向二十一世纪的审美教育》,陕西师范大学出版社 2002 年版,第 179 页。
④ 曾繁仁:《走向二十一世纪的审美教育》,陕西师范大学出版社 2002 年版,第 82 页。

美化的人生态度才是美育的更高目标。曾繁仁先生关于美育要以培养"生活艺术家"为目标的观念,在工具理性膨胀、市场拜物盛行、自然生态恶化、精神生态滑坡的当下,对于人与自然关系的修复、和谐社会的构建以及人类个体完美人格的塑造等,尤其具有现实意义。特别值得指出的是,在曾繁仁先生构建美育理论体系、倡导培养"生活艺术家"时,尚没有涉足生态美学领域,但是,其对于审美教育现实目的性的强调,已经上升到了生态存在的高度。曾繁仁先生曾讲:"人类在即将过去的世纪也有过重大失误。那就是长期以来,环保意识淡漠、人类对自然资源的掠夺式开发、经济与社会发展对环境造成的越来越严重的破坏。……在这样的形势下,全世界的有识之士提出了'可持续发展'问题,我国也将其作为基本国策。而所谓'可持续发展'就是和谐发展,要求人与自然、人与社会、历史与未来、开发与建设处于一种和谐协调的状态,以求人类生存环境的改善与长远发展的可能。而不论是可持续发展还是和谐协调发展,从世界观的角度看都是要求人类以审美的态度对待自然、社会和生产活动",①而曾繁仁先生倡导的美育的目标是培养人的审美化生存能力和态度无疑为此提供了前提和途径。

对于美育的生态功用,曾繁仁先生在涉足生态美学之后更明确地提出了"生态审美教育"的范畴,进一步明晰了美育的生态维度。在《生态美学导论》中,曾繁仁先生指出:"生态审美教育是用生态美学的观念教育广大人民、特别是青年一代,使他们学会以审美的态度对待自然、关爱生命、保护地球;他是生态美学的重要组成部分,是生态美学这一理论形态得以发挥作用的重要渠道与途径。""生态审美教育最基本的立足点是当代生态存在论审美观的教育,即以马克思主义的唯物实践存在论为指导,从经济社会、哲学文化与美学艺术等不同基础之上,将生态美学有关生态存在论美学观、生态现象学方法、生态美学的研究对象、生态系统、人的生态审美本性论以及诗意栖居说、四方游戏说、家园意识、场所意识、参与美学、以及生态文艺学等等内容观念作为教育的基本内容;而从生态审美教育的目的上来说,应该包含使广大公民、特别是青年一代能够确立欣赏自然的生态审美态度和诗意化栖居的生态审美意识。"②"生态审美教育"范畴的提出是美育理论发展空间的进一步拓展,也让生态美学的实践维度有了更坚实的价值支撑。

(三) 存在论美学观的生态融通

新世纪以来,曾繁仁先生的美学研究显现出一个新的跨越,这个跨越的标

---

① 曾繁仁:《走向二十一世纪的审美教育》,陕西师范大学出版社2002年版,第174页。
② 曾繁仁:《生态美学导论》,商务印书馆2010年版,第362—364页。

志就是对于存在论美学的探索和倡导。对于曾繁仁先生新世纪美学研究的跨越，姚文放先生曾有一个准确的概括："曾繁仁新世纪以来诸多著述的一个突出变化在于其中的关键词发生了重大变化，出现频率比较高的主要有'全球化语境'、'后现代语境'、'现代性'、'美育转向'、'生态批评'、'主体间性'、'现代意义'、'社会与学科前沿'等，而其中贯穿始终的核心概念则是'存在论美学'。"①

事实上，在曾繁仁先生从倡导文艺美学和美育理论建构时，已经试图并初步突破认识论美学的本质主义研究模式，开始探索存在论美学的内涵和指向，他在文艺美学研究中强调用美的形象提升人的生存状态，促进人的审美化生存的观点，以及在美育理论中强调要借助审美情感教育，抵制现代性的负面效应的期望，应该说已经孕育了"存在论美学"的精神因子。何谓"存在论美学"？曾繁仁先生认为，存在论美学是意在遏制或减缓新世纪以来人的生存状态非美化趋势而提出的美学形态，"这种美学理论针对当代社会现实，吸收中国实践美学与西方当代生态存在论哲学的有价值成分，对传统存在论美学加以改造。它是一种正在形成的新的美学理论形态"。对于这种新的美学形态的基本内涵，曾繁仁先生将其概括为五个方面：第一，以社会实践为理论基础，因为社会实践是人类存在的前提，也是人类最基本的存在方式；第二，吸收西方当代生态存在论哲学的理论精华，坚持"人—自然—社会"共生共存的系统整体论观点；第三，以建设性的态度克服传统存在论哲学的消极面，坚持存在的系统整体性，坚持存在关系的"主体间性"；第四，吸收中国传统"中和论"美学的精华，弘扬人与自然审美统一的存在方式和艺术人生化的理论；第五，以当代人文主义精神和对于人类命运终极关怀的态度，倡导审美生存的美学精神，协调现代化进程中物质与精神等的矛盾。② 从曾繁仁先生对于"存在论美学"五个方面的大致界定可以看出，其中的关键词应当是审美存在、审美活动、存在的系统整体观、当代人文主义精神等，对于这些关键词的阐释即可以看出存在论美学的基本逻辑框架。首先，以社会实践为基础的审美存在是存在论美学的基本范畴。这一判断直接解构的是实践美学的"人的本质力量的对象化"。这种审美存在，按照曾繁仁先生的解释，它不是一种实体存在，而是对人当下存在状况的描述，是一种关系性的存在，"它包含了自然—社会—人整体协调的内容，是物质与精神、现实与理想、此岸与彼岸、世俗与诗意、科

---

① 姚文放：《面向新世纪的美学理论体系——试论曾繁仁的存在论美学》，深圳大学学报2005年第3期。
② 曾繁仁：《生态存在论美学论稿》，吉林人民出版社2009年版，第418页。

学与人文的二律背反,但又侧重于后者。审美存在是当代存在论美学的基本出发点,同时也是审美的理想、艺术的本质特性。审美存在的内涵就是人的本真存在的遮蔽与解蔽。"①其次,审美活动是人的审美存在的实现途径,是存在论美学的逻辑起点。曾繁仁先生认为,审美活动"是一种开放、流动、充满创造精神的过程。它包括创造美、传播美、接受美等诸多内容,而且以创造美活动为基础。所谓创造美既包括艺术美的创造,也包括生活美的创造,并非像传统存在论美学那样只限于艺术美的创造。而在审美活动中,文学艺术活动是最重要的内容","人就在文学艺术活动中摆脱现实生活中非美的存在,获得审美的存在",文学艺术活动的核心形式是艺术想象,艺术想象又贯穿于艺术创作、传播、接受的全过程,"艺术创作的过程,实际上就是美的形象的创造与审美存在统一的过程。也就是说,在当代存在论美学中,美的形象的创造并不是目的,而只是手段,作者通过美的形象的创造,实现由遮蔽到解蔽,从而达到审美的生存,这才是艺术创造的目的所在。而所谓'艺术的传播',表面是要解决物质媒介与美的形象的矛盾,实质上也是通过艺术的形象,凭借娴熟的技巧,在创造性活动中消解物的特性,实现解蔽,从而达到审美的存在。艺术的接受常同解读相联系,也要凭借艺术的想象,但解读与想象本身都是一种审美存在的方式。"②第三,后现代语境下的审美活动要坚持存在的系统整体观。存在的系统整体观是对以格里芬为代表的生态存在论哲学存在观的借鉴,这种存在观是对笛卡尔—牛顿主客观二元对立论和机械论世界观的突破,强调人与自然、社会的共生共存,强调人是自然的一部分,质疑工具理性指导下的膨胀的人的主体性。第四,质疑人的主体性不能抹杀人文精神,而要坚持当代人文主义精神。当代人文主义精神是曾繁仁先生针对倡导生态哲学、美学观可能导致人文精神的丧失和漠视人的生存的质疑而提出的概念,他认为,存在论美学观不仅不是非人文主义的,反而是人文主义精神在新时代的延伸和发展,其所蕴含的新人文主义内容包括"由人的平等到人与自然的相对平等"、"由人的价值到自然的价值"、"由对于人类的关爱到对于所有生命的关爱"、"由对于人类当下的关怀到对于人类前途命运的终极关怀"等,当代存在论美学"突破了传统人类中心主义,但不是对于人类的反动,而恰是新时代对人类之生存发展更具深度和广度的一种关爱,是新时代包含生态维度的新人文精神"。③

---

① 曾繁仁:《美学之思》,山东大学出版社2003年版,第197页。
② 曾繁仁:《美学之思》,山东大学出版社2003年版,第197–198页。
③ 曾繁仁:《转型期的中国美学》,商务印书馆2007年版,第342页。

2001年以后,生态美学成为曾繁仁先生的美学研究的又一个重心。关于曾繁仁先生倡导的生态美学的理论体系,前一节已经做过梳理,这里需要指出的是,从对于当代存在论美学基本范畴和理论框架的分析可以看出,曾繁仁先生的生态美学观实际上是其着力构建的存在论美学向生态领域的合理与必然延伸,因为存在论美学的基本范畴如存在的系统整体观、主体间性等,同样构成了生态美学的核心范畴,统摄曾繁仁先生生态美学和存在论美学的理论范畴便是其所谓的生态存在论美学观。

从文艺美学人文回归中体现的对人的审美化生存的期许,到审美教育对于塑造审美化人格的努力,再到生态存在论美学观对于"人—自然—社会"生态整体的关注,曾繁仁先生的美学研究因关注"存在"尤其是人的"存在"问题而形成了一个贯穿始终的学理主脉。尽管不同历史时期其美学研究也存在着哲学基础诸如从认识论到存在论、从人类中心到生态整体的变化,但因其明晰的现实目的性理论指向,其中的学理主脉始终没有中断,而是表现出逐步明晰化的彰显过程。对此,曾繁仁先生在《美学之思》中曾有清醒的认识和梳理,"文集取名'美学之思',其意表明三十多年来我的美学探索。这个探索经历了由认识论到存在论的过渡";"前期的理论探索着重在认识论范围","但我从20世纪80年代初开始的美育研究则已涉及美育的'情感教育'本质和'培养生活的艺术家'的旨归,因而在某种程度上已不自觉地将美与艺术同人的生存状态相联系。20世纪90年代后期,由于对美育现代意义研究的深入和对西方存在主义和解释学美学的研究,以及受到我国许多中青年学者对'后实践美学'探索的启发,使我认识到美学研究应该同人的现实生存状态紧密联系。尤其是2001年我开始接触生态美学,更使我坚定了审美同人的生存联系的理论方向";"在当前现代化深入,物质富裕与精神焦虑二律背反的现实情况下,使美学同人的现实生存状态紧密联系,正是现实生活对美学的呼唤。"①正是这种对于人的存在状态的持续关注和彰显,使得曾繁仁先生最终构建的生态存在论美学观具有了更为牢固的理论连续性和历史支撑性。

通过对于鲁枢元先生文艺心理学、文学言语学和生态文艺学建构历程中精神因子流变的勾勒和对于曾繁仁先生文艺美学人文化回归的生态内涵、审美教育目标的生态功用以及存在论美学的生态融通等的分析,旨在说明的结论是,作为生态批评主要理论形态的生态文艺学和生态美学,其发展背景固然离不开日益严峻的全球化生态危机,固然不能忽视西方当代生态理论的影响和启示,固然不能抹杀中国古代丰富的生态资源的支撑;但是,我们同样不能

---

① 曾繁仁:《美学之思·自序》,山东大学出版社2003年版,第2、3页。

忽略的是他们对于中国生态批评理论形态建构进程的贡献和推动,一个重要的内在原因是他们的理论研究中一开始就存在生态的精神基因,这个精神基因既是其对于文学和美学精神性、超越性本质的深刻理解的结果,也是其作为人文知识分子所具有的承担意识和精神的展示。尽管他们也不能摆脱一个时代理论中心的左右,他们的研究也带着各个阶段的时代特色,有时也会有具有历史局限性的片面结论,但是,文学和美学的精神本质、审美本性和超越姿态在任何时候都是不应改变的,而正是文学和美学的这些特有内涵,今天看来是与生态精神契合与相通的,也正是他们不懈坚持了文学和美学的这些本性,使得他们的学术研究与现实的生态需要实现了并非刻意的契合。相对于一些仅仅将文艺学或者美学理论与生态问题简单叠加而成的生态批评理论形态而言,鲁枢元先生和曾繁仁先生的理论建构就一定程度上避免了叠加式理论所共有的理论空泛化或因关注的问题的消失而导致的理论的泡沫化,从而具有了更为连续的理论关注、更为坚实的历史支撑和更为持久的理论生命。

当然,我们不能也不必夸大鲁枢元先生和曾繁仁先生在生态文艺学和生态美学研究中的贡献,这里只想说明的是,学科形态的发展包括生态批评理论形态的建构,需要对于学科研究意义的追求和坚守。而对于学科形态建构进程研究而言,不仅需要对于理论形态的发展脉络进行梳理,也需要对于理论发展脉络背后的原因进行分析,更需要对于支撑理论形态构建的主体所进行的追求和坚守作出令人信服的揭示。由此我们也可以看到,任何一个理论形态的萌生和发展,不仅离不开现实的需要,离不开学科自身发展的需要,也离不开理论家关注焦点、理论积淀和这些需要的契合,正是并非刻意的契合才可能催生更具连续性和历史支撑性的理论,才可能避免简单理论叠加常易带来的理论的空泛和短命,这可能才是所谓"进程研究"的意义。

第三节　中国生态批评理论形态的发展空间

对于中国生态批评理论形态建构进程的梳理,显现了20余年来这一领域的主要收获;对于以鲁枢元先生和曾繁仁先生为代表的生态文艺学和生态美学理论生成潜源的分析昭示了中国生态批评理论的内在理路和本土意义。但是,不容回避的事实是,中国生态批评理论作为对于日益全球化的生态危机的文艺学回应,虽然展示了重振文学恢弘效应的努力和预期,也让日益边缘沉寂的文艺学看到了新的理论增长点,但生态批评理论形态发展进程中尚且存在的矛盾与不足也让其时时处于争议之中。对于中国生态批评理论形态建构进程中的矛盾和缺失的质疑以及对于质疑的回应,同样构成了生态理论形态建构的内容,正是这些质疑和回应在不断拓展着中国生态批评理论形态的发展空间。

中国生态批评理论的发生发展,伴随着争议和质疑,其间既有武断的评判,但更多的是学理性的讨论。应当说,不论是将生态美学看成是"时髦的伪命题",①还是把生态批评看成是"以旧翻新的批评游戏",②质疑和回应本身已经渗入了生态批评理论建设的促进因素。纵观中国生态批评理论发生发展进程中的质疑、争议和回应,理论基点的讨论与确认、批判指向的争议与修正、实践空间的遮蔽与拓展迄今仍是需要正视的重要问题。

一、理论基点的讨论与确认

生态批评理论的萌生是遏制日益严峻的全球性生态危机的理论反映,而人文学者关于生态危机人文根源的探源自然引发了对于"人类中心主义"的反思和批判。在现代生态伦理学看来,正是在西方根深蒂固的人类中心主义伦理观,以及由此而来的人类理性的膨胀,才是导致全球性生态危机的原发根源。所以,对于人类中心主义的剖析、反思和批判,构成了现代生态理论的出发点。但是,问题不在于是否需要批判人类中心主义,而在于站在什么立场上批判以及批判之后用什么伦理观来替代人类中心主义,正是在这个层次上,现代生态理论显示了批判立场的激进和批判武器的无力,引起了不同角度的诸多质疑。

生态批评理论中的人类中心主义与非人类中心主义之争,有其环境伦理学基础,所以,辨析这一问题,应当首先回到环境伦理学的语境中去讨论。对于环境伦理学层面的人类中心主义与非人类中心主义,何怀宏主编的《生态伦理——精神资源与哲学基础》中曾有详细的梳理。根据《生态伦理——精神资源与哲学基础》中的分析,"环境伦理学中的人类中心主义指的是这样一种观点,它认为,人是大自然中惟一具有内在价值的存在物,环境道德的惟一相关因素是人的利益,因此,人只对人类负有直接的道德义务,人对大自然的义务只是人的一种间接义务;非人类中心主义则认为,大自然中的其他存在物也具有内在价值,其他生命的生存和生态系统的完整也是环境道德的相关因素,因此人对非人类存在物也负有直接的道德义务,这种义务不能完全还原或归结为对人的义务。"③在环境伦理学层面上,西方的人类中心主义可以分为

---

① 王梦湖:《生态美学——一个时髦的伪命题》,《西北师大学报》2010年第3期。
② 李夫生:《生态批评:一种以旧翻新的批评游戏》,《求索》2005年第4期。
③ 何怀宏主编:《生态伦理——精神资源与哲学基础》,河北大学出版社2002年版,第337页。

古典和现代两个阶段。在古典人类中心主义那里,人类具有内在价值的理论依据建立在以亚里斯多德为代表的"自然目的论"、基督教关于"上帝创造人"教义中体现的"神学目的论"、以笛卡尔为代表的"灵肉二元论"、以康德为代表的人的"理性优越论"等观念之上;现代人类中心主义的理论依据则是西方关于人的理性至上观念的延伸和变种,即认为"人由于具有理性,因而自在地就是一种目的,一种内在价值,而其他一切缺乏理性的存在物都只具有工具理性"。"非人类存在物的价值是人的内在情感的主观投射,人是所有价值的源泉;没有人的在场,大自然就只是一片'价值空场'。""道德规范只是调节人与人之间关系的行为准则,它所关心的只是人的福利"等等。① 比起古典人类中心主义来,以诺顿为代表的现代人类中心主义认为"大自然具有改变和转化人的世界观和价值观的功能",②有助于环境保护主义者实现其保护野生物种和生态环境的目标,他甚至在爱默生、梭罗的超验主义运动和利奥波德的精神遗产中追溯强调大自然转换价值的内容。20世纪70年代以前,已经意识到生态平衡重要性的现代人类中心主义占据着西方环境伦理学的话语主流;但是,随着全球性生态危机的日益加剧和不断蔓延,各具特色的非人类中心主义观点开始对人类中心主义展开了全面的质疑和激烈的批评。按照《生态伦理——精神资源与哲学基础》中的概括,形形色色的非人类中心主义者站在现代生态立场上对于人类中心主义观念的质疑,表现在几个方面:其一,人类中心主义"把自然存在物仅仅当做对人有利的资源加以保护",在实践层面上存在诸多难以克服的问题,诸如由于知识的有限性和认识的阶段性,人类没有也不可能在某一阶段完全认清生态系统的复杂性,不可能认清某一物种的毁灭或一个生态系统的破坏会产生什么样的后果或者何时产生后果,不可能认清自然界所有的资源当然也不可能全面地加以保护,不知道哪些自然物不具资源价值当然也不会彻底地信守生物多样性和生态完整性的重要等;其二,人类中心主义把人所具有的某些特殊属性如道德自律、使用文字等视为人类高于其他动物、且有权获得道德关怀的根据,同样存在逻辑漏洞,因为不可能在人身上找出某种所有人都具有而所有动物都不具有的特征,"具有某些生物学特征"和"有资格获得道德关怀"之间并无必然联系,从生态价值的角度看,人和其他动物所具有优势是等值的;其三,"人类中心主义和利己主义遵循的是同一逻辑:一个行为主体(作为个体或整体)只应选择那种对他有利的规

---

① 参见何怀宏主编:《生态伦理——精神资源与哲学基础》,河北大学出版社2002年版,第338—345页。
② 何怀宏主编:《生态伦理——精神资源与哲学基础》,河北大学出版社2002年版,第347页。

则,自利是行为主体所有行为的惟一动机。"其四,"道德的进步过程同时也是一个道德关怀的对象不断扩大的过程",在生态关联性日益明显的当代,"把道德关怀的范围固定在人类这一物种的界限内的做法,肯定是缺乏历史眼光",也肯定是违背生态规律的。① 西方关于人类中心主义与非人类中心主义的争论,既是环境伦理学的一个话题,也已成为生态批评理论的争议焦点。对于这个争议,可以断定的是,人类中心主义无疑是生态危机的人文根源,因为近代以来的人类中心主义实质上是科技人文主义,它是工业文明时代占主导地位的世界观和价值观,以此观念为基础,人类按照自己的尺度对自然进行肆意改造和征服,最终带来自然的退化和生态的失衡。但不可断定的是,动物权利论、生物中心论或生态中心论等非人类中心主义是否就是斩断这一根源的最佳工具呢?这里仍然需要反思和辨析。《生态伦理——精神资源与哲学基础》一书认为,人类中心主义存在不同的言说层次,其中既有认识论意义上的言说,也有生物学意义上的言说,还有价值论意义上的言说;在认识论和生物学层次上,人类中心主义是不能或不可反对的,而价值论意义上的人类中心主义则是需要反思和超越的,目前两者之间之所以存在诸多争议,主要原因就在于言说层次的错位。同时,即使在价值论层次上,非人类中心主义对于人类中心主义的超越也存在指向上的模糊和不同人类群体利益和价值观上的争议,从某种程度上说,"导致环境危机的主要原因,不是人们只把人类的利益当做行为的最高准则,而是大多数人、大多数民族都没有真正把全人类的利益当做其行为的指针。许多人还深陷在个人利己主义、集团利己主义的泥潭中,为满足自己和小团体的利益而不惜牺牲他人和后代的利益。许多民族和国家(特别是发达国家)还未能突破狭隘的民族主义的价值藩篱,还在奉行着'生态帝国主义'和'环境殖民主义'的政策,或为维护既得的发展利益而把那些污染严重的产业转移到欠发达国家,或直接把第三世界当做垃圾处理场,或只片面强调欠发达国家保护环境的义务,而无视后者的生存权和发展权。因此,人类目前面临的窘境,主要不是只以人类为重心,而是还没有真正以全人类的利益为中心。"②因此,实现生态整体主义的前提首先要实现人类内部的生态公正,超越人类中心主义首先要达到以人类共同利益为价值取向的人类生态正义,如果认识不到非洲穷人的生态灾难会殃及美洲富人的生态环境,如何能想到"巴西蝴蝶翅膀的闪动"与"德克萨斯州龙卷风"的关联?

---

① 参见何怀宏主编:《生态伦理——精神资源与哲学基础》,河北大学出版社2002年版,第356-360页。

② 何怀宏主编:《生态伦理——精神资源与哲学基础》,河北大学出版社2002年版,第364页。

回到中国生态批评理论的现场,可以说,在中国生态批评理论发展进程中,由于国人对于现代化的强烈向往和对于人本主义土壤长期贫瘠的反拨,关于人类中心主义的争议更为复杂,其中既有哲学层面上剖析,更有世俗层面的漠视。朱立元先生曾说:"文学艺术是'人学',文艺学美学作为研究文艺的人文学科,是把人和人的心灵世界作为主要研究对象的,它必然是以人为本的。如果将生态研究中采取的非人类中心主义立场引入文艺学美学研究,必然与文艺学美学的人本主义立场发生尖锐冲突,从而导致研究的中断和失败。我认为,非人类中心主义至少对于生态文艺学和美学的研究是不合适的。"①朱立元先生的看法显然代表了许多从 20 世纪 80 年代走来、经历过文学"主体性"讨论热潮的一代学人的立场,显示了对于在我们这个人本主义意识和观念尚不浓厚的社会中倡导非人类中心主义的忧虑,也透露出对于我们曾经遭遇的人性被肆意践踏的历史的反思和警惕,这些无疑是值得重视的;但是,朱立元先生所坚持的"主体性"理论,从认识论的角度看,应当说是人类中心主义的,但从价值论角度看,却与非人类中心主义也并不矛盾,"主体性"理论倡导的人的回归和提升,本身应当也包括人的生态意识和观念的提升,非人类中心主义的精神主体仍然是人本身。

对于生态理论界"人类中心主义"和"非人类中心主义"的争论,刘文良提出的"相对人类中心主义"代表了一部分学人的阶段性观点。在刘文良看来,"生态伦理学家反对'人类中心主义'主要是基于其给地球生态带来了巨大危害,而实际上,近代以来全球环境的迅速恶化,其思想根源并不在于'人类中心主义'而在于'人类沙文主义'或曰'绝对人类中心主义'的观念。的确,由于人的主体认识能力存在着客观的局限性,在人类所拥有的有关自然的知识还不很完备、人的理性极其有限的情况下,人类对自然的干预必然会干扰生态系统的自在过程,甚至会对自然生态系统造成不可估量的影响,导致环境的严重破坏和生态的失衡。但是,也只有人类最有能力来恢复和解决一系列的生态问题。实际上,如果完全否定'人类中心',把人类从'中心'降格为普通物种的地位,同时又要求人类担负起'中心'应有的道德关怀和义务,这本身就是矛盾的。""正是由于'人'具有意识主体性,才会由自己提出生态问题和人类的生存问题,由自己呼吁全人类都来关注地球生态的异常变化,关心其他物种的生存权问题。其实,讨论自然应该不应该由人来主宰是没有多大意义的,关键是人应该如何来主宰这个世界的问题。"所以,刘文良认为应当倡导"相对人类中心主义","既考虑人之为人的利益,又充分考虑生态整体的利益,并

---

① 朱立元:《我们为什么需要生态文艺学》,《社会观察》2002 年增刊。

强调人的利益和生态整体利益的有机统一。""这样才能真正避免空想乌托邦,生态批评的可行性和实效性才能真正得以发挥。"①刘文良的观点和主流意识形态的惯常思维颇有共同之处,在实践层面也是目前客观存在的主流行为,但是,因为人类生存利益的艰巨性和个人性、生态利益的非个人性,也由于"绝对"和"相对"标准的模糊性,实际上造成了生态利益的无从保证。

关于生态批评理论界围绕人类中心主义的争议,王茜的反思颇有学理意义。王茜认为,从生态美学的研究对象上分析,"生态美学必须而且只能以人作为研究的出发点和主体,这样做并不等于人凌驾于自然之上的人类中心主义。所谓'人类中心'有两种含义,一种是人主宰自然的现代文明观念,一种则是指以人的身份而不是其他生物的身份进行思考和价值判断,这'是一种包含人类合理发展生存要求的,人的存在论和人学价值论统一的价值观念,它形成于人类的生成发展过程中,有历史必然性和合理性'。""前一种人类中心主义是后者作为一种思考方式在特定历史时期发生了偏差,导致人类主体意识极端膨胀的结果,它把存在的多元价值单一化为实用性,既扭曲了自然,也扭曲了人类自己的文化和心灵。作为人文研究的生态美学不可能回避人的主体性,却要始终对人的主体性的边界保持着谨慎的反省。""自然生态危机的根源在于工具理性和人类中心主义,更深一层又要追溯到二元论世界观甚至整个西方形而上学传统。生态文化运动对现代文明观的批判并非横空出世,从现代哲学美学到后现代文化思潮再到当代文化研究,现代文明批判的主题一直一脉相承地贯穿着,只是这些批判主要发端于人的精神困境和文化危机意识,却很少考虑到自然危机问题。生态文化的独到之处正在于把人类长期忽视的自然带入到文化反思的领域里,使文化批判进行得更深入更全面,但这种批判不可避免地会成为既有理论成果的延伸和拓展。""现代美学的一个明显缺陷,就是忽视了人与作为人类生存地基的那个更深广的生命世界的联系,过分沉浸于封闭的私人经验、感官体验世界里,甚至在平面化的符号游戏中渐渐消解存在的真实维度。人们在现代文化中只能看到孤立封闭的自我,以及作为自我镜像的文化符号。因此,生态美学只有在存在本体和审美本体论的研究中找到一种全新的价值根基,才能既继承现代美学的研究深度又超越其中的人类自我封闭倾向,'自然'正是在这种新的价值根基探寻和本体反思过程中登场的。"②

对于生态批评理论建构进程中关于人类中心主义的反思所引起的争议,

---

① 刘文良:《当前生态批评理论研究的缺失》,《云南社会科学》2007年第5期。
② 王茜:《生态美学研究的困境与边界》,《华东师范大学学报》2007年第3期。

曾繁仁先生的思考更有宏观意识,在他看来,"主义"的争议应当放到哲学根基上探讨,"生态美学最重要的特点就是它是一种包含着生态维度并坚持以当代生态哲学为指导的崭新的美学观。所谓'当代生态哲学'内容是非常复杂的,包括'人类中心主义'、'生态中心主义'与'生态整体主义'等多种不同的生态哲学派别。'人类中心主义'生态观坚持人对自然的绝对控制,只不过在此前提下主张有所节制;而'生态中心主义'生态观又过分强调万物的绝对价值、自然与人的绝对平等,其结果必然导致与现代社会发展的对立。"所以,他"坚持的是一种'生态整体论'的更加全面与更具包容性的生态哲学观,强调人与自然的共生,人类相对价值与自然相对价值的统一。这样的生态哲学实际上就是一种'生态整体论'哲学,是当代的'生态人文主义'"。[①] 在这里,曾繁仁先生的生态整体论是一种杂糅式的整合,和后现代消解中心的思维模式相似,他的理论虽然从表面上消弭了人类中心与生态中心的对立,在生态哲学的层面上将两个中心调和到了一个方向上,但是,曾先生并没有更深入辨析其间的区别,其间的争议应当说仍然会是一个需要讨论的话题。看来,作为思考主体的人类应当充分认识到人类不是中心、人类不是宇宙的唯一主体,这也许是迄今为止可以确认的关于生态批评理论基点争议的弥合共通之处。

二、批判指向的争议与修正

如果说自然生态危机的人文根源在于启蒙以来西方人类中心主义的强化和工具理性的盛行,那么,伴随现代文明的工业化、城市化、科技至上观、唯发展观以及消费观则是自然生态危机的直接推手。基于此,生态理论对于现代文明的批判可以概括为现代性反思和现代化批判。但是,即便在发达国家,现代性反思和现代化批判尚且存在实践的难度,在发展中国家,对于现代性和现代化的反思批判更是备受争议和质疑。所以,在中国生态批评理论发展过程中,关于工业化、城市化、科技理性、唯发展观、消费主义等的反思批判以及反诘争议,构成了这一理论的重要内容,其间的复杂性和争论的进行时也预示着争论本身及其修正仍然是生态批评理论必须正视的一个领域和拓展空间。

对于生态批评理论批判指向的质疑主要来自政治、经济领域和大众层面,而较少来自人文学者,惟其如此,这种质疑更具有遏制乃至颠覆生态批评理论的力量。如果生态批评理论不能提供有力的回应,则会进一步加深质疑者对于生态批评理论的偏见。

在中国,围绕生态批评理论的质疑主要表现为如何看待国人百余年来的

[①] 曾繁仁:《试论我国新时期生态美学的产生与发展》,《陕西师范大学学报》2009年第2期。

现代性吁求以及不同于西方的现代化进程。如果说西方国家在后现代语境中质疑现代化的负面效应是一种进步,那么,在中国这个后现代与现代甚至前现代同时存在的语境中质疑现代化或现代性则处处面临窘境和矛盾,任何一个质疑现代化的角度,似乎都可以找到相反的例证。雷颐曾讲:"认为'启蒙'、'现代性'在中国已经完成,因此要用发达社会的'学术前沿'对其否定、解构的观点,最根本的问题在于脱离、扭曲了中国的社会现实与历史,完全机械照搬、生吞活剥产生于另一种社会条件中的社会理论。"[①]所以,就这个问题而言,中国的生态批评理论的确不能照搬西方的观念,而要作更为深入、具体、现实的评析。因为,"现代化一直是百年来中国人民的一个梦想。为此梦想的实现,无数仁人志士贡献了自己的辛劳、智慧、热血乃至生命。过去30多年中国经济所取得的举世瞩目的成就,使人们更有理由相信现代化的曙光就在前头。"[②]并且,"在中国即使在'五四'时期最保守的国粹派阵营,'对作为西方建构的现代性也没有原则上的反对'。"[③]

令人担忧的是,如果说中国的现代化进程一直在追逐和模仿西方的现代化,但伴随现代化而来的生态危机倒是出现了后来居上的严峻形势。对此,王治河先生引用了廖晓义痛心的描述,如果说1949年前的中国处于"国破山河在"的战乱状态,今天面临的自然生态则是"国在山河破"[④]的现实。同时,伴随着自然的生态危机,日益现代化的中国、物质生活日益丰富的国人在社会层面、精神层面同样出现了严重的危机,叶朗先生将其概括为三个失衡:"一个是人的物质生活和精神生活的失衡,一个是人的内心生活的失衡,一个是人与自然关系的失衡",[⑤]这的确是现代化吁求和建设者所始料不及的。所以,尽管生态视域下的现代化反思在中国还存在诸多质疑,但质疑的焦点不应是反思本身,而应是反思的途径与方式。

同样,围绕中国生态批评理论的质疑的另一个焦点是对于"科学"的态度。中国是一个科学理念和科学思维并不浓厚的国度,李约瑟在《中国科技史》中提出的所谓"李约瑟难题"很能说明这一问题,正由于此,中国近代以来因科技落后国力贫弱而逐步为西方列强所蚕食;也正由于此,中国近代以来的西方化主要围绕科学技术的学习而展开。"五四"以后,尽管"民主"与"科

---

① 雷颐:《启蒙与儒学:从维新到五四》,见资中筠《启蒙与中国社会转型》,社会科学文献出版社2011年版,第90页。
② 王治河、樊美筠:《第二次启蒙》,北京大学出版社2011年版,第1页。
③ 王治河、樊美筠:《第二次启蒙·序言》,北京大学出版社2011年版,第15页。
④ 王治河、樊美筠:《第二次启蒙》,北京大学出版社2011年版,第2页。
⑤ 叶朗:《儒家美学对当代的启示》,《北京大学学报》1995年第1期。

学"是新文化运动的两面旗帜,但民主的借鉴比起科学的移植来,后者更为彻底和深入人心。可以说,中国百年来的发展始终在借助科技的移植和创新,其间既有成功也有教训,但无论得失,科技的力量今天已经为国人所普遍认知。相反,当西方对于科技理性的负面效应进行哲学反思时,我们还在而且必须呼吁加强科技的创新。但是,从生态的角度、文学的角度、精神的角度看,科技带来物质生活丰盈的同时,人作为精神存在的丰富性似乎并没有进步,而这正是生态批评理论关注的空间。鲁枢元先生曾说:"在科学之光的照射下,天庭不再是万众仰望的上帝居所,而不过是由物质构成的广漠空间;地球不再是宇宙的中心,而只是银河系中一颗小小的行星;大地也不再是上帝的血肉之躯,而不过是可供工农业生产开发利用的资源;人类与其说是上帝的孩子不如说是猿猴的后代;上帝本人也已经被科学的实证追逼得无处藏身。"①在科技的推动下,"人类的收获是无比丰盛的:人们的物质生活水平普遍提高,医疗卫生条件普遍改善,人类的寿命大大延长,接受教育的层面普遍有所扩展,社会组织化的程度(尤其是城市化)显著加强,社会生产部门与生产者的专业化进程日益加快,与此同时,生产与消费领域的世界一体化进程也在与日俱长。通常,人们把这些称作现代社会的进步。有人曾经运用形象的手法比喻道:原始社会如果像一个狰狞可怖的旷野,农业社会则像一座劳苦而又贫瘠的庄园,现代社会就是那条高速高效的生产流水线、那所瞬息万变的证券交易所、那座商品充塞、琳琅满目的超级市场。现代社会因此也就顺理成章地获得了绝大多数现代人的拥护。"②但是,科技文明支撑下的现代社会同样遍布着迪维诺所谓的"精神污染",亦即"科技文明对人的健康心态的侵扰,物欲文化对人的心灵渠道的壅塞,商品经济对人的美好情感的腐蚀",这种精神病症鲁枢元先生概括为"精神的'真空化'"、"行为的'无能化'"、"生活风格的'齐一化'"、"存在的'疏离化'"、"心灵的'拜物化'。"③所以,和现代化反思相类似,尽管生态视域下的科技反思在中国还存在诸多质疑,但可以确认的是,质疑的焦点不应是质疑本身,而应是质疑的指向和内容。

  对于现代性和现代化的反思,王治河先生在后现代理念的基础上提出了中国生态批评理论建设可资借鉴的"第二次启蒙"的观念。在他的论述框架中,所谓第一次启蒙,在西方,"主要指的是发生在17、18世纪欧洲的高扬理性的思想运动","'这一运动的领袖们认为他们生活在一个启蒙时代。他们将

---

① 鲁枢元:《生态文艺学》,陕西人民教育出版社2000年版,第4页。
② 鲁枢元:《生态文艺学》,陕西人民教育出版社2000年版,第4-5页。
③ 鲁枢元:《生态文艺学》,陕西人民教育出版社2000年版,第151-157页。

过去基本上看做是一个迷信和无知的时代,认为只是到了他们的时代,人类才终于从黑暗走进光明'。";在中国,则是指20世纪20年代的"五四"新文化运动和80年代的"新启蒙"思潮。① 王治河先生认为,"客观地讲,第一次启蒙是人类历史上的一次'壮丽的日出'。在将人们从封建专制中解放出来,在唤醒人们的自由意识和尊严意识方面,第一次启蒙起到了一种革命性的作用。其历史功绩怎么强调都不过分。特别是它对自由精神、平等意识、民主参与、个体尊严的推重,具有某种永恒的意义。考虑到长达上千年的封建专制社会和封建意识形态对中国的深度影响,在今日中国倡导这些价值毫无疑问仍然是十分必要的。"②但是,随着以工业化为主要内容的现代化进程的加快,启蒙越来越走向它的反面,当伴随现代化而来的生态危机形成席卷全球之势时,第一次启蒙也越来越显现出难以回避的局限性。对此,王治河先生概括为"对自然的帝国主义态度;对他者的种族主义立场;对传统的虚无主义姿态;对科学的盲目崇拜;对理性的过分迷信;对自由的单向度阐释;对民主的均质化理解"。③

如何才能超越第一次启蒙的历史局限? 这不仅是哲学家思考的问题,也应是政治家、社会学家思考的问题,更应是生态批评家思考的问题。在生态的问题上,政治、经济、社会、人文学家考虑问题的核心应当是一致的。王治河先生对于第一次启蒙局限性的概括,实际涵盖了许多领域,但是,生态的目标是所有领域共同关注的。在王治河先生看来,"要实现后现代化,建设生态文明,就要打破人们对现代化的迷信,而要打破对现代化的迷信就有必要对作为现代化和工业文明理论基础的第一次启蒙进行一番彻底的清理、反思和超越。"④并且,面对西方300年的思维积累和中国百余年的追逐欲求,对于现代化的反思无疑存在极大的阻力,"毫无疑问,实现从现代化向后现代化的转变包括实现'中国的后现代化转折'是一项巨大的任务,它包括从思想、政治、经济到公共政策等一系列根本性的转向。同样毫无疑问的是,由现代化向后现代化的转变亦即由工业文明向生态文明的转变是一项异常艰巨的任务。它的艰巨主要不是来自技术上的,而是来自思想观念上的。因为大多数人依然沉迷于对现代化的迷思中,他们坚信现代化的神话,视经济增长为解决一切问题的灵丹妙药。和科学发现一样,经济增长被看作是无可质疑的大好事。随着经济的增长,一切困难都会迎刃而解。经济增长是'硬道理'。这似乎已成为

---

① 王治河、樊美筠:《第二次启蒙》,北京大学出版社2011年版,第5-6页。
② 王治河、樊美筠:《第二次启蒙》,北京大学出版社2011年版,第6页。
③ 王治河、樊美筠:《第二次启蒙》,北京大学出版社2011年版,第7页。
④ 王治河、樊美筠:《第二次启蒙》,北京大学出版社2011年版,第5页。

全社会的共识,发达国家作如是观,发展中国家也作如是想。"①

正因为生态批评理论所进行的现代化反思包括科学反思在世人意识中存在着普遍的疑虑,生态批评理论有必要对于这种反思作出清晰的界定。在这方面,不少学者在条分缕析,王治河先生也作了集中地交代。他认为,"'启蒙运动'是受牛顿的科学发现'启发'的结果","启蒙运动所推重的科学其实是现代科学(或者按中国通俗的叫法是近代科学),即以牛顿力学为蓝本的,以机械论和还原论为特征的科学。在这种科学景观下,世界被看作一架机器,自然被刻画成'乏味的、无声无息、无感觉、无色彩的,仅仅只是物质无休无止和毫无意义的骚动'。用格里芬的话来说,由于自身的还原论思维作祟,科学把自然'祛魅'了。"②"所谓对科学的盲目崇拜就是从一种科学主义的立场出发,相信科学是万能的,科学越发达,越能解决问题,发展到一定程度,可以解决人生观问题,包括生命的意义问题。""对自然的帝国主义态度,对他者的种族主义立场,对传统的虚无主义姿态都与这种对科学的盲目崇拜有关。""这种对科学的崇拜的一种直接结果是导致了科学沙文主义或'科学帝国主义的产生。'所谓科学沙文主义就是把科学看做认识世界的唯一正确有效的方式,在此基础上排斥、打压认识世界的其他方式,诸如艺术的、直觉的、宗教的、情感的认识途径。""毫无疑问,科学是人类的骄傲。在促进人类物质文明发展方面,科学居功甚伟。然而把科学捧到神灵的位置,则是危险的,因为这使得科学沦为了迷信,而当科学变成迷信的时候,'它就摧毁了我们所有的信仰,这是我们道德沦落的一个非常深的根源'。"③

当然,科学在第一次启蒙中所扮演的重要作用有目共睹,科学在今后社会发展中仍将发挥人文学科所不可能替代的作用,但是,在生态文明时代,科学必须在生态价值系统规约下才能发挥超凡的作用,正如爱因斯坦所说:"我们切莫忘记,任凭科学与技术并不能给人类的生活带来幸福和尊严。"所以,生态批评理论对于科学的反思,"后现代对现代科学神话的颠覆,对科学沙文主义的挑战,并非要抛弃科学,打倒科学,而是让科学走下神坛,如同人应当老老实实做人一样,科学也应该老老实实地做科学。用费雷的话说就是,'后现代科学的任务是让我们保持现代科学分析工具的锐利,使其发挥适当的作用,并将使我们回到大自然的花园中小心而谨慎地工作'。"④我们可以预见,"当人类的生存方式、思维方式发生转变之后,科学理性的方法就能成为当代生态学

---

① 王治河、樊美筠:《第二次启蒙》,北京大学出版社 2011 年版,第 4-5 页。
② 王治河、樊美筠:《第二次启蒙》,北京大学出版社 2011 年版,第 17 页。
③ 王治河、樊美筠:《第二次启蒙》,北京大学出版社 2011 年版,第 14-16 页。
④ 王治河、樊美筠:《第二次启蒙》,北京大学出版社 2011 年版,第 34 页。

的最重要的方法。"①我们也不能不确认,"复魅"不是回到蒙昧,生态不能离开科学,生态观念本身就是科学的结晶,反思科技的负面作用同样需要科学的方式,正是在这个意义上,生态与科学的关联与矛盾仍然是生态批评理论需要继续面对的重要论域。

三、实践空间的遮蔽与拓展

理论的生命力取决于其对于研究对象和内容的阐释力,生态批评理论作为全球性生态危机的文学理论观照,更要求其要有对于促进生态文学繁荣和拯救现实生态危机的实践指导意义。但是,中国20多年来的生态批评理论发展,尽管取得了一系列令人瞩目的成绩,但在实践层面仍然缺乏有效的方法和手段,表现出理论讨论较多、玄思成分较浓、实践空间拓展不够等等不足。上述所谓理论基点和批判指向方面存在的争议,也主要由于生态批评理论对于现实问题阐释力的不足。正因为如此,拓展生态批评理论的实践空间便成了其进一步发展的重要维度。

关于生态批评理论实践维度的不足,刘成纪的《生态美学的理论危机与再造途径》是诸多探讨中开拓较深的文章,尽管其得出的"环境美学和景观美学代表了生态美学的实践向度"、"以人的精神生态为研究对象的美学,其理论起点就是身体美学"的结论尚有值得商榷之处,但其中蕴含的中西方理论比较研究的思路则预示着正确的方向。

在刘成纪看来,"国内的生态美学研究虽然维持着表面的繁荣,但理论上已经疲态渐显。主要原因在于它长期停滞于对人与自然关系的一般讨论,对如何从美学角度切入生态问题一直缺乏有效的手段。生态美学虽然关注人与自然的关系及人的生存问题,但对象性的自然依然应是其思考的重心。以此为背景,科学认知的方法是奠基性的,它有助于匡正生态美学研究的玄学化倾向;哲学思辩的方法也同样重要,但应聚焦于生态美学专属的理论区域,而不可无限放大。与此对应,精神生态学专注于审美主体的精神成长问题,为国内生态美学研究开了新境,但精神生态奠基于身体生态,这意味着精神生态美学必然是从身体出发的美学。同时,人的身体也即人的自然性,人与自然因长期分裂导致的生态危机,可以借助身体问题的讨论实现统一。"②刘成纪的一系列判断首先来自其对中西方生态美学研究的路径考察。在他看来,中国生态美学是中国学者借助中国传统生态智慧,基于对"自然人化"等理论的反思,

---

① 蒙培元:《人与自然——中国哲学生态观》,人民出版社2004年版,第422页。
② 刘成纪:《生态美学的理论危机与再造途径》,《陕西师范大学学报》2011年第2期。

从当代生态哲学直接演绎出的概念,而西方生态美学的学科基础是自19世纪中期发展起来的生态学,中西方生态美学的历史传统存在着迥然相异的路径。相对而言,西方生态美学由于存在自然科学的背景,其"关于自然生态的审美考察,一直延续着追求具体描述、客观实证,然后诉诸定量分析的传统。也就是说,西方生态美学关于自然的认识论考察要先于本体论定位以及存在论层面关于人与自然关系的重新界定"。"现代生态学源于自然观察和科学实验的生物学,而后起的生态哲学、生态美学、生态伦理学则是对这种自然认知事实的人文反思。"①由于发展路径和传统的不同,刘成纪借用李庆本的判断,认为"我国生态美学研究大多采用哲学分析的方法,而国外生态美学则大多采用科学实证的方法",产生这种差异的深层次原因是中国学者"对生态美学的定位缺乏自然认知的奠基性",而西方学者表达的人与自然关系的反思等精神性的结论"都有长期的自然观察和生存经验作为背景",正因为西方生态美学研究具有科学基础,"他们的观点更令人信服,在实践方面也更具操作性。"所以,刘成纪认为"所谓生态美学,虽然在美学层面离不开作为审美体验者的人,在价值层面更是以人的生存幸福为最终目的,但对自然对象的科学认识却是它成立的前提"。"坚定地让生态美学奠基于作为审美客体的自然对象,是防止其陷入不着边际的理论空谈的有效手段。以这种客观认知为基点,向上可以通过对自然本性的审美反省,建立生态美学的本体论;向下则可以落实到环境美学和景观美学,为环境保护和景观设计提供具体的理论指导。"由此,刘成纪指出:"以自然美研究为中心,本体论层面的自然主义,认识论层面的科学主义,目的论层面的实用主义,基本代表了西方当代生态美学的理论取向。"并且,西方美学史对于艺术理论如何向自然拓展的持续关注,也"使生态美学在美学框架内获得了正当性,意味着美学的历史并没有因自然生态的加入而断裂,而是继续保持着连续和自律。与此比较,国内的生态美学似乎更强调此一理论'横空出世'的特征。新时期以来,似乎每出现一种社会问题,就会有相应的美学形态与之呼应。这种应景式的美学创造,由于既缺乏科学认知的基础又缺乏美学史的理论依托,往往沦为大而不当的理论空谈,社会问题的变化则直接导致理论的死亡或泡沫化。目前中国的生态美学研究,虽然看似已经逐渐度过了这种只重'首创'不重理论经营的危险阶段,但缺乏认知基础和历史支撑依然是它面临的最大问题"。② 对于国内生态美学研究的这一问题,刘成纪通过对生态美学的哲学道路与基本问题的清理,进一步认定,国

---

① 刘成纪:《生态美学的理论危机与再造途径》,《陕西师范大学学报》2011年第2期。
② 刘成纪:《生态美学的理论危机与再造途径》,《陕西师范大学学报》2011年第2期。

内生态美学的哲学反思并不因为不同于西方注重科学认知和实践应用的研究取向就缺乏存在依据和研究意义,相反,比起西方的景观美学和环境美学来,国内生态美学在理论上走的更远并为应用美学提供着灵感,但是,问题不在于哲学化,而在于哲学路径的选择,因为"生态美毕竟又不同于一般意义上的生态哲学,它的哲学化必须是被美学限定的哲学化,否则就会导致理论的无限泛化"。"目前中国生态美学研究之所以在理论上难有进展,原因就在于它一方面自我认定为美学,但却流于哲学的一般论述,忽略了美学介入生态问题的独特性。"①基于这一认定,刘成纪具体论述了关于"自然生态向审美生态的转换"、"生态自然观与自然审美边界"、"生态美学与审美连续性"、"按照生态的规律造型与按照美的规律造型的统一"等基本问题,展示了难得的理论拓展性。其中,关于国内生态美学实践维度的不足,刘成纪最终提出了自己的解决方案,在他看来,"生态美学的目的并不是让人重新回到原始的蛮荒状态,而是要以生态观念缓解人给予自然的强大压力。从这个角度讲,生态美学之于当代社会的意义,并不在于生态理想的最终实现,而在于如何将生态的观念融入对现实生活的调整中。""只要我们不在相关学科之间做一些无谓的'筑墙'工作,其实环境美学和景观美学本身就代表了生态美学的实践向度。"②

  与生态美学需要向环境美学发展的观点类似,刘成纪进一步论述了精神生态学与身体美学的发展关联。在他看来,以曾繁仁先生为代表的生态存在论美学与以鲁枢元先生为代表的生态文艺学或曰精神生态美学在价值取向上是一致的,"双方都意在反思生态背景下人的存在问题,并将生态化的诗意生存作为美学所要达至的理想。就其差异而论,生态存在论美学更多涉及人存在的自然面向;精神生态美学则更多关注人的精神侧面,将'精神主体的健康成长'作为生态之思的核心任务。前者的理论重心在自然,后者的重心在人的精神。双方的差异性,铸成了理论上的互补性。"③正是理论上的互补性,也使得精神生态美学面临着与生态存在论美学同样的实践性不强的问题。通过对精神生态内涵的梳理和身体美学的介绍,刘成纪认为"身体美学倡导的身体实践,为生态实践提供了重要向度。传统美学极端推崇人属灵的侧面,并以灵对肉的超越作为达至精神自由和人生幸福的惟一路径。但在身体美学的视域中,真正的人生幸福是建基于身体感知的"。所以,"精神生态美学不仅是精神的事业,而且也是身体的事业,更是从身体出发重建身心一体关系的事

---

① 刘成纪:《生态美学的理论危机与再造途径》,《陕西师范大学学报》2011 年第 2 期。
② 刘成纪:《生态美学的理论危机与再造途径》,《陕西师范大学学报》2011 年第 2 期。
③ 刘成纪:《生态美学的理论危机与再造途径》,《陕西师范大学学报》2011 年第 2 期。

业。身体对于关乎主体的审美生态学具有源发性和奠基性。""审美的快乐绝对不仅仅是属于精神的,而是身心整体的贯通和融合","审美的过程既是作为身体主体的人向对象的无限沉入与开敞,也是作为对象的自然向人的无限融合和进入。"①一句话,精神生态美学实践性的加强需要向身体美学借鉴和融入。

关于生态美学实践性不强的问题,刘成纪的论证逻辑是,生态美学要做的是如何将生态观念融入对现实生活的调整,而环境美学和景观美学所做的正是这样的内容,由此判断生态美学要解决实践维度的问题就应当向环境美学和景观美学靠拢。但问题的复杂性在于,一则生态美学科学认知根基的缺乏,并不仅仅由于缺乏生态学基础,其中承续的中国几千年人文传统的定势恐怕不是一个生态学基础可以扭转的;二则从西方强势的人类中心、人本主义土壤中萌生出来、居于发达的现代化语境的环境美学和景观美学,当实践过程中出现生态与人类利益的冲突时,人类中心的思维传统中有什么原则可以保证其不牺牲生态或者不转嫁生态问题?再则,身体美学强调的灵向肉的统一,实际上建基于启蒙以来的世俗传统,现代主义诸多思潮都或多或少地强化着这种人本的精神,而后现代的生态理念需要的则是灵对肉的超越。同时,一个最为重要的事实必须予以重视,那就是解决中国生态美学的实践性问题,必须立足于中国的现实语境,用西方语境中产生的理论来讨论中国的现实问题,是一种惯用的方法,但就生态美学而言,其中需要更深入的检视。在中国这个现代化祈求尚且非常强烈、前现代发展状况尚且是现代化浓重背景的语境中,生态问题之于大众,观念和意识尚未真正确立,也就是说"是否做"尚未决定,"如何做"自然没有根基。有人可能会说中国古代生态智慧弥漫在文化传承之中,生态意识无须灌输和加强,这应当说只是一种错觉,因为农业文明时代的先哲对于自然问题的朦胧思辨,如果没有基于现代生态观念的转化,这些文化遗产最终可能会转化为古董甚至迷信。何况,近代以来历次思想革命最为显在的成果就是实际上已经把国人拉上了西方化的轨道,艳羡和咏唱田园风光的多是有产者或知识者物质丰盈之后的精神渴求甚至是附庸风雅,现代媒体虽然使大众也知道生态、环保等字眼,但面对物质层面的诱惑,这些字眼只是类似邻家的琐事,似乎只有"好事者"才会关注。所以,刘成纪指明的生态美学的实践路径,无疑具有理论先导意义,但在大众层面,最为需要的恐怕仍然是生态观念的宣扬、启蒙和确立,正所谓思想问题不解决,再好的方法也没有根基。

对于中国生态批评理论的发展,曾繁仁先生曾提出要做到五个衔接,即与当代生态文明建设相衔接;与当代生态理论的发展相衔接;与中国传统生态文

---

① 刘成纪:《生态美学的理论危机与再造途径》,《陕西师范大学学报》2011年第2期。

化智慧的发掘相衔接;与当代生态文艺的发展相衔接;在中西交流对话中与坚持中国特色文化建设之路相衔接。① 这些不同领域和层面的衔接,既饱含许多需要进一步研究的基本问题,也包含加强生态美学实践指导性的呼吁和倡导。应该说,这种宏观的倡导,方向意义明显,微观问题尚多,需要生态研究者进一步阐释、对比、研究并填补宏观导语下的空间,继续探索"全球视野:世界资源,中国经验"的生态批评理论建设之路。生态问题是一个全球化的问题,中西借鉴和融合是生态批评理论研究的必由之路;生态问题不会是短期的阶段性问题,生态批评理论也注定是在发展途中不断完善的理论。

---

① 曾繁仁:《生态美学导论》,商务印书馆2010年版,第470-473页。

结语　中国生态批评的理论路向

有人说,20世纪是文学批评的世纪。这一言说的依据是,在世界范围内,文学批评新潮迭起,批评流派频繁更替。文学批评从外部研究走向内部研究、再走向外部研究的体系变换;从现代主义到后现代主义、再到"后现代主义之后"的思潮跨越;从非理性转向到语言论转向、再到文化学转向的模式更替,无不显示了文学批评引导文化发展趋向的气魄和活力。在中国,尽管由于原创理论的稀缺而有中国文论"失语"的争论,但文艺批评在整个文化格局中的先导作用并没有减弱,在曾经影响中国发展方向的"五四"新文化运动和新时期思想解放运动中,敏锐的文艺批评都充当了先锋和主力。殷国明曾讲:"与西方现代文化发展过程相比,中国现代文化具有明显的'意识先导性'。"[①]就是说,中国社会的每一次转折和变革,都以文化意识和思想解放运动为前导。就文学批评的重要性而言,在这些"先导意识"内,文学批评构成了文化意识变革的主要元素。正由于此,殷国明指陈了一个事实,"也许没有一个国家比中国更重视文化和思想力量,或者说,文化和思想的历史作用在任何国家都没有比在中国显得更突出。"[②]也由于此,作为文化的核心因素,文艺和文艺批评在20世纪中国思想界始终扮演了或喜或悲的主要角色。

20世纪末,西方所谓的"文学终结论"和中国事实上的"文学边缘化"使得文学批评暂时陷入了尴尬的境地,但是,日益严峻的全球化生态危机为文学和批评的再次勃兴提供了契机。面对越来越严重的波及全球的生态灾难,关注生态平衡、建设生态文明将是全人类必须共同面对的课题,在这个意义上,"21世纪将会是生态的世纪"的推断可能不会引起很大的异议。20世纪90年代、特别是新世纪以来,作为对日益严峻的生态现实的积极回应,生态文学与生态批评在世界范围内得以萌生和发展,它们对造成生态危机的文化和制

[①]　殷国明:《20世纪中西文艺理论交流史论》,华东师范大学出版社1999年版,第449页。
[②]　殷国明:《20世纪中西文艺理论交流史论》,华东师范大学出版社1999年版,第450页。

度因素进行反思,试图唤醒人类对于自然的关爱与悲悯,试图捍卫一切自然生命的主体价值,试图构建诗意的精神家园。就生态危机的根源和改善生态的力量都与人类密切关联而言,似乎可以推论,生态将成为21世纪经济、社会、文化建设的关键词,作为社会生活和人类精神诗学表达的生态批评也将成为文学批评再度辉煌的生长点。

和西方生态批评的发生发展几乎同步,中国生态批评已经走过了20余个年头,对于自然生态、社会生态、精神生态快速恶化的现实状况而言,20年已经不是太短的时间,总结20余年来中国生态批评研究的成效和不足,回应中国生态批评发展进程中的疑惑和争议,应当是重现文学批评辉煌历史的必要的学术努力。王晓华在评价中国20世纪末的文艺批评状况时曾讲:"文艺批评是当代中国文化最活跃、最富有生机、最有影响力的部分。虽然它的直接研究对象是文学艺术,但其功能却不仅仅限于反思、调校、总结、提升文艺创作,而同时担当着思想启蒙、消解传统意识形态、建构新的人文精神乃至谋划中国文化之未来等重要的使命。正因为文艺批评在中国独特的文化语境中具有如此重要的意义,对文艺批评本身进行批评就变得十分重要。"[①]王晓华的这段论述实际上言及了一个我们长期相对忽视的领域,即关于"批评的批评"。尽管和对于文学的批评一样,对于文学批评的批评也时常是批评家关注的领域,但是,和常规文学批评不同的是,关于批评的批评迄今未见系统的构成。

基于对中国生态批评快速成长的希冀和对"批评的批评"的尝试,本文对20余年来中国生态批评的理论生成作出了梳理和论析。梳理和论析结果表明,中国生态批评20多年来的发展,已经形成了日渐明晰的四个领域,即关于西方生态批评的译介研究、关于古代生态资源的挖掘转换、关于生态文学的评论实践、关于本土当代生态批评理论的建构尝试。同时,不同的领域内,既有可喜的成效,也有阶段性的问题,它们共同烘托出了中国生态批评众声喧哗的研究活力。应当说,虽然关于中国生态批评的论述时有卓见,但以中国生态批评的发生发展历程和理论生成理路为对象所作的整体批评尚且较少有人论及。但是,当这一探讨暂告段落的时候,笔者的感觉不是所阐述的对象越来越清晰,所讨论的问题越来越明白,而是出现了更多的困惑,发现了更多需要进一步阐说的命题。这些困惑和命题弥漫在关于生态批评的理论基点、批判指向和实践路径等的争议之中,构成了生态批评有待进一步发展完善的研究空间。

令人欣慰的是,作为后现代主义话语谱系中的一员,生态批评不仅因为更

---

① 王晓华:《当代中国文艺批评的三重欠缺》,《文艺理论研究》2001年第1期。

关注一切生命的存在问题而革除了后现代观念中存在的"深度模式削平、历史意识消失、消费观念畸形"等弊端，同时也发展了有利于一切生命和谐共存的重视差异、反对中心主义、倡导多元并存等后现代思想，体现了"建设性后现代"的弘旨和策略。尽管由于中国处于前现代、现代和后现代并置的发展状态，国人对于用后现代思想解构现代性存有许多质疑和警惕，但生态批评作为"建设性后现代"的倡导者并没有将自身置于"知识合法性"的质疑之外。"作为对元叙事的不信任态度，后现代主义的最大价值是指出了知识的合法性问题"，①生态批评为了克服自身理论基点的合法性危机，也在不断的去中心化活动中搭建可供各种不同话语和策略存在的平台。在后现代的视野中，生态批评的任何理论都可能是"暂时性的策略而非终极性的方案"（王晓华语），生态批评从反对人类中心到倡导生态正义，从解构启蒙到倡导二次启蒙，从聚焦物种批评到关注性别、种族批评，实际上已经在进行着知识合法性危机的拯救。这就意味着，因为生态危机的严峻性和拯救生态危机的人类主体间的复杂性，生态批评的话语实践只能在倡导多元化的立场中维持发展的活力，只能通过对理论多样性的强调来防止绝对中心观念的复辟和新的话语霸权的形成。

当然，作为文学批评的一个话语流派，生态批评承载了过多的负荷，并因此也受到了更多的诘难，中西方都存在的生态批评的泛化有可能使得因生态批评论域的超界而弱化其声音乃至存在，对此，生态批评应当坚持生态的视角而不脱离文学的论域。生态批评对于文学的最大贡献在于倡导恢复生物界所有生命在文学中的相互主体地位，其将文学反映和表现的对象范畴由社会、世界、人与人等领域拓展到了生态圈、精神圈以及人与自然的有机整体系统中，使边缘与中心、差异与多元等后现代理念有了生态学的明确指向；但文学的功用和优势不在于论证生态学的观点，而在于绿化人的精神，潜移人的观念，默化人的行为，发挥"恢弘的弱效应"。生态批评的目的则应在于建构文学的生态理论，凸显文学的生态维度，评判文学的生态价值，导引文学的生态关怀，弘扬文学的生态效用。生态批评应当成为生态学人文转向中诸神合唱的一个声部，而不必也不可能成为生态批判大舞台上的清唱者，如若如此，那将也是生态学人文研究的陷阱。

面对日益严峻的全球化生态危机，面对历届气候峰会上激烈的争吵，面对各种国际间生态协议签署的艰难，我们不得不低调地认为，一方面，生态问题不容回避，它是全人类必须正视和解决的一个难题；另一方面，生态问题是一

---

① 王晓华：《后现代话语谱系中的生态批评》，《文艺理论研究》2007年第1期。

个伴随生命全程的问题,生态批评的道路也会是没有止境的跋涉。可以预测,作为人文关怀、生命关怀、生态关怀和宇宙关怀的统一体,生态批评之道会伴随着人类生存的延伸、宇宙生命的存续而不断完善,但真正完美的生态之"道"永远只能行进"在途中"。

这不是宿命,而是昭示着生态文学批评家不容停顿的使命。

参考文献

一、专著:

(一) 国内部分

[1] 钱穆:《庄老通辨》,三联书店,2007年。
[2] 杨伯峻:《论语译注》,中华书局,1980年。
[3] 杨伯峻:《孟子译注》(上下),中华书局,1960年。
[4] 冯友兰:《三松堂自序》,人民出版社,2008年。
[5] 高亨:《诗经今注》,上海古籍出版社,1980年。
[6] 范文澜:《文心雕龙注》,人民文学出版社,1958年。
[7] 任继愈:《老子新译》,上海古籍出版社,1985年。
[8] 张岱年:《中国哲学大纲》,中国社会科学出版社,1982年。
[9] 张世英:《天人之际——中西哲学的困惑与选择》,人民出版社,1995年。
[10] 徐复观:《中国艺术精神》,春风文艺出版社,1987年。
[11] 李泽厚等:《中国美学史》,中国社会科学出版社,1984年。
[12] 李泽厚:《中国思想史论》,安徽文艺出版社,1999年。
[13] 朱立元:《天人合一:中华审美文化之魂》,上海文艺出版社,1998年。
[14] 张松辉:《老子研究》,人民出版社,2009年。
[15] 张松辉:《庄子研究》,人民出版社,2009年。
[16] 包兆会:《庄子生存论美学研究》,南京大学出版社,2004年。
[17] 余谋昌:《生态哲学》,陕西人民教育出版社,2000年。
[18] 余谋昌:《生态文化论》,河北教育出版社,2001年。
[19] 蒙培元:《人与自然——中国哲学生态观》,人民出版社,2004年。
[20] 蒙培元:《心灵超越与境界》,人民出版社,1998年。

［21］张立文:《中国哲学范畴发展史》,中国人民大学出版社,1988年。
［22］资中筠:《启蒙与中国社会转型》,社会科学文献出版社,2011年。
［23］刘小枫:《现代性社会理论绪论》,三联书店,1998年。
［24］刘小枫:《拯救与逍遥》,三联书店,2001年。
［25］刘小枫:《人类困境中的审美精神》,东方出版中心,1994年。
［26］叶秀山等:《西方哲学史》,江苏人民出版社,2004年。
［27］朱光潜:《西方美学史》,人民文学出版社,1979年。
［28］张首映:《西方20世纪文论史》,北京大学出版社,1999年。
［29］朱立元:《当代西方文艺理论》,华东师范大学出版社,1997年。
［30］陈厚诚等:《西方当代文学批评在中国》,百花文艺出版社,2000年。
［31］王宁:《"后现代时代"的文学与文化研究》,北京大学出版社,2009年。
［32］王岳川等:《后现代主义文化与美学》,北京大学出版社,1992年。
［33］王岳川等:《后现代主义文化研究》,北京大学出版社,1992年。
［34］陶东风:《社会转型期审美文化研究》,北京出版社2002年。
［35］吴国盛:《现代化之忧思》,三联书店,1999年。
［36］陈嘉映:《现代性与后现代性》,人民出版社,2001年。
［37］彭富春:《无之无化——论海德格尔思想道路的核心问题》,三联书店,2000年。
［38］陈晓明主编:《现代性与中国当代文学转型》,云南人民出版社,2003年。
［39］曹文轩:《中国八十年代文学现象研究》,作家出版社,2003年。
［40］许纪霖编:《二十世纪中国思想史论》,东方出版中心,2000年。
［41］刘锋杰:《人的文学及意义》,江苏人民出版社,2005年。
［42］杨春时:《现代性与中国文学思潮》,三联书店,2009年。
［43］余虹:《艺术与精神》,社会科学文献出版社,2000年。
［44］殷国明:《20世纪中西文艺理论交流史论》,华东师大出版社,1999年。
［45］佘碧平:《现代性的意义与局限》,三联书店,2000年。
［46］周宪:《现代性的张力》,首都师范大学出版社,2001年。
［47］钱中文等主编:《中国古代文论的现代转换》,陕西师范大学出版社,1997年。
［48］代讯:《断裂与延续——中国古代文论现代转换的历史回顾》,西南师范大学出版社,2002年。

[49] 顾祖钊、郭淑云:《中西文艺理论融合的尝试——兼及中国古代文论的现代转换研究》,人民文学出版社,2005年。

[50] 童庆炳:《中国古代文论的现代意义》,北京师范大学出版社,2001年。

[51] 袁济喜:《中国古代文论精神》,山西教育出版社,2005年。

[52] 杨通进等编:《现代文明的生态转向》,重庆出版社,2007年。

[53] 王治河、樊美筠:《第二次启蒙》,北京大学出版社,2011年。

[54] 樊美筠:《中国传统美学的当代阐释》,中国社会科学出版社,1997年。

[55] 王雨辰:《生态批判与绿色乌托邦——生态学马克思主义理论研究》,人民出版社,2009年。

[56] 曾繁仁:《生态存在论美学论稿》,吉林人民出版社,2003年。

[57] 曾繁仁主编:《人与自然——当代生态文明视野中的美学与文学》,河南人民出版社,2006年。

[58] 曾繁仁:《走向21世纪的审美教育》,陕西师范大学出版社,2002年。

[59] 曾繁仁、[美]阿诺德·柏林特主编:《全球视野中的生态美学与环境美学》,长春出版社,2011年。

[60] 曾繁仁:《转型期的中国美学》,商务印书馆,2007年。

[61] 曾繁仁:《美学之思》,山东大学出版社,2003年。

[62] 曾繁仁主编:《中国新时期文艺学史论》,北京大学出版社,2008年。

[63] 曾繁仁:《生态美学导论》,商务印书馆,2010年。

[64] 鲁枢元:《猞猁言说——关于文学、精神、生态的思考》,社会科学文献出版社,1999年。

[65] 鲁枢元:《生态文艺学》,陕西人民教育出版社,2000年。

[66] 鲁枢元:《精神生态与生态精神》,南方出版社,2003年。

[67] 鲁枢元:《生态批评的空间》,华东师范大学出版社,2006年。

[68] 鲁枢元主编:《自然与人文——生态批评学术资源库》,学林出版社,2006年。

[69] 陈望衡:《环境美学》,武汉大学出版社,2007年。

[70] 程相占:《中国环境美学思想研究》,河南人民出版社,2009年。

[71] 朱志荣:《中西美学之间》,上海三联书店,2006年。

[72] 党圣元等选编:《生态批评与生态美学》,中国社会科学出版社,2011年。

[73] 吴秀明:《新世纪文学现象与文化生态环境研究》,浙江工商大学出

版社,2010年。

[74] 徐恒醇:《生态美学》,陕西人民教育出版社,2000年。

[75] 王诺:《欧美生态文学》,北京大学出版社,2003年。

[76] 王诺:《生态与心态——当代欧美文学研究》,南京大学出版社,2007年。

[77] 王诺:《欧美生态批评》,学林出版社,2008年。

[78] 张祥龙:《海德格尔与中国天道》,三联书店,1996年。

[79] 张祥龙:《思想避难:全球化中的中国古代哲理》,北京大学出版社,2007年。

[80] 张皓:《中国文艺生态思想研究》,武汉出版社,2002年。

[81] 何怀宏:《生态伦理、精神资源与哲学基础》,河北大学出版社,2002年。

[82] 王如松等:《人与生态学》,云南人民出版社,2004年。

[83] 王耘:《复杂性生态哲学》,社会科学文献出版社,2008年。

[84] 彭锋:《完美的自然——当代环境美学的哲学基础》,北京大学出版社,2005年。

[85] 袁鼎生:《生态艺术哲学》,商务印书馆,2007年。

[86] 曾永成:《文艺的绿色之思——文艺生态学引论》,人民文学出版社,2000年。

[87] 雷毅:《生态伦理学》,陕西人民教育出版社,2000年。

[88] 雷毅:《深层生态学思想研究》,清华大学出版社,2001年。

[89] 胡志红:《西方生态批评研究》,中国社会科学出版社,2006年。

[90] 丁晓原:《文化生态视镜中的中国报告文学》,复旦大学出版社,2008年。

[91] 王茜:《生态文化的审美之维》,上海世纪出版集团,2007年。

[92] 刘文良:《范畴与方法:生态批评论》,人民出版社,2009年。

[93] 韦清琦:《绿袖子舞起来——对生态批评的阐发研究》,南京师范大学出版社,2010年。

[94] 覃新菊:《与自然为邻——生态批评与沈从文研究》,湖南师范大学出版社,2006年。

[95] 邓绍秋:《禅宗生态审美研究》,百花洲文艺出版社,2005年。

[96] 张云飞:《天人合一——儒学与生态环境》,四川人民出版社,1995年。

[97] 王凯:《逍遥游——庄子美学的现代阐释》,武汉大学出版社,

2003年。

［98］佘正荣：《生态智慧论》,中国社会科学出版社,1996年。

［99］皇甫积庆：《20世纪中国文学生态意识透视》,武汉出版社,2002年。

［100］张华：《生态美学及其在当代中国的建构》,中华书局,2006年。

［101］汪树东：《生态意识与中国当代文学》,中国社会科学出版社,2008年。

［102］汪树东：《中国现代文学中的自然精神研究》,黑龙江人民出版社,2005年。

［103］孙燕华：《当代生态问题的文学思考——台湾自然写作研究》,复旦大学出版社,2009年。

［104］程虹：《宁静无价——英美自然文学散论》,三联书店,2009年。

［105］岳友熙：《追寻诗意的栖居——现代性与审美教育》,人民出版社,2009年。

［106］刘小平：《新时期文学的道家话语》,中国社会科学出版社,2007年。

［107］韩德信：《中国文艺学的历史回顾与向生态文艺学的转向》,人民出版社,2007年。

［108］盖光：《文艺生态审美论》,人民出版社,2007年。

［109］张艳梅等：《生态批评》,人民出版社,2007年。

［110］隋丽：《现代性与生态审美》,学林出版社,2009年。

［111］李庆本：《国外生态美学读本》,长春出版社,2009年。

［112］林可济：《"天人合一"与"主客二分"——中西哲学比较的重要视角》,社会科学文献出版社,2010年。

［113］吴炫：《穿越中国当代思想》,江苏教育出版社,2007年。

［114］南帆：《文学的维度》,上海三联书店,1998年。

［115］南帆：《理论的紧张》,上海三联书店,2003年。

［116］姚文放：《当代性与文学传统的重建》,人民文学出版社,2004年。

［117］洪子诚：《问题与方法——中国当代文学史研究讲稿》,北京大学出版社,2010年。

［118］赵汀阳：《每个人的政治》,社会科学文献出版社,2010年。

［119］王尧：《批评的操练》,广西师范大学出版社,2006年。

［120］侯敏：《有根的诗学——现代新儒家文化诗学研究》,上海人民出版社,2003年。

（二）译著

［1］［德］马克思、恩格斯：《马克思恩格斯选集》(1-4卷),人民出版社,

1972年。

　　[2]［美］阿尔·戈尔:《濒临失衡的地球——生态与人类精神》,陈嘉映等译,中央编译出版社,1997年。

　　[3]［美］唐纳德·沃斯特:《自然的经济体系:生态思想史》,侯文蕙译,商务印书馆,1999年。

　　[4]［英］汤因比、[日]池田大作:《展望二十一世纪》,荀春生等译,国际文化出版公司,1985年。

　　[5]［英］迈克·费瑟斯通:《消费文化与后现代主义》,刘精明译,译林出版社,2000年。

　　[6]［英］鲍曼:《流动的现代性》,欧阳景根译,三联书店,2002年。

　　[7]［美］A·利奥波德:《沙乡年鉴》,侯文蕙译,吉林人民出版社,1997年。

　　[8]［法］阿尔贝特·史怀泽:《敬畏生命》,陈泽环译,上海社会科学院出版社,1996年。

　　[9]［美］亨利·梭罗:《瓦尔登湖》,徐迟译,上海译文出版社,1997年。

　　[10]［美］蕾切尔·卡逊:《寂静的春天》,吕瑞兰等译,吉林人民出版社,1997年。

　　[11]［德］马克斯·霍克海默,西奥多·阿多诺:《启蒙辩证法》,洪佩郁等译,重庆出版社,1990年。

　　[12]［德］卡尔·亚斯贝斯:《时代的精神状况》,王德峰译,上海译文出版社,1997年。

　　[13]［英］罗宾·科林伍德:《自然的观念》,吴国盛等译,华夏出版社,1999年。

　　[14]［法］让-弗朗索瓦·利奥塔:《后现代状态:关于知识的报告》,车槿山译,三联书店,1997年。

　　[15]［美］霍尔姆斯·罗尔斯顿:《哲学走向荒野》,刘耳等译,吉林人民出版社,2000年。

　　[16]［美］马尔库塞:《单向度的人》,刘继译,上海译文出版社,1989年。

　　[17]［美］马尔库塞:《审美之维》,李小兵译,广西师范大学出版社,2001年。

　　[18]［德］恩斯特·卡西尔:《人论》,甘阳译,上海译文出版社,1985年。

　　[19]［法］福柯:《知识考古学》,谢强等译,三联书店,1998年。

　　[20]［美］大卫·雷·格里芬:《后现代科学》,马季方译,中央编译出版社,1998年。

　　[21]［美］大卫·雷·格里芬:《后现代精神》,王成兵译,中央编译出版

社,1998年。

[22] [英]阿尔弗雷德·怀特海:《自然的概念》,张桂权译,中国城市出版社,2002年。

[23] [英]阿尔弗雷德·怀特海:《科学与近代世界》,何钦译,商务印书馆,1959年。

[24] [德]汉斯·萨克塞:《生态哲学》,文韬等译,东方出版社,1991年。

[25] [英]安东尼·吉登斯:《超越左与右:激进政治的未来》,李惠斌等译,社会科学文献出版社,2009年。

[26] [英]安东尼·吉登斯:《现代性的后果》,田禾译,译林出版社,2000年。

[27] [美]卡洛琳·麦茜特:《自然之死——妇女、生态和科学革命》,吴国盛等译,吉林人民出版社,1999年。

[28] [美]詹姆斯·奥康纳:《自然的理由——生态学马克思主义研究》,唐正东等译,南京大学出版社,2003年。

[29] [美]R·F·纳什:《大自然的权利》,杨通进译,青岛出版社,1999年。

[30] [美]S·莫斯科维奇:《还自然之魅——对生态运动的思考》,庄晨燕等译,三联书店,2005年。

[31] [美]欧文·佩基:《进步的演化》,蔡昌雄译,内蒙古人民出版社,1998年。

[32] [美]马泰·卡林内斯库:《现代性的五副面孔》,顾爱彬等译,商务印书馆,2002年。

[33] [美]劳伦斯·布依尔:《环境批评的未来——环境危机与文学想象》,刘蓓译,北京大学出版社,2010年。

[34] [美]格伦·A·洛夫:《实用生态批评——文学、生物学及环境》,胡志红等译,北京大学出版社,2010年。

[35] [美]斯科特·斯洛维克:《走出去思考——入世、出世及生态批评的职责》,韦清琦译,北京大学出版社,2010年。

[36] [美]丹尼尔·贝尔《资本主义文化矛盾》,赵一凡等译,三联书店,1989年。

[37] [德]马克斯·韦伯:《新教伦理与资本主义精神》,阎克文译,上海人民出版社,2010年。

[38] [美]弗雷德里克·杰姆逊:《后现代主义与文化理论》,唐小兵译,陕西师范大学出版社,1987年。

[39] [英]特里·伊格尔顿,《理论之后》,商正译,商务印书馆,2010年。

[40] [英]汤因比:《人类与大地母亲》,徐波等译,上海人民出版社,2001年。

[41] [德]西美尔:《货币哲学》,陈戎女译,华夏出版社,2002年。

[42] [英]戴维·佩珀:《生态社会主义:从深生态学到社会正义》,刘颖译,山东大学出版社,2005年。

[43] [美]阿诺德·柏林特:《环境美学》,张敏等译,湖南科学技术出版社,2006年。

[44] [美]阿诺德·柏林特:《环境与艺术:环境美学的多维视角》,刘悦笛等译,重庆出版社,2007年。

[45] [英]乔纳森·休斯:《生态与历史唯物主义》,张晓琼等译,江苏人民出版社,2011年。

[46] [英]布莱恩·巴克斯特:《生态主义导论》,曾建平译,重庆出版社,2007年。

[47] [美]尤金·哈格洛夫:《环境伦理学基础》,杨通进等译,重庆出版社,2007年。

(三) 英文原著

[1] Armbruster, Karla & Wallace, Kathleen eds. Beyond Nature Writing: Expanding the Boundaries of Ecocriticism, Charlottesville and London: University of Virginia Press, 2001.

《超越自然写作:拓宽生态批评的疆界》

[2] Bate, Jonathan. Romantic Ecology, Wordsworth and the Environmental Tradition, Routledge, 1991.

《浪漫生态学:华兹华斯与环境传统》

[3] Bate, Jonathan. The song of the Earth, Cambridge: Harvard University Press, 2000.

《大地之歌》

[4] Branch, Michael P. & Slovic, Scott. (eds.), The ISLE Reader: Ecocriticism, 1993 - 2003, Athens: University of Georgia Press, 2003.

《文学与环境跨学科研究读本:生态批评 1993 - 2003》

[5] Buell, Lawrence. The Environmental Imagination: Thoreau, Nature Writing, and the Formation of American Culture, The Belknap Press of Harvard University Press, 1995.

《环境的想象:梭罗,自然写作与美国文化的形成》

[6] Buell, Lawrence. Writing for an Endangered World: Literature and Environment in the US and Beyond. The Belknap Press of Harvard University Press, 2001.

《为一个濒危的世界写作:美国及其他国家的文学环境》

[7] Coupe, Lawurence. & Bate, Jonathan. (eds.), The Green Studies Reader: from Romanticism to Ecocriticism, 2002.

《绿色研究读本:从浪漫主义到生态批评》

[8] Eagleton, Terry. Literary Theory: An Introduction. 2nd Edition, Foreign Language Teaching and Resarch Press & Oxford University Press, 2004.

《文学理论导论》

[9] Glotfelty, Cheryll. & Fromm, Harold. (eds.), The Ecocititicism Reader: Landmarks in literary Ecology, Georgia University Press, Athens, George, 1996.

《生态批评读本:文学生态学的里程碑》

[10] Hayward, Tim Ecological Thought: An Introduction, Polity Press, 1994.

《生态思想导论》

[11] Kerridge, R. & Sammuells, N. (eds.), Writing the Environment: Ecocriticism and Literature, Zed Books Ltd., 1998.

《书写环境:生态批评与文学》

[12] Kroeber, Karl. Ecological Literary Criticism: Romantic Imagining and the Biology of Mind, Columbia University Press, 1994.

《生态文学批评:浪漫的想象与心灵的生物学》

[13] Mazel, David. ed. A Century of Early Ecocriticism, The University of Georgia Press, Athens and London, 2001.

《早期生态批评一百年》

[14] McKusick, James C. Green Writing: Romanticism and Ecology, MACMILLAN Press Ltd, 2000.

《绿色的写作:浪漫主义与生态学》

[15] Miller, J. Hillis. Theory Now and Then, Harvester Wheatsheaf, Hemel Hempstead, 1991.

《理论:现在与过去》

[16] New Literary History, Summer 1999, 30th (Special Issue on Ecocriticism)

《新文学史》(1999年夏刊,生态批评专号)

[17] Rosendale, Steven. (ed), TheGreetingofLiteraryScholar – ship：Literature, Theory and the Environment, Iowa University Press, 2002.

《文学研究的绿色化:文学、理论与环境》

[18] Wall, Derek. Green History：A Reader in Environmental liter – Ature , Philosophy, and Politics, Routledge, 1994.

《绿色历史:环境文学、哲学与政治读本》

[19] Wolfreys, Julian, (ed.) Introducing Literary Criticism in the 21st Century, Edinburgh University Press, 2002.

《21世纪文学批评引论》

二、主要参考论文：

[1] 王先霈:《中国古代文学中的"绿色"观念》,《文学评论》1996.6。

[2] 王先霈:《陶渊明的人文生态观》,《文艺研究》2002.5。

[3] 鲁枢元:《汉字"风"的语义场与中国古代生态文化精神》,《文学评论》2005.4。

[4] 鲁枢元:《百年疏漏——中国文学史书写的生态视阈》,《文学评论》2007.1。

[5] 鲁枢元:《20世纪中国生态文艺学研究概况》,《文艺理论研究》2008.6。

[6] 刘锋杰:《生态文艺学的理论之路》,《安徽师范大学学报》2003.6。

[7] 胡志红:《中国生态批评十五年:危机与转机》,《当代文坛》2009.4。

[8] 陈金刚、刘文良:《文学生态批评理论研究的困境与超越》,《北方论丛》2007.5。

[9] 刘文良:《近年来生态文学研究述评》,《贵州社会科学》2006.1。

[10] 张华:《生态批评的现代性背景及其当代发展逻辑》,《文艺理论与批评》2008.3。

[11] 韦清琦、布依尔:《打开中美生态批评的对话窗口》,《文艺研究》2004.1。

[12] 高小康:《文艺生态与文艺理论的非经典转向》,《文艺研究》2007.1。

[13] 王诺:《生态批评:发展与渊源》,《文艺研究》2002.3。

[14] 王诺:《生态批评:界定与任务》,《文学评论》2009.1。

[15] 刘成纪:《生态美学的理论危机与再造途径》,《陕西师范大学学报》2011年第2期。

［16］王晓华:《后现代主义话语谱系中的生态批评》,《文艺理论研究》2007 年第 1 期。

［17］黄轶:《生态批评的偏误》,《南方文坛》2011 年第 5 期。

［18］陶水平:《中国文论现代性的反思与重构》,《东方丛刊》2007 年第 1 期。

［19］陈剑澜:《现代人与自然关系的知识学批判——环境危机的哲学根源分析》,北京大学博士论文,2001 年。

［20］朱新福:《美国生态文学研究》,苏州大学博士论文,2005 年。

［21］宋丽丽:《文学生态学建构——生态批评的思考》,北京语言大学博士论文,2005 年。

［22］刘蓓:《生态批评的话语建构》,山东师范大学博士论文,2005 年。

［23］李晓明:《美国生态批评研究》,山东大学博士论文,2006 年。

［24］张晓琴:《中国当代生态文学研究》,兰州大学博士论文,2006 年。

［25］吴景明:《走向和谐:人与自然的双重变奏——中国生态文学发展论纲》,东北师范大学博士论文,2007 年。

［26］雷鸣:《危机寻根:现代性反思的潜性主调——中国当代生态小说研究》,山东师范大学博士论文,2009 年。

后 记

　　这本小书是在我的博士论文基础上修改而成的。值此付梓出版之际,我想首先坦露一下读博过程中的心迹。

　　2008年,逾不惑之龄,受渴望静心读书之驱,承蒙先生不弃,我得以忝列鲁枢元教授门下。对于一个偏离学术轨道近20年而又时刻试图回归的高校行政工作人员而言,读书求学的历程交织着欢乐与痛苦、奢侈与窘迫。摆脱繁琐的事务、走进静心思考的状态自感很快乐,但时时出现思路阻滞的痛苦;在职人员脱产读书自认很奢侈,但常常发生时间的冲突和窘迫。所以,四年的求学正如白驹过隙,当初精进学业的豪情迄今仍是一个途中的渴望。正由于此,当我在电脑键盘上敲出博士论文的最后一个字符时,感觉到的不是工作告一段落的放松和解脱,而是更多的困惑、更大的压力,这种困惑和压力既来自"学然后知不知"的体验,也来自论文与老师的期望尚有较大差距的自审。

　　学海无涯,书山有路,就读书求知而言,困惑和压力更易成为无涯之路上跋涉的动力。作为文学批评的一个话语流派,生态批评的目的在于凸显文学的生态维度,评判文学的生态价值,导引文学的生态关怀,弘扬文学的生态效用。面对日益严峻的全球化生态危机,生态批评将会继续承载沉重的负荷,继续延续困惑的命题。作为对中国生态批评过去20余年发展历程的梳理和论析,我的思考尽管可能只是诸多学人真知灼见的罗列和探索争议的折中,尽管还存在着、甚至会引发出更多的疑点和困惑,但是阶段性的回望和反思或可成为继续前进的简易路标。正由于此,这一命题仍然诱发着自己探求跋涉的热望。

　　跋涉的过程是艰辛的,其间凝聚了诸多师长亲友的引导、扶持、鼓励和鞭策,这是我铭刻在心的精神标尺,也会是我继续前行的动力资源。

　　首先要感谢我的导师鲁枢元先生。30年前,是先生把我这个初入大学校门的懵懂学子引入了文艺心理学的门槛;20年前,又是先生让我这个不得不常常沉溺于琐碎事务的小职员间或关注到了处于发展雏形的生态文艺学。在文艺心理学到生态文艺学的学术进路上,先生展示了"追问文学诗性特质,守望文学精神家园"的一贯立场,正是先生这种对于文学的挚爱和坚守,重又燃起了我追随的奢望。然而,愿望和现实之间常常会有很大的差距,当我真正开始关注这一理论并试图凝练博士论文题目时,积淀的不足和学力的不逮使我陷入了迷茫和困境。在我困惑迷茫时,仍然是先生,给予了我更多的关爱、鼓励、宽容和教益,可以说,从论文选题、到具体写作乃至修改完善,先生倾注了大量的心血,其间既有精当点拨,也有深深启迪,甚至有某一局部多于原文的红批。先生不仅是严谨的学者,也是宽厚的长者、诚挚的朋友,对于学术的坚守、对于生态的忧思、对于名利的淡泊、对于后学的奖掖,无不透射出为学、为人的超然境界。先生对我的无私关爱、提携与指导,内心感佩非一声感谢所能传达,追求先生为学为人的风范与境界应当是学生对老师最好的回馈,惟愿努力践行。

诚挚的谢意同样要献给刘锋杰教授、朱志荣教授、丁晓原教授、侯敏教授、徐国源教授、李勇教授以及逄成华、王耘、潘华琴、袁丽云、周维网等诸位老师,他们的知识滋养、学术启迪、精神鼓励和生活帮助是我顺利完成学业的重要因素,他们的学者风范、严谨态度、宽容胸怀和宅心仁厚也是映照我追求进一步完善的航标。

在四年求学过程中,河南师范大学张亚伟书记、周铁项书记、焦留成校长、王桂兰副校长等领导给予我很多关怀和鼓励,单位诸位同仁也给予我许多工作上的支持和生活上的帮助,在此表示衷心的感谢。读书期间,我有幸结识了张守海、王惠、张雅玲、韩玉洁、秦春、徐国超、常如瑜、朱鹏杰、邢红静、罗伟、刘康凯、王强等诸位博士,同窗之间的关照、启发乃至逗乐都将成为珍贵的记忆。

在六年的考博、读博历程中,母亲的无声牵挂,岳父的默默支持,妻子的辛勤操劳,女儿的殷殷期盼,都让我难以释怀。尤其是在我考博读博的六年间,正值女儿中招和高考的关键时期,妻子任文香女士承担了工作、生活、教育等多重负荷,正是她的无私奉献和无怨担当,为我克服困难、完成学业奠定了物质和精神的支撑;女儿勤勉、聪慧、自立、自强,让我少有牵挂,她如愿升入理想大学的结果也让我稍感宽慰。在此,我要向家人致以美好的祝愿,祝愿他们健康快乐、幸福永远。

本书得以出版,学林出版社的曹坚平先生和李西曦女士给予了大力支持、付出了辛勤劳动,在此一并表示衷心的感谢!

诚然,由于学力不足,积淀有限,书中尚有诸多不足之处乃至错误,恳请同仁批评指正。从某种意义上讲,任何人都处于"在途中"的状态,从年少走向暮年,从懵懂走向成熟。承载着师长亲友的关心与期待,怀揣着感佩和向上的心绪,我将努力走好途中的每一步,继续探求同样"在途中"的生态理论之道。

马治军

2013 年 6 月

www.ingramcontent.com/pod-product-compliance
Lightning Source LLC
Chambersburg PA
CBHW080837230426
43665CB00021B/2868